台州科技职业学院高层次人才科研启动基金项目

中|小|企|业
专利保护指南

主　编　王　超

副主编　董宪君　姚萌萌　张　娟

江苏大学出版社
JIANGSU UNIVERSITY PRESS

镇　江

图书在版编目（CIP）数据

中小企业专利保护指南 / 王超主编. -- 镇江：江
苏大学出版社，2024.6. -- ISBN 978-7-5684-2239-0

Ⅰ.D923.404

中国国家版本馆 CIP 数据核字第 2024A5H468 号

中小企业专利保护指南

Zhong-xiao Qiye Zhuanli Baohu Zhinan

主　　编/王　超

责任编辑/梁宏宇

出版发行/江苏大学出版社

地　　址/江苏省镇江市京口区学府路 301 号（邮编：212013）

电　　话/0511-84446464（传真）

网　　址/http://press.ujs.edu.cn

排　　版/镇江市江东印刷有限责任公司

印　　刷/苏州市古得堡数码印刷有限公司

开　　本/710 mm×1 000 mm　1/16

印　　张/15.25

字　　数/278 千字

版　　次/2024 年 6 月第 1 版

印　　次/2024 年 6 月第 1 次印刷

书　　号/ISBN 978-7-5684-2239-0

定　　价/68.00 元

如有印装质量问题请与本社营销部联系（电话:0511-84440882）

前　言

创新是引领发展的第一动力，保护知识产权就是保护创新。当前，我国经济已由高速增长阶段转向高质量发展阶段。企业作为市场经济的主体，是知识产权资源的直接创造者、应用者和管理者。令人瞩目的跨国企业在其发展过程中基本有一个共同的特点，那就是从企业创新战略的高度对知识产权加以重视，建立有效的知识产权系统。

占我国企业绝大多数的中小企业在国民经济中有着十分重要的地位。由于先天受规模、资金和人才等因素的制约，中小企业普遍存在知识产权保护意识尤其是专利保护意识薄弱、缺乏维权经验的问题。

如何在日益激烈的竞争中有效利用知识产权，推动自身的持续发展，是中小企业面临的十分紧迫的问题。"凡事预则立，不预则废。"中小企业应加紧学习，采取科学的管理手段，实施有效的措施，培育企业内部的创新环境，并及时通过法律规定的程序和要求对创新成果加以确认，不断提升企业的核心竞争力，最终在市场竞争中获得优势。

本书分为基础篇、进阶篇和高级篇，针对中小企业知识产权保护意识尤其是专利保护意识薄弱、保护能力不足、专利纠纷应对机制和解决方法欠缺的现实情况，采用生动形象的语言，从专利的基础知识、专利文献的利用、专利的申请与审批、专利的维持与运用、专利的查新与检索、专利侵权纠纷的处理、高价值专利的培育等方面进行详细阐述，旨在帮助中小企业树立知识产权保护意识，从而尊重知识产权、保护知识产权、不滥用知识产权、不侵犯知识产权。

在这本凝聚了无数心血的著作即将面世之际，我们满怀感激之情，特别要向一直以来给予我们坚定支持并为我们提供宝贵资源的泵与电机知识产权服务中心、台州智能制造知识产权研究院、台州市中小企业公共服务平台以及台州市专精特新中小企业研究院致以最诚挚的谢意。本书的问世，不仅是在中小企业专利保护领域深度探索的成果，更是知识产权保护与创新生态构建理念的生动实践，而这一切，都离不开上述单位无私的帮助与大力的推动。

在此，我们衷心希望本书能够成为连接理论与实践、促进知识共享与创新发展的桥梁，也期待泵与电机知识产权服务中心、台州智能制造知识产权研究院、台州市中小企业公共服务平台以及台州市专精特新中小企业研究院能够继续发挥其在促进知识产权保护与创新生态建设过程中的重要作用，为更多的企业和个人提供有力支持，共同推动社会进步与发展。

我们相信，完备的知识产权保护战略必能帮助中小企业有效整合内外部资源，完成由成功向杰出的跨越。我们期待，经过全社会的共同努力，中小企业在知识产权保护方面取得新的辉煌，迎来更加灿烂的明天。

本书各章节撰写分工如下：

王超：第三章、第七章，共计约3.5万字。

董宪君：第一章、第二章、第五章，共计约7.7万字。

姚萌萌：第四章、第六章、第八章、第九章，共计约9.3万字。

张娟：第十章、第十一章，共计约6.5万字。

全书由王超进行统稿。

目 录 | CONTENTS

基础篇

第一章　认识知识产权 ……………………………………………… 003
　第一节　中小企业知识产权概述 …………………………………… 004
　第二节　知识产权保护政策的变化 ………………………………… 007
　第三节　知识产权保护体系的完善 ………………………………… 011
　第四节　知识产权保护的国际借鉴 ………………………………… 014
　第五节　中美知识产权保护博弈 …………………………………… 015
　第六节　知识产权保护的创新 ……………………………………… 018
　第七节　知识产权保护的趋势 ……………………………………… 021

第二章　认识专利 ……………………………………………………… 024
　第一节　专利概述 …………………………………………………… 024
　第二节　专利保护政策的变化 ……………………………………… 026
　第三节　《中华人民共和国专利法》的修改 ……………………… 029
　第四节　执法机关专利保护的动向 ………………………………… 035
　第五节　专利保护的标志性案件 …………………………………… 037
　第六节　专利保护的趋势 …………………………………………… 049

第三章　认识专利文献 ………………………………………………… 051
　第一节　专利文献的产生 …………………………………………… 051
　第二节　专利文献的号码 …………………………………………… 053
　第三节　扉　页 ……………………………………………………… 058
　第四节　权利要求书 ………………………………………………… 061
　第五节　说明书与说明书附图 ……………………………………… 062

第六节　其他专利文献 ……………………………………………… 063

第七节　专利文献的特点 …………………………………………… 064

第四章　认识专利分类体系 …………………………………… 067

第一节　国际专利分类 ……………………………………………… 067

第二节　联合专利分类 ……………………………………………… 070

第三节　日本专利分类 ……………………………………………… 071

进阶篇

第五章　已有技术的利用与创新 …………………………… 079

第一节　专利地图与市场分析 ……………………………………… 080

第二节　反向工程 …………………………………………………… 085

第三节　合作研发 …………………………………………………… 088

第四节　技术引进 …………………………………………………… 091

第六章　专利申请 ……………………………………………… 097

第一节　国内专利申请途径 ………………………………………… 097

第二节　国外专利申请途径 ………………………………………… 102

第三节　判断是否申请专利 ………………………………………… 106

第四节　专利申请策略 ……………………………………………… 110

第五节　技术交底书 ………………………………………………… 115

第六节　专利代理 …………………………………………………… 117

第七章　专利权的获得与归属 ……………………………… 120

第一节　专利权证书的取得 ………………………………………… 120

第二节　专利权的恢复 ……………………………………………… 121

第三节　专利权的归属 ……………………………………………… 122

第四节　发明人或设计人 …………………………………………… 128

第八章　专利权的维持 ………………………………………… 131

第一节　专利权人的权利与义务 …………………………………… 131

第二节　专利文档管理与专利费用管理 ……………………………… 139

第三节　专利无效宣告制度 ………………………………………… 144

高级篇

第九章　专利运营 …………………………………………………	153
第一节　专利实施 …………………………………………………	153
第二节　专利实施许可 ……………………………………………	153
第三节　专利转让 …………………………………………………	160
第四节　专利联盟与专利池 ………………………………………	164
第五节　专利权质押 ………………………………………………	169
第六节　技术入股 …………………………………………………	176

第十章　专利纠纷与应对 …………………………………………	180
第一节　权利人应对专利侵权纠纷 ………………………………	180
第二节　涉嫌侵权人应对专利侵权纠纷 …………………………	192
第三节　假冒专利行为的应对 ……………………………………	196
第四节　展会知识产权保护 ………………………………………	199

第十一章　高价值专利培育 ………………………………………	203
第一节　高价值专利概述 …………………………………………	203
第二节　高价值专利培育体系 ……………………………………	207
第三节　高价值专利培育的基本流程 ……………………………	211
第四节　高价值专利培育的关键环节 ……………………………	219

基 础 篇

第一章　认识知识产权

知识产权制度是智力成果所有人在一定的期限内依法对其智力成果享有独占权，并受到保护的法律制度。没有权利人的许可，任何人都不得擅自使用其智力成果。建立知识产权制度的目的是在保护公众利益的同时最大限度地激励人们进行智力创作或创新，激发社会的创新活力。

伴随着改革开放的实施，我国逐步认识到建立知识产权制度的重要性。1980 年加入世界知识产权组织，成为我国建立知识产权制度的开端。1985 年加入《保护工业产权巴黎公约》（以下简称《巴黎公约》），标志着我国知识产权制度与世界知识产权制度开始接轨。

事实上，知识产权制度是将智力成果资产化的重要法律制度。在知识经济日益发展的背景下，越来越多的企业意识到知识产权的重要性。知识产权是企业宝贵的无形资产。无论企业规模如何，其内部一定存在能给企业带来竞争优势的智力资产。企业要妥善地管理和保护这些智力资产，使其成为企业的核心竞争资源。[①]

我国知识产权保护经历了从无到有、从浅到深、从宽到严、从粗放到精细的发展过程。展望未来，知识产权保护作为我国面临的重大课题，总体上呈现出越来越严格、越来越完善的发展趋势。只有把握住这种趋势，正确认识知识产权，降低侵犯知识产权的风险和避免可能承担的责任，才能更好地发挥知识产权的作用，维护自己的合法权益。

---

① 国家知识产权局知识产权保护司．企业知识产权保护指南［M］．北京：知识产权出版社，2022：3-4.

第一节　中小企业知识产权概述

一、知识产权的类型

知识产权，英文为"intellectual property"，是法律认可的一系列无形财产权的统称。传统上，知识产权主要指专利权、商标权和著作权。《与贸易有关的知识产权协定》（TRIPs）将知识产权确定为：① 版权与邻接权；② 商标；③ 地理标志（《巴黎公约》表达为原产地信息）；④ 工业品外观设计；⑤ 专利；⑥ 集成电路布图设计（拓扑图）；⑦ 未披露过的信息。

由于世界贸易组织的巨大影响力，TRIPs 所确立的 7 类知识产权得到了世界各国的普遍认同。我国也基本遵循 TRIPs 所确定的知识产权类型，其相应的法律法规如表 1-1 所示。

表 1-1　我国知识产权类型及相应的法律法规

TRIPs 规定的权利类型	法律法规
版权与邻接权	《中华人民共和国著作权法》
商标	《中华人民共和国商标法》
地理标志	《中华人民共和国商标法》
工业品外观设计	《中华人民共和国专利法》
专利	《中华人民共和国专利法》
集成电路布图设计	《集成电路布图设计保护条例》
未披露过的信息	《中华人民共和国反不正当竞争法》

二、知识产权的范围
（一）创造性成果的权利和标识性标记的权利

国际保护知识产权协会（International Association For The Protection Of Intellectual Property）是致力于知识产权发展和进步的主要组织，也是联合国世界知识产权组织最主要的非政府性知识产权咨询机构。国际保护知识产权协会在 1992 年《东京大会报告》中，按照是否包含智力创作要素，将知识产权分为创造性成果的权利和识别性标记的权利。

1. 创造性成果的权利

创造性成果的权利包括对发明、集成电路、植物新品种、技术秘密、工业品外观设计、著作、软件等享有权利。这类知识产权的特征是源于智力创造，涉及对前人和公有领域的知识、技术成果的学习、借鉴，因而权利人只能对自己贡献的部分享有专有权，而且其权利受到公众利益的限制。

2. 识别性标记的权利

识别性标记的权利包括商标权、商号权及其他与制止不正当竞争有关的标记权，功能在于区分产品或服务的来源，使企业独享其经营所形成的商誉。以商标为例，商标设计本身需要一定创意，许多商标也可以纳入著作权的保护，但是商标权的价值主要不在于标识独创性，而在于企业在使用商标的过程所积累的商誉。

（二）经国家确认的知识产权和自动产生的知识产权

从产生的角度来看，知识产权分为经国家确认产生的知识产权和自动产生的知识产权。

1. 经国家确认产生的知识产权

这类知识产权包括专利权和商标权（包括地理标志）。

经国家确认产生的专利权和商标权的特点在于权利边界相对清晰，权利客体公开，以国家颁发的证书获得确认。但是，经国家确认产生的知识产权并非绝对有效，也可因他人的异议或无效请求而被撤销或宣告无效。因此，经国家确认并不意味着知识产权的绝对效力。

2. 自动产生的知识产权

这类知识产权包括著作权、邻接权、商业秘密权。

自动产生的知识产权经创作、合法使用或者商业活动即可取得，无须经过有关部门的审核和登记。

三、知识产权的特征

知识产权除了客体是无形的之外，还具有一些区别于物权的基本特征。通常，物权的存续系于客体。客体在，权利在；客体亡，权利亡。但知识产权的客体不存在物理意义上的消亡。为了平衡权利人的利益与社会公共利益，知识产权具有以下特征。

（一）时间性

知识产权仅在法律规定的期限内受到法律保护，一旦超过法律规定的有效期，就会自行消失。比如，发明专利的保护期限为 20 年，20 年后即进入公有领域，任何人都可以使用。

并非所有的知识产权均存在期限，只有与智力创造有关的知识产权，其权利存续才存在明确的期限。典型的权利为版权、专利权。商标权虽然存在法定期限，但是理论上可以不断续展注册，长期存续下去。这种延续并不违背公共利益。

在某种意义上，商业秘密权类似于物权，其存续只依赖于权利人是否使特定信息处于秘密状态，因而也不存在期限。

（二）地域性

知识产权的地域性是指知识产权的类型、权利内容和保护范围由主权国家立法决定。知识产权的效力只限于本国境内，受本国法律保护，在境外并不受到保护。除非所涉及的国家之间签有国际公约或双边协定，否则知识产权没有域外效力。其他国家对这种权利没有保护的义务。

越是受到国家强制力保护的知识产权，越具有地域性；越是与智力创造有关的知识产权，越具有时间性。事实上，那些受侵权法保护的知识产权或事实上的智力资产，根本不存在时间性和地域性问题。因此，知识产权仅仅是创新成果的一部分，而不是全部；是企业的核心竞争力，而不是全部竞争力。在某种意义上可以说，知识产权位于企业智力资产的塔尖。

四、中小企业和知识产权

从知识在社会经济生活中的比重这一角度来看，人类社会的发展过程可分为农业时期、工业时期和知识经济时期。

20 世纪 70 年代，一些发达国家开始进入知识经济时期，这带动了整个世界的经济朝着这个方向发展。在知识经济时期，企业应对知识产权挑战的基本做法包括：① 建立专门的知识产权部门保护和运用知识产权；② 制订知识产权策略，将知识产权融入公司发展战略和公司管理制度；③ 为知识产权的创造、管理和保护提供资金；④ 建立激励机制，清晰界定职务发明成果的归属；⑤ 建立和实施知识产权管理制度。

制订知识产权战略是企业谋求长远发展的必修课。在知识经济时期，知识产权成为企业竞争力的基础，也成为企业成长和发展的关键因素。

　　大企业往往拥有许多专利技术，而中小企业缺少专利技术，甚至缺少研发人员，那么，中小企业是否有必要花费时间和精力制订知识产权战略？答案显然是肯定的。道理很简单。任何企业都有一个从小到大的发展过程，只是发展速度不同。在当今依赖知识、创新提升企业竞争力的时代，不重视知识产权，不将知识产权融入企业发展和日常的经营管理，中小企业就无法获得投资效益，无法成长为大企业。

　　在企业规模逐渐扩大的过程中，各种知识产权纠纷可能会纷至沓来。这会降低企业经营效率，甚至直接导致企业倒闭。中小企业在市场竞争中遭遇的困境再次提醒我们：拥有自主知识产权是中小企业立足市场、获得长足发展的关键。而拥有自主知识产权，提升知识产权管理水平，发挥知识产权对中小企业生存与发展的积极促进作用，离不开知识产权战略的制订与实施。

第二节　知识产权保护政策的变化

　　法律界存在一种只崇尚法律不关注政策的倾向。崇尚法治没有错，但忽视政策是不可取的。法律与政策本身是密不可分的，面对知识产权已上升到国家战略的现实情况，法律工作者和市场经营者都应该了解国家知识产权政策的深刻含义和具体要求，以国家政策为指导展开行动。在经济转型的大背景下，知识产权将是国家经济的发动机，是企业竞争的核心驱动力。

一、知识产权保护越来越受重视

　　2008 年，国务院印发《国家知识产权战略纲要》，将知识产权上升为国家战略。党的十八大以后，以习近平同志为核心的党中央高度重视知识产权保护，陆续出台了《关于强化知识产权保护的意见》《知识产权强国建设纲要（2021—2035 年）》等一系列重要文件。2018 年 4 月 10 日，习近平总书记在博鳌亚洲论坛 2018 年年会开幕式上发表主旨演讲，指出加强知识产权保护是完善产权保护制度最重要的内容，也是提高中国经济竞争力最大的激励。2020 年 11 月 30 日，中共中央政治局就加强我国知识产权保护工作举行集体学习，习近平总书记发表重要讲话，为新时代全面加强知识产权保护提供了根本遵循和行动指南。习近平总书记强调，知识产权保护工作关系国家治理体系和治理能力现代化，关系高质量发展，关系人民生活幸福，关系国家对外开放大局，关系国家安全。全面建设社会主义现代化国家，必须从国家战略高度和进入新发展阶段要求出发，全面加强知识产权保护工作，促进建设现代化经济体系，激发全社会创新活力，推动构建新发展格局。2021年2月1日，习近平总书记在《求是》杂志上发表《全面加强知识产权保护工作　激发创新活力推动构建新发展格局》，再次强调知识产权保护工作的重要性。

二、知识产权保护思路越来越清晰

从确立知识产权保护，到上升为国家战略，再到制订具体的规划和措施，我国知识产权保护的思路越来越清晰。进入21世纪，国家对知识产权地位与作用的认识越来越明确，制订的规划和措施越来越具体。

2005年，国务院制定《国家中长期科学和技术发展规划纲要（2006—2020年）》，立足国情，面向世界，以增强自主创新能力为主线，以建设创新型国家为目标，对未来15年科学和技术发展作出全面规划与部署。2008年，国务院印发《国家知识产权战略纲要》，提出到2020年把中国建设成为知识产权创造、运用、保护和管理水平较高的国家，并指出要制定适合中国国情的知识产权政策措施，加强法治建设，提升知识产权竞争力。2016年，国务院印发《国家创新驱动发展战略纲要》，提出我国作为创新型国家的"三步走"目标。2017年，国务院印发《"十三五"国家知识产权保护和运用规划》，首次将知识产权列入国家重点专项规划。该规划提出，深入实施知识产权战略，深化改革，严格保护，加强运用，提升知识产权质量和效益，加快建设具有中国特色和世界水平的知识产权强国。2021年，中共中央、国务院印发《知识产权强国建设纲要（2021—2035年）》，提出知识产权强国建设是总体要求，明确工作原则和发展目标，围绕建设面向社会主义现代化的知识产权制度、建设支撑国际一流营商环境的知识产权保护体系、建设激励创新发展的知识产权市场运行机制、建设便民利民的知识产权公共服务体系、建设促进知识产权高质量发展的人文社会环境、深度参与全球知识产权治理6个方面进行部署，以实现我国从知识产权引进大国向创造大国转变，知识产权工作从追求数量向提高质量转变。

三、知识产权保护措施越来越有力

为实现知识产权国家战略目标，我国加强顶层设计，着力构建知识产权大保护工作格局，采取强有力措施，综合运用法律、行政、经济、技术、社会治理等多种手段，从审查授权、行政执法、司法保护、仲裁调解、行业自律、公民诚信等环节完善知识产权保护体系。

（一）国务院制定具体文件

2019 年，中共中央办公厅、国务院办公厅印发《关于强化知识产权保护的意见》，从 23 个方面作出具体的安排：① 加大侵权假冒行为惩戒力度；② 严格规范证据标准；③ 强化案件执行措施；④ 完善新业态新领域保护制度；⑤ 加大执法监督力度；⑥ 建立健全社会共治模式；⑦ 加强专业技术支撑；⑧ 优化授权确权维权衔接程序；⑨ 加强跨部门跨区域办案协作；⑩ 推动简易案件和纠纷快速处理；⑪ 加强知识产权快保护机构建设；⑫ 更大力度加强国际合作；⑬ 健全与国内外权利人沟通渠道；⑭ 加强海外维权援助服务；⑮ 健全协调和信息获取机制；⑯ 加强基础平台建设；⑰ 加强专业人才队伍建设；⑱ 加大资源投入和支持力度；⑲ 加强组织领导；⑳ 狠抓贯彻落实；㉑ 强化考核评价；㉒ 加强奖励激励；㉓ 加强宣传引导。该意见为知识产权保护工作提供了依据，指出了工作方向，明确了工作任务，制订了具体措施。

（二）政府部门高度重视

政府对知识产权越来越重视，从 2014 年开始，"打假"连续多年被写入政府工作报告，且语气越来越严厉，传递的信息越来越清晰。2019 年，李克强总理在《政府工作报告》中提出"依法打击制售假冒伪劣商品等违法行为，让违法者付出付不起的代价"，对利用不正当手段侵犯他人知识产权的行为施以严惩的态度鲜明。与此同时，各级政府部门也把知识产权工作作为重点，加大知识产权保护力度，完善知识产权保护制度。

（三）加强司法机构改革

2018 年，中共中央办公厅、国务院办公厅印发《关于加强知识产权审判领域改革创新若干问题的意见》，强调"知识产权保护是激励创新的基本手段，是创新原动力的基本保障，是国际竞争力的核心要素"。为此，国家对知识产权保护机构进行一系列改革，强化公安机关、检察机关、审判机关的保护职责，顺畅行政、司法工作衔接机制，加强协同保护，加强信息沟通和共享，提高知识产权保护的效率和效果。

2014 年，十八届中央全面深化改革领导小组第三次会议审议通过《关于设立知识产权法院的方案》，提出"在北京、上海、广州三地设立知识产权法院"。后经全国人大常委会决定，在北京、上海、广州设立知识产权法院。面对杭州、北京和广州等地日益增多的网络著作权案件和其他互联网案件，全国人大常委会于 2017 年和 2018 年先后批准在杭州、北京和广州设立互联网法院，全面而充分地利用"一站式"诉讼服务平台、区块链等互联网技术在线审理涉互联网一审案件。经全国人大常委会决定，最高人民法院于 2018 年设立最高人民法院知识产权法庭审理专利等技术类二审案件。2020 年，全国人大常委会批准设立海南自由贸易港知识产权法院。此外，为统一各地方知识产权司法审判标准和优化案件管辖，最高人民法院批准设立了一些地方知识产权法庭。

经过一系列改革，我国知识产权司法保护形成了以最高人民法院为龙头，以北京、上海、广州、海南自贸港知识产权法院为示范，以地方法院知识产权法庭为重点，以杭州、北京、广州互联网法院为特色，以高、中级人民法院和部分基层人民法院知识产权审判庭为支撑的审判格局。

四、知识产权保护标准越来越严格

2016 年，国家知识产权局出台《关于严格专利保护的若干意见》，确立了"坚持服务大局""强化协同推进""注重突出重点"的基本原则，设定了"严格专利保护的政策法规体系与工作体制机制基本健全，专利执法办案力度、效率和水平全面提升，专利保护协作机制有效运行，专利授权确权维权联动机制运行良好，快速协同保护机制全面深化，专利保护与发明水平、专利质量之间形成良性互动关系"的工作目标，要求在具体工作中全面加强专利执法监管，大力整治侵权假冒行为，切实提高执法办案效率，切实提升侵权判定水平，全面加强执法能力建设，有效加强执法协作调度，建立案件质量保障体系，强化绩效考核与责任制，加快建立快速协同保护体系，促进授权确权维权信息共享，建立授权确权维权联动机制。

中共中央办公厅、国务院办公厅 2019 年《关于强化知识产权保护的意见》也对进一步加强知识产权保护作出全面部署，要求加快实施侵权惩罚性赔偿制度，严格规范证据标准，确定和完善行政执法过程中的商标、专利侵权判断标准，探索建立药品专利链接制度、药品专利期限补偿制度，加强中医药知识产权保护。

第三节　知识产权保护体系的完善

一、优化知识产权行政保护机构

（一）重组知识产权局

1980 年，国务院批准成立中国专利局，是为国家知识产权局的前身。2018 年，国家知识产权局重组，由国家市场监督管理总局管理。2023 年，国家知识产权局变为国务院直属机构。经过重组的国家知识产权局整合了专利、商标、地理标志等职能，解决了长期存在的专利、商标、原产地地理标志分头管理和重复执法的问题，有利于打通知识产权创造、运用、保护、管理和服务的全链条，推动知识产权治理体系和治理能力的现代化，有利于发挥专利、商标、原产地地理标志的组合效应，更好地支撑创新驱动发展和扩大对外开放。

目前，我国已经建立起符合国际通行规则，高效、严格、门类齐全的知识产权保护制度，同时加入了主要的知识产权国际公约，打通了与世界各国协调保护的渠道，成为世界主要的知识产权保护国，得到了世界的认同与关注。

（二）建立知识产权保护中心

知识产权行政执法是知识产权司法保护的有效补充，也是我国知识产权保护"双轨制"的一大特色。为加强知识产权保护，切实解决知识产权维权举证难、周期长、成本高等问题，国家知识产权局于 2016 年启动知识产权快速协同保护工作，依托地方共同建设知识产权保护中心，努力为创新主体、市场主体提供"一站式"知识产权综合服务。全国在建和已运行的知识产权保护中心日益增多。这些知识产权保护中心围绕新一代信息技术、高端装备制造和生物医药等几十个领域产业，开展专利快速预审、专利快速维权、知识产权保护协作及专利导航运营等工作，在知识产权保护方面发挥了重要作用。

二、完善知识产权保护审判机构

由于知识产权案件不同于一般民商事案件，我国从 1993 年开始首先在北京市高、中级人民法院成立知识产权审判庭，专门审理知识产权案件，随后在上海市浦东新区人民法院、北京市海淀区人民法院、深圳市南山区人民法院设立基层法院知识产权审判庭。为加强重大知识产权案件的审理和对全国知识产权案件审判的指导，最高人民法院经全国人大常委会批准，1996 年正式成立知识产权审判庭。对知识产权案件的管辖，最高人民法院在沿用传统民事审判体制的基础上作出了更严格的符合知识产权审判特点的规定。一般案件原则上由中级以上人民法院一审，高级人民法院为二审法院；经最高人民法院批准的部分基层人民法院可以受理一般知识产权民事案件。

（一）设立专门知识产权法院

2014 年 8 月 31 日，十二届全国人大常委会第十次会议表决通过了全国人大常委会关于在北京、上海、广州设立知识产权法院的决定。2014 年 11 月 6 日，中国第一家知识产权法院即北京知识产权法院正式挂牌成立。2014 年 12 月 16 日，中国第二家知识产权法院即广州知识产权法院建成。2014 年 12 月 28 日，中国第三家知识产权法院即上海知识产权法院挂牌成立。2020 年 12 月 31 日，海南自由贸易港知识产权法院正式成立，成为我国第四个知识产权专门法院，专门管辖海南省内应由中级人民法院管辖的知识产权民事、行政、刑事案件，实行知识产权审判"三合一"。设立知识产权法院有助于积累知识产权审判经验，探索知识产权审判规律，研究知识产权审判中出现的问题，同时有助于提高知识产权案件审判水平和知识产权案件审判质量，统一裁判标准，加强知识产权保护。

（二）建立专门知识产权法庭

2017 年 1 月开始，南京、苏州、武汉、成都、杭州、宁波、合肥、福州、济南、青岛、深圳、天津、郑州、长沙、西安、南昌、兰州、长春、乌鲁木齐、海口等城市陆续设立知识产权法庭。这些知识产权法庭按照专门分工审理了大量知识产权案件，根据知识产权案件的特点对知识产权案件审判进行了有益的探索，有效地提升了知识产权专业化审判水平。

（三）最高人民法院设立知识产权法庭

为统一知识产权案件裁判尺度，加快创新驱动发展战略实施的重大使命，实现审理专门化、管辖集中化、程序集约化和人员专业化，为知识产权强国和世界科技强国建设提供有力司法保障和服务，2018 年 10 月 26 日，十三届全国人大常委会第六次会议通过《关于专利等知识产权案件诉讼程序若干问题的决定》。2018 年 12 月 29 日，十三届全国人大常委会第七次会议任命最高人民法院知识产权法庭庭长、副庭长、审判员。2019 年 1 月 1 日，最高人民法院知识产权法庭挂牌成立，主要审理不服高级人民法院、知识产权法院、中级人民法院作出的发明专利、实用新型专利、植物新品种、集成电路布图设计、技术秘密、计算机软件、垄断等一审民事案件判决、裁定而提起上诉的案件，不服北京知识产权法院对发明专利、实用新型专利、外观设计专利、植物新品种、集成电路布图设计授权确权作出的一审行政案件判决、裁定而提起上诉的案件，不服高级人民法院、知识产权法院、中级人民法院对发明专利、实用新型专利、外观设计专利、植物新品种、集成电路布图设计、技术秘密、计算机软件、垄断行政处罚等作出的一审行政案件判决、裁定而提起上诉的案件。

（四）加强知识产权审判力量

知识产权案件专业性强，特点突出，需要一支精通知识产权保护的专业队伍。原有的知识产权保护力量尚不足以满足知识产权快速发展的需要。为适应知识产权保护的需要，人民法院采取了一系列改革措施。例如，针对知识产权审判专业性强与"三合一"改革的特点，加强知识产权审判力量，选拔优秀的法官到知识产权审判岗位任职，为知识产权审判配备政治素质高、专业能力强的法官作为主干力量。

三、发挥检察机关的作用

为加强对知识产权全方位综合性司法保护，发挥检察机关的法律监督作用，最高人民检察院于 2020 年年底部署在重庆、北京、上海等 8 个省市检察院开展知识产权检察职能集中统一履行试点工作，实行知识产权刑事、民事、行政检察集中统一履职；于 2021 年 2 月组建知识产权检察办公室，通过专门的组织形式强化对知识产权案件的法律监督。

（一）履行法律监督职责

检察机关作为法律监督机关，有责任、有义务、有权力对知识产权保护履行监督职责，与其他司法机关合作做好知识产权保护工作，针对知识产权保护中出现的有案不移、有案不立、立案不当、以罚代刑、裁判不公等问题，加强监督与协调，确保以刑事手段打击知识产权侵权犯罪定罪的准确性和量刑的适当性。

（二）加大打击力度

2022 年，全国检察机关受理审查逮捕侵犯知识产权犯罪案件 4098 件

7889 人，批捕 2210 件 3641 人；受理侵犯知识产权审查起诉案件 8489 件 20192 人。其中，批捕假冒注册商标罪，销售假冒注册商标的商品罪，非法制造、销售非法制造的注册商标标识罪等侵犯商标权类犯罪 1831 件 2970 人，起诉 3018 件 10477 人；批捕侵犯著作权罪、销售侵权复制品罪等侵犯著作权类犯罪 121 件 223 人，起诉 323 件 832 人；批捕侵犯商业秘密罪 26 件 42 人，起诉 50 件 99 人；批捕数罪或他罪中含侵犯知识产权犯罪 232 件 405 人，起诉 519 件 1179 人。批捕与公诉能威慑犯罪分子，纠正人们关于知识产权侵权"只赔钱不判刑"的错误心理预期，有力地保护知识产权。

（三）创新知识产权保护新形式

检察机关对知识产权进行保护属于新生事物，缺乏可以借鉴的经验，需要在实践中不断探索与创新。与传统知识产权诉讼保护形式相比，检察机关的保护有非常大的优势：可以利用丰富的法律专业监督经验和刑事批捕、起诉权力对侵权行为进行处理。针对取证难、维权成本高的问题，检察机关可以结合认罪认罚从宽制度，通过权利人得以参与认罪认罚、审查逮捕和审查起诉公开听证等刑事诉讼活动，使被侵权人得到相应的经济赔偿，保障知识产权保护取得成效。

第四节　知识产权保护的国际借鉴

知识产权制度作为舶来品在我国落地生根，成为重要的法律制度，离不开对国际知识产权保护的借鉴。改革开放以来，中国积极吸收借鉴其他国家知识产权保护的先进经验，加强与国际组织的合作，在结合实际不断探索的基础上，建立了适合我国国情的知识产权保护制度。

我国一直遵守并维护国际规则，在平等互利的基础上注重对外国知识产权的保护，严厉打击侵犯外国知识产权、假冒外国知名品牌的行为，积极加强统筹协调，开展跨部门、跨区域、跨国境联合执法。2011 年，中国组建了打击侵权假冒工作领导小组，形成了全国统一领导、部门协作配合、地方联合行动的工作格局。正如习近平总书记在博鳌亚洲论坛 2018 年年会开幕式上所强调的，加强知识产权保护，"是提高中国经济竞争力最大的激励。对此，外资企业有要求，中国企业更有要求"。我们要力争与国际规则接轨，树立负责任的大国形象，与世界各国一道推动知识产权国际保护的不断完善。

第五节　中美知识产权保护博弈

我国知识产权保护绕不开与美国的博弈。中美经济交往的过程实际上也是知识产权博弈的过程。中美贸易摩擦在某种程度上也是知识产权之战。

中美贸易摩擦的核心问题之一是知识产权问题。20世纪晚期，美国利用自身的技术优势地位和我国对知识产权的认识尚不深刻、知识产权制度尚不完善的弱点，多次单方对我国进行制裁并要求按照其意图对美国的知识产权进行保护。美国通过指责我国侵犯其知识产权来遏制我国经济的发展，其对华贸易摩擦的真实目标不是消除美国贸易赤字，而是瞄准"中国制造2025"，阻止中国在未来关键战略技术领域取得主导地位。我国知识产权立法和知识产权制度的建立与中美经贸交往需要、美国施加压力直接相关。[①] 1978年中美贸易问题产生后，自1979年签订《中美贸易关系协定》起，美国一直要求我国给予有效知识产权保护，指责我国知识产权保护力度不够。在与美国谈判的过程中，我国一方面有理有力有节地表达我们在知识产权保护方面取得的成就和作出的努力；另一方面不断完善法律法规。20世纪80年代，我国制定了《中华人民共和国商标法》（以下简称《商标法》）、《专利法》，此后又制定了《中华人民共和国著作权法》（以下简称《著作权法》）、《中华人民共和国反不正当竞争法》（以下简称《不正当竞争法》），并不断进行完善。立法进程的加快和保障措施的完善既与我国自身需求有关，也与外部施加的压力有关。

一、被动应对阶段

对外开放以后，中美经贸关系迅速发展，但也经常出现不和谐的音符。

---

① 孔祥俊. 我国知识产权保护的反思与展望：基于制度和理念的若干思考［J］. 知识产权，2018(9)：36-48.

由于当时中美知识产权保护水平差距巨大，美国经常指责我国对其知识产权保护不够，动辄根据其"特殊 301 条款"对我国发起调查，进行贸易报复。自 1989 年开始，中美双方经历了多轮谈判，在不同的阶段达成不同的协议。前期，我国处于被动应对状态。每一次谈判都是一次激烈的斗争，每一个协议的达成都是对我国知识产权制度建设的促进。中美知识产权博弈的过程，也是我国知识产权保护不断进步不断发展的过程。

二、主动保护阶段

进入 21 世纪，我们清楚地认识到，知识产权日益成为生产要素，获得受知识产权保护的技术知识才能得到市场经济的认可，才能促进企业与经济的发展。世界经济增长的原动力正在由传统工业技术让位于体现了市场经济机制认可的创新技术知识，也就是受到法律保驾护航的知识产权。世界经济增长进入"资源驱动—资本驱动—技术驱动—知识产权驱动"的升级版模式，知识产权已成为拉动世界经济增长的主导力量。中美知识产权保护争端的内容由此逐渐发生转变。由于科学技术的发展和知识产权保护水平的提高，保护知识产权已经成为我们内在的需要。相应地，我国知识产权保护由被动应对转变为主动保护。在中美贸易发展过程中，我们不再是为了应对外部的压力，而是从我国的实际利益出发，主动修改完善知识产权保护法律法规，增强品牌保护意识和技术保护意识。

三、中美知识产权保护的新动向

中国和美国作为经济大国和技术大国，都认识到了合作的重要性。美国挥舞大棒的目的无非是要获得更多的利益，对中国的指责和制裁也都意在占有并控制中国的市场，遏制中国的发展。2021 年 1 月，中美签署第一阶段经贸协议，包括八章。其中，第一章是知识产权，第二章是技术转让，涵盖专利、商标、著作权、商业秘密、地理标志，以及药品、网络知识产权保护等诸多内容。可以说，知识产权问题是协议的重要内容。该协议对我国知识产权保护提出了更高的要求。

第一阶段经贸协议体现了公平、充分、有效保护知识产权的原则，内容丰富详细，可操作性强，规定了知识产权保护的新规则。

第一，商业秘密条款。协议第二节用七个条款对商业秘密的保护作出规定。我国 2019 年修正的《反不正当竞争法》第九条规定的商业秘密，是指不为公众所知悉、具有商业价值并经权利人采取相应保密措施的技术信息、经营信息等商业信息。虽然与原来的法律规定相比有了巨大的进步，但相关表述仍然存在范围不清、界定不明的问题。除了双方承诺加强对商业秘密的保护之外，协议还在这个章节提出"举证责任转移"。这是对商业秘密保护的重要规定。被侵权人只需要初步证明自己的商业秘密受到了被告方的侵犯，举证责任转给了被告方，被告方须举证证明自己使用的信息并非商业秘密。并且，侵犯商业秘密类的犯罪也不需要以造成"重大损失"为构成要件。这些规则会给我国商贸活动乃至金融活动带来非常深刻的变化。权利人会更加注重对商业秘密的保护，而侵权人会付出巨大的代价。

第二，药品专利条款。本部分具体规定了药品专利的申请与管理问题，针对药品专利的特点，规定药品专利申请人无须一次性提交全部数据，可以对数据进行补充。专利纠纷的早期解决机制，以及快速救济机制、专利有效期的延长机制等能显著提升中国专利类法规的修订质量。

第三，电商平台打击盗版与假冒条款。对电商平台打击盗版的规定非常具体，包括建立迅速的行动机制，在接到侵权投诉后先要求相关商品下架再进行查证；如果侵权投诉不成立，只要投诉人是基于善意的，就应免除其责任；对多次出现假冒盗版行为的电商平台吊销经营许可等。这些条款对提升电商平台的管理水平具有重要作用。

第四，对盗版与假冒产品的进一步打击条款。例如，对存在健康和安全风险的假冒产品，中方应在协议生效4个月内，每季度在网上发布相关执法行动产生的可衡量影响的数据。此外，还包括大幅度增加执法行动数量；假冒盗版商品必须销毁，主管官员无权批准这类商品进入商业渠道；侵权人所获得的利益须支付给权利人。这些规定可以推动我国知识产权保护机构进行改革，职责更加明确。

第五，知识产权案件审理条款。协议对知识产权案件的审理主要规定了两方面内容：第一，从重处罚，能多罚款就多罚款，能判刑就判刑，绝不姑息；第二，简化对证据的形式要求，减少公证、认证程序，包括尽量减少领事认证环节。这意味着证据要求放松，处罚加重，侵犯知识产权后受罚风险上升。这是非常重要的信号，意味着我国长期靠行政手段进行保护和靠权利人自己的力量进行保护的局面有所改变，知识产权侵权的刑事风险加大。

第六，技术转让一般条款。技术转让必须基于自愿；不管在什么情况下，中美双方都不能强制一方向另一方转让技术；政府不得强制要求企业进行技术披露。根据本部分的规定，我国很多民营企业的老配方可以以商业秘密的方式获得保护，不至于陷入恶性竞争。同时，这有助于推动企业自主创新，消除企业的后顾之忧。

第六节　知识产权保护的创新

随着全球创新指数排名从 2016 年的第 25 位升至 2019 年的第 14 位，中国迅速成为世界知识产权保护大国。不断优化知识产权保护环境，为知识产权保护贡献中国力量，走出一条中国特色知识产权保护之路，根源在于创新。除一般的保护体制的改革与保护措施的强化外，我们还在其他方面进行了有益的探索。

一、设立"世界知识产权日"

设立"世界知识产权日"是我国对知识产权保护作出的重要贡献。2000年，中国和阿尔及利亚共同向世界知识产权组织提出建议，把 1970 年 4 月 26 日世界知识产权组织正式成立的日子（这一天，也是《巴黎公约》51 个成员国于 1967 年 7 月 14 日在瑞典首都斯德哥尔摩签署的关于《建立世界知识产权组织公约》正式生效的日子）定为"世界知识产权日"，目的是普及宣传知识产权知识，增强全民的知识产权意识。自 2004 年起，我国政府把每年的 4 月 20 日至 4 月 26 日定为"中国知识产权宣传周"。它与每年的"3·15 消费者权益日"打假宣传结合起来，在知识产权普及方面收到了很好的效果，发挥了很好的作用。尊重知识、尊重人才、尊重劳动、尊重创造、尊重知识产权的良好社会氛围逐步形成，广大公众的知识产权意识日益提升。

二、建立知识产权政策激励机制

政策激励是我国的特色，也是我国的优势。知识产权创新离不开有效激励，为此，国家制定了大量鼓励创新的政策与文件，并且大力鼓励为知识产权保护作出重要贡献的人。习近平总书记十分重视对科研一线人员的激励，指出要加强知识产权保护，积极实行以增加知识价值为导向的分配政策，包括提高科研人员成果转化收益分享比例，探索对创新人才实行股权、期权、分红等激励措施。习近平总书记提出，"要探索网信领域科研成果、知识产权归属、利益分配机制，在人才入股、技术入股以及税收方面制定专门政策"，体现出对科研人员待遇、对知识产权保护的高度重视。为将习近平总书记的指示落到实处，各有关部门在自己的职责范围内制定了大量的优惠政策。财政部、国家税务总局发布《关于完善股权激励和技术入股有关所得税政策的通知》，明确了技术入股的条件和税收优惠政策限制性行业目录；国家知识产权局制定专利、商标申请费用减免政策；工业和信息化部联合国家发展和改革委员会、科学技术部、财政部、国家知识产权局等17个部门共同印发《关于健全支持中小企业发展制度的若干意见》等。各地政府也根据各地的实际情况制定了优惠政策，加强知识产权成果的创新与转化，希望通过提高利益激励机制促进知识产权保护。

三、制止权利主体的权利滥用

近年来，国家严厉打击知识产权侵权行为，不仅提高了侵权赔偿的金额，而且确立了惩罚性赔偿制度。国家加大知识产权保护力度并不意味着权利人可以滥用自己的权利。实践中，被告被无辜起诉的情况时有发生。一些企业打着维权的旗号，动辄到法院起诉，利用诉讼打击对手或者牟利。通常情况下，被告往往处于被动地位，最好的结果也不过是原告撤诉，明知对方恶意诉讼也无能为力。针对这一问题，最高人民法院作出新的规定，使被告有了维权的依据。2021年，《最高人民法院关于知识产权侵权诉讼中被告以原告滥用权利为由请求赔偿合理开支问题的批复》明确指出，在知识产权侵权诉讼中，被告提交证据证明原告的起诉构成法律规定的滥用权利损害其合法权益，依法请求原告赔偿其因该诉讼所支付的合理的律师费、交通费、食宿费等开支的，人民法院依法予以支持。被告也可以另行起诉请求原告赔偿上述合理开支。

我国知识产权法并没有规定知识产权滥用的情形，实践中司法机关也很少认定知识产权滥用，导致被告的权利往往难以得到保障。知识产权滥用应该综合主体、行为和损害结果等多个方面进行认定。如果原告不是合法的知识产权所有人、被许可人或者权利受让人，起诉的目的是打压对手或者谋取经济利益等，即可以被认定为滥用权利。

　　滥用权利不仅使被告遭受无形的声誉损失，还可能使被告遭受巨大的经济损失。在滥用权利的诉讼中，原告存在主观的恶意或者过错，应该承担相应的法律责任。知识产权立法保护合法权利但不保护权利的滥用。最高人民法院的批复有效平衡了原、被告之间的利益关系，为知识产权维权提供了正确的指引。法院在审理知识产权维权案件过程中应加强相关问题的审查，纠正恶意侵权诉讼无成本或成本过低的状况，惩治立案登记制背景下恶意侵权人利用法律制度的便利，假借权利维护损害他人利益的行为。

　　2019 年视觉中国"黑洞照片门"事件造成非常恶劣的影响，众多中小企业和个人深受其害。虽然经过专门治理，这类以牟利为目的进行诉讼的公司大量变少，但相关行为并未完全消失。要识别恶意诉讼，让以维权为名进行恶意诉讼的人承担责任，还有许多问题需要解决。首先是思想认识的转变。需要改变原告有理、起诉有理的观念，不进行先入为主的假设。其次是法院审查工作的把握。应该公平地审查原、被告的诉讼请求与理由。再次是对恶意滥用权利的界定。需要明确标准的认定。最后是对合理开支的审核。需要明确合理的范围，尤其是律师的合理费用。希望最高人民法院的批复在各级法院的案件审理中真正落到实处，杜绝恶意诉讼。

四、提供专项综合保护

　　在知识产权侵权集中的行业和领域进行专项保护成为我国知识产权保护的一大特色，包括在展会上进行知识产权保护。在 2018 年第 124 届中国进出口商品交易会上，知识产权投诉案件共受理 382 宗，509 家参展企业被投诉，264 家企业最终被认定涉嫌侵权。2021 年，中国国际服务贸易交易会成立服贸会知识产权保护办公室，受理、处理展会知识产权侵权纠纷。不仅北京市知识产权局、北京市市场监督管理局、北京市文化市场综合执法总队等相关知识产权行政部门共同入驻，北京知识产权法院也一起参加，形成行政与司法共同保护知识产权的新模式。该办公室开展专利、商标、著作权、地理标志、特殊标志及商业秘密等知识产权保护，查处知识产权侵权违法行为，宣传知识产权政策法规，创新知识产权保护模式，展示出我国知识产权保护的良好形象。

第七节　知识产权保护的趋势

国家对知识产权大保护、严保护的格局已经形成，各相关部门都高度重视知识产权保护。2019 年 11 月，中共中央办公厅、国务院办公厅印发了《关于强化知识产权保护的意见》。2020 年 4 月，最高人民法院印发《关于全面加强知识产权司法保护的意见》。各省市高级人民法院也纷纷发布了强化知识产权司法保护的意见。与此同时，各地政府制定地方性法规并采取措施，重点加强知识产权保护，完善知识产权综合管理体制，健全评议和预警制度，促进知识产权与科技创新工作的融合。我国知识产权保护的政策是一贯的、连续的，在今后很长的时期内我国的知识产权保护将沿着这一轨迹继续深化加强。

一、立法更强

近年，对《商标法》《反不正当竞争法》《专利法》《著作权法》的修改弥补了已有法律的不足，标志着知识产权立法的加强。修改肯定不是终点，也不能说我国有关知识产权的法律法规已经完美无缺了。一方面，特定领域的知识产权保护还需要继续深化与细化。另一方面，随着科学技术的发展，还会有新的问题出现。从知识产权法律的演进看，未来知识产权保护的期限会更长，新技术、新品种、地理标志、中医药产品等都需要通过法律的保护来获得更好的发展。随着从知识产权大国向知识产权强国转变，我国的知识产权立法由被动应对外部压力向主动满足国内需求转变，知识产权研究会更加深入，知识产权法律理论会更加丰富。

二、赔偿更高

在今后很长一段时间，运用经济手段对侵权行为制裁会是知识产权保护的主流。其核心问题是经济赔偿问题。赔偿额的提高一定程度上缓解了维权成本高、赔偿低的难题。一方面，立法提高了法定赔偿额的上限，使受制于立法限制不能得到高额赔偿的情况得到改变，司法机关可以在法定的最高额范围内进行裁判，最高可以获得 500 万元的赔偿。另一方面，无论是行政机关还是司法机关，在执法过程中都会根据情况从高处理，总体的赔偿金额偏高。可以预计，未来高额赔偿会不断出现，总体赔偿金额会越来越高。

三、执法更严

严格执法是建设法治国家的必然要求。我国已经开启知识产权侵权行为严打模式，执法必严原则在知识产权侵权案件中得到了广泛体现。2020 年 11 月 24 日，最高人民法院作出（2019）最高法知民终 562 号民事判决书，判决被告赔偿原告经济损失 3000 万元。该案适用顶格 5 倍的惩罚性赔偿，成为最高人民法院知识产权侵权惩罚性赔偿第一案，向社会传递出法院对侵权行为从严处理的信号。2021 年，《最高人民法院关于审理侵害知识产权民事案件适用惩罚性赔偿的解释》对知识产权民事案件中惩罚性赔偿的适用范围，故意、情节严重的认定，计算基数、倍数的确定等作出了具体规定，旨在通过明晰裁判标准加强对侵权行为的惩罚性赔偿适用，指导各级法院准确适用惩罚性赔偿，惩处严重侵害知识产权行为。未来司法机关将根据法律规定，严格执法，更多地适用惩罚性赔偿。

四、举证更易

知识产权侵权具有隐蔽性，举证难是维权的最大障碍。为此，立法与司法机关从证据制度入手进行改进。随着举证制度的改变，一方面权利人的举证责任在维权诉讼中有所减轻，只要有初步证据就可以进行维权，要求侵权人对自己的行为进行不侵权举证；另一方面权利人可以通过司法机关承认的时间戳取证、电子固化取证等网络技术进行取证，还可以依靠公安机关、检察机关、知识产权主管部门、市场监管部门等，在其查处知识产权侵权的过程中获取相应证据。未来通过相关机关获取证据将成为重要的举证途径。

五、维权更畅

为加强知识产权保护，帮助权利人维权，我国初步建立了立体化保护体系，形成多元保护格局。知识产权局设立知识产权保护中心，为权利人提供维权服务；把知识产权调解纳入人民调解，广泛吸收社会调解组织、行业调解和专业调解，以多元的方式化解矛盾；检察机关成立知识产权部门，加强刑事附带民事、知识产权维权帮助，有力打击侵权犯罪；法院实行知识产权审判机构与审判制度改革，助力刑事、民事、行政的一体化审理；案件管辖实行下沉与上收，简单的案件可以由基层人民法院管辖，复杂及难度高的案件直接上诉到最高人民法院；设立知识产权法院和知识产权审判庭，加强专业化审理。在不断探索、总结经验的基础上，未来知识产权维权将更容易。只要拥有合法的权利，诚信创新，就都可以得到有效的保护。

六、质量更高

高质量保护是我国知识产权保护追求的目标。国家知识产权局《关于深化知识产权领域"放管服"改革优化创新环境和营商环境的通知》提出，突出高质量发展导向，推动知识产权工作由追求数量向提升质量转变；加强创造源头治理和全链条协同发力，强化政策引导，突出质量导向，着力破解当前知识产权发展中的突出矛盾，努力实现更高质量、更加公平、更可持续的发展。跨过初期的低层次发展后，我国知识产权保护逐步对以营利为目的的维权，以获取国家补贴、国家优惠政策为目的的虚假申请，假冒他人专利、商标进行维权，以及恶意诉讼、虚假诉讼等行为进行遏制，不再支持只重数量不重质量的过度申请行为，注重对高科技专利和驰名商标等高价值知识产权加大保护力度，对诚信知识产权提供有效保护。未来的知识产权保护将更关注对经济和社会发展有利的知识产权。

第二章　认识专利

第一节　专利概述

一、专利的概念

"专利"一词来源于拉丁语，原指公开的信件或者公共文献，是中世纪君主用来颁布某种特权的证明，后来指英国国王亲自签署的独占权利证书。经过长期的演变，"专利"已经成为专用的法律名词。我们日常用到的"专利"一词，在不同场合有不同的含义，至少包括专利技术、专利文献、专利权等三种含义。

专利权（Patent Right），是指一个国家（或地区）专利主管部门依法授予专利申请人或其专利申请权继受人在法定期限内，在该国（或地区）法域内享有的对相应发明创造的独占性权利。[①]

二、专利的类别

本书依据《专利法》，将专利分为发明专利、实用新型专利和外观设计专利三种类型。

（一）发明专利

发明专利适用于对产品、方法或其改进提出的新的技术方案。发明包括产品发明和方法发明。产品发明指仪表、机器、设备、装置或者液态、气态、粉末状物质等人类创造的有形物。方法发明指制造特定产品或者实现特定技术目标采用的工艺流程、制造方法、技术手段及开拓性用途等。

（二）实用新型专利

实用新型专利适用于对产品的形状、构造或者其结合所提出的适于实用的新的技术方案。实用新型专利必须是产品发明，方法发明及用途发明都不能申请实用新型专利。实用新型专利还必须是具有固定形状和构造的产品发

---

① 陶鑫良 . 知识产权基础［M］. 北京：知识产权出版社，2006：51.

明创造，没有固定形状和构造的气态、液态、粉末状物质、颗粒状物质及单纯的电路等不能申请实用新型专利。

（三）外观设计专利

外观设计专利适用于对产品的形状、图案或者其结合，以及色彩与形状、图案的结合所作出的富有美感并适于工业应用的新设计。

三、专利的保护范围

《专利法》第六十四条第一款规定，发明或者实用新型专利权的保护范围以其权利要求的内容为准，说明书及附图可以用于解释权利要求的内容。这里所说的权利要求，不是指专利申请人提出专利申请时，记载在权利要求书中的权利要求内容，而是指经过国务院专利行政部门审查批准后，很可能已经进行修改补正，最后作为国务院专利行政部门授予专利权依据的权利要求内容。简单来说，就是专利权的保护范围应以授权时的权利要求为准，而不是以申请时的权利要求为准。

《专利法》第六十四条第二款规定，外观设计专利权的保护范围以表示在图片或者照片中的该产品的外观设计为准，简要说明可以用于解释图片或者照片所表示的该产品的外观设计。《专利法》保护的外观设计是具有独创性的设计方案，即只有图片或者照片所示设计中的创新点才是外观设计专利权的保护范围。

四、企业与专利

企业开展系统性专利保护具有以下作用。

（一）有利于树立良好的企业形象

企业通过开展专利保护，积极进行技术创新，获取行业先进技术专利，能给顾客和社会大众树立高科技企业的形象。另外，这些先进的专利技术的应用也能让顾客得到好的体验，增强顾客对企业的信赖和忠诚，从而在顾客中形成口碑。例如，华为非常注重技术研发，其生产的手机产品使用自己研发的芯片等核心部件。这些核心部件包含许多专利，展示出生产者拥有雄厚技术实力的科技公司的形象。这会让消费者对其产品和服务质量更加信赖，从而促进市场销售。

（二）有利于增强创新能力

企业可以通过开展专利保护，建立专利管理体系；通过对专利工作进行规划，合理配置科技资源；通过确立激励机制，促进企业科研技术人员跟踪技术前沿，积极创新，增强创新能力。另外，专利制度是一种激发发明创造的机制和技术创新的机制。企业积极创新，获取专利技术，有助于获得市场竞争优势，取得较好的经济效益，反过来又能为研发投入更多的资源，进一步促进技术创新。

（三）有利于增强专利保护能力

企业可以通过开展专利保护，及时申请专利，积极利用法律制度保护自己的发明创造，避免被竞争对手模仿或假冒，进而保持市场竞争优势。另外，企业应密切关注国内外市场情况、同行业竞争对手的技术发展情况、专利信息，在发现专利侵权行为后及时采取有效措施进行制止。在这个过程中，企业能积累丰富的专利保护经验，增强专利保护能力。

第二节　专利保护政策的变化

一、对专利质量的要求更为严格

为切实提高专利质量，促进专利成果的转化，国家出台了一系列文件，对不以保护创新为目的的非正常专利申请进行打击：对单位或个人故意将相关联的专利申请分散提交，单位或个人提交与其研发能力明显不符的专利申请，单位或个人异常倒卖专利申请，单位或个人提交的专利申请存在技术方案以复杂结构实现简单功能、采用常规或简单特征进行组合或堆叠等明显不符合技术改进常理的行为，以及其他违反《中华人民共和国民法典》（以下简称《民法典》）规定的诚实信用原则、不符合《专利法》相关规定、扰乱专利申请管理秩序的行为，制定相应的制裁措施；要求各地方知识产权部门严把专利质量申请审查关，将高质量专利的申请作为重要工作内容与考核指标。国家知识产权局采取措施，定期通报或公布各地方高质量专利申请和该类申请占比数据。对高质量专利申请占比连续两个季度下降的，通报地方知识产权部门；连续三个季度出现以上现象的，通报地方党委政府，并在国家知识产权局政府网站及《中国知识产权报》上公布相关信息；对连续一年出现以上现象的，取消国家知识产权局授予的示范城市等各类称号、优惠政策等。经过一系列细致的工作，我国高质量专利申请所占比例连续上升。

二、不再片面追求专利数量

无论是国家还是企业或者个人，都曾以专利申请数量为傲。这一定程度上助长了过度追求专利数量的不良现象。为此，国家知识产权局出台文件，要求各级地方知识产权部门牢固树立高质量发展理念，积极协调有关部门进一步改进完善与专利工作相关的考核指标体系，提高考核的科学性、有效性，核查并剔除不符合实际的增长率评价指标，避免将专利申请数量作为部门工作考核的主要依据。不得设置专利申请量的约束性考核评价指标，不得以行政命令或者行政指导等方式向地方、企业和代理机构等摊派专利申请量指标，不得相互攀比专利申请（包括《专利合作条约》途径专利申请）数量。一经发现以上行为，视情况取消国家知识产权运营项目申报资格、国家知识产权局授予的示范城市等各类称号和优惠政策等。同时，清理明显不符合《专利法》要求的申请，相关宣传从重"数量"转变为重"保护"。正确的政策导向使专利保护回归本源，专利申请数量健康增长。

三、行业准入门槛提高

为提高专利质量，从治理代理机构入手，对不符合专利代理要求的代理机构、代理人进行惩戒，或撤证或禁入或禁止从事专利代理工作。根据国家知识产权局《关于规范申请专利行为的若干规定》，非正常专利申请行为包括：所提出的多件专利申请的发明创造内容明显相同，或者实质上由不同发明创造特征、要素简单组合形成的；所提出专利申请存在编造、伪造、变造发明创造内容、实验数据或者技术效果，或者抄袭、简单替换、拼凑现有技术或者现有设计等类似情况的；所提出专利申请的发明创造内容主要为利用计算机技术等随机生成的；所提出专利申请的发明创造为明显不符合技术改进、设计常理，或者变劣、堆砌、非必要缩限保护范围的；申请人无实际研发活动提交多件专利申请，且不能作出合理解释的；将实质上与特定单位、个人或者地址关联的多件专利申请恶意分散、先后或者异地提出的；出于不正当目的转让、受让专利申请权，或者虚假变更发明人、设计人的；违反诚实信用原则、扰乱专利工作正常秩序的其他非正常申请专利行为。帮助他人提交或者专利代理机构代理提交非正常类型的专利申请，将根据不同情况不予减缴专利费用，并且已经减缴的，补缴已经减缴的费用，情节严重的，自本年度起 5 年内不予减缴专利费用。除此之外，还有以下惩罚措施：在国家知识产权局网站及相关媒体上予以通报，并纳入全国信用信息共享平台；在国家知识产权局的专利申请数量统计中扣除非正常申请专利的数量；情节严重构成犯罪的，依法移送至有关机关追究其刑事责任等。中华全国专利代理师协会对从事非正常申请专利行为的专利代理机构及专利代理师采取行业自律措施，必要时专利代理惩戒委员会根据《专利代理惩戒规则（暂行）》的规定给予惩戒。

四、取消补贴

2021 年 1 月，国家知识产权局发布《关于进一步严格规范专利申请行为的通知》，对专利资助政策进行调整，要求 2021 年 6 月底前全面取消各级专利申请阶段的资助，各地方不得以资助、奖励、补贴等形式对专利申请行为给予资金支持，不得资助专利年费和专利代理等中介服务费。"十四五"时期，各地方要逐步减少对专利授权的各类财政资助，并且需要在 2025 年以前全部取消。

专利资助政策的取消，标志着我国从知识产权引进大国向创造大国转变，从追求数量向提高质量转变，对激励和保护创新、促进知识产权高质量发展会起到重要作用，对盲目追求数量指标、不以保护创新为目的的非正常专利申请行为，严重扰乱行政管理秩序、损害公共利益、妨碍企业创新、浪费公共资源、破坏专利制度等行为会起到遏制作用。

五、强化运营

专利运营是我国知识产权保护的薄弱环节。近年来，我国专利申请量和授权量屡创新高。为强化知识产权运营，促进知识产权成果转化，2021 年 7 月，国家知识产权局发布《关于促进和规范知识产权运营工作的通知》，要求提高认识，协同有序推进知识产权运营工作；完善激励，激发知识产权转移转化活力；分类指导，优化知识产权运营服务供给；拓宽渠道，推进知识产权运营供需对接；支撑转化，促进加强知识产权融资服务；助推实施，引导知识产权高效有序流转；畅通流转，提升知识产权评估服务能力；完善环境，加强知识产权交易信息监测和信用监管；规范运行，加强知识产权运营平台管理；严格监督，完善知识产权运营资金使用管理；强化责任，推进知识产权运营绩效提升；完善保障，促进能力提升。

第三节 《中华人民共和国专利法》的修改

我国《专利法》制定于 1984 年，于 1992 年、2000 年、2008 年、2020 年进行过四次修改。

一、第一次修改：与国际接轨

第一次《专利法》的修改主要是为我国恢复关贸总协定缔约国地位创造条件，同时也是为了兑现我国与美国在知识产权谈判中达成的谅解备忘录中的承诺。第一次修改主要围绕与国际专利制度接轨、适应世界知识产权发展的新趋势展开。第七届全国人民代表大会常务委员会第二十七次会议于 1992 年 9 月 4 日审议通过了《专利法》修正案。主要修改内容如下。

（一）扩大专利保护的技术领域

1984 年通过的《专利法》在第二十五条中明确规定，"药品和用化学方法获得的物质"不授予专利权。当时主要是从国家的经济和科学技术状况来考虑的，认为药品涉及大众身体健康，不宜为少数人垄断，同时也担心由于本国医药技术水平较落后，如果允许药品申请专利，外国技术会源源不断到来，从而冲击本国市场。第一次修改删除了第二十五条中对"药品和用化学方法获得的物质"不授予专利权的规定，取消了对"食品、饮料和调味品，药品和用化学方法获得的物质"不授予专利权这一限制，扩大了专利保护范围，有助于改变我国化工工业和制药工业以仿制为主的状况，鼓励相关领域科技人员的发明创造积极性，吸引外来先进技术。

（二）强化专利权的效力

1984 年通过的《专利法》未对进口专利产品的专利权保护作出规定，此类专利权的保护受到一定限制。修改后的《专利法》规定，未经专利权人许可，不得为生产经营目的进口其专利产品，并将制造方法专利权的效力扩大到依照该方法直接获得的产品。未经专利权人许可进口其专利产品的行为属于侵犯专利权的行为。

（三）延长专利权的保护期限

1984 年通过的《专利法》规定的发明专利保护期限为 15 年，实用新型和外观设计专利权的保护期限为 5 年。专利技术的研发需要的时间比较长，如果法律规定保护期时间过短，研发者就没有充分的时间收回投资，一定程度上会影响发明创造者的积极性，不利于科学技术水平的提高。修改后的《专利法》规定，发明专利的保护期限为 20 年，实用新型专利和外观设计专利的保护期限为 10 年，均自申请日起计算。

（四）增加有关给予强制许可的条款

1984 年通过的《专利法》规定，专利权人负有自己或者许可他人在我国制造其专利产品或者使用其专利方法的义务。如果专利权人无正当理由不履行义务，专利局可以给予实施专利的强制许可。第一次修改删除了这一规定，重新规定了强制许可的条件，即在国家出现紧急状态或者其他非常紧急情况时，或者为了公共利益，或者为了防止专利权的滥用，专利局可以给予实施发明或者实用新型专利的强制许可。

（五）将授予专利权之前的异议程序改为授予专利权之后的撤销程序

1984 年通过的《专利法》规定了专利授权前的异议程序，旨在为公众提供提出异议的机会，防止专利局对不符合条件的申请授予专利权。但这样的程序在实际中发挥的作用不大，公众提出异议的情况很少，反而影响专利技术获取授权的速度。因此，第一次修改删除了授权前的异议程序，规定专利申请经审查没有发现驳回理由的，专利局应授予专利权，同时为了避免可能出现的失误，又规定自专利局授予专利权之日起 6 个月内，任何单位或者个人认为专利权的授予不符合《专利法》规定的，都可以请求专利局撤销该专利。

二、第二次修改：适应经济发展的需要

为适应我国社会主义市场经济体制改革的要求，促进经济和科技的快速发展，满足加入世界贸易组织对《专利法》提出的新任务、新要求，解决《专利法》在实施中的新问题，《专利法》第二次修改于 2000 年 8 月 25 日经全国人大常委会通过后由国家主席公布，并自公布之日起施行。主要修改内容如下。

（一）明确国有单位职务发明创造专利权的归属

《专利法》制定时我国对国有企业的认识还停留在计划经济的阶段，认为全民单位属于全民所有，所以规定专利权归单位所有即属于全民所有。随着经济体制改革的深入发展，两权分离已经形成共识，第一次修改规定职务发明创造专利权归单位"持有"已不能适应现实的需要。取消全民所有制单位对专利权"持有"的规定，明确专利权归单位所有，一方面要保护企业、单位的利益，另一方面要鼓励科研人员的创新积极性。要使两方面的利益保持适当的平衡。

（二）规定专利权人的许诺销售权

为适应加入世界贸易组织的要求，《专利法》第二次修改时在第十一条增订了专利权人有许诺销售专利产品和依照专利方法直接获得的产品的排他权利。

（三）修改了外观设计专利的授权条件

《专利法》第二十三条原本规定授予专利权的外观设计应当符合的新颖性条件，该规定与《与贸易有关的知识产权协定》第二十五条第一款的规定不完全一致。第二次修改对这一条作出两点改动：一是将其中"不相同""不相近似"之间的"或"字改为"和"字；二是在这一条的末尾增加"并不得与他人在先取得的合法权利相冲突"。这就将不与他人的在先权利相冲突作为授予专利权的外观设计应当具备的一个条件。如果与他人的在先权利相冲突，就不能授予专利权。

（四）规定了侵权的赔偿责任

1984年通过的《专利法》第六十二条第二款规定，使用或者销售不知道是未经权利人许可而制造并售出的专利产品的，不视为侵犯专利权。但是，侵权行为不能以是否知晓为标准，因为主观状态很难证明。第二次修改将不视为侵权改为不承担赔偿责任，更符合客观实际。如果销售者不知道所销售的专利产品是侵权产品并能够说明合法来源，可以不承担赔偿责任，但应当停止侵权。

《专利法》此次修改还增订了赔偿数额的确定方法，可以按照权利人因被侵权所受到的损失确定，也可以按照侵权人因侵权所获得的利益确定或者参照该专利实施许可使用费的倍数合理确定。在专利侵权情况比较严重的情况下，规定多样的赔偿数额计算标准有利于维护权利人的合法权益。

三、第三次修改：服务创新型国家建设

为了提高自主创新能力，服务于创新型国家建设，2008年12月27日，第十一届全国人大常委会第六次会议通过了《关于修改〈中华人民共和国专利法〉的决定》，修改后的《专利法》自 2009 年 10 月 1 日起施行。本次修改一改被动应对的状态，完全从我国自身的需求出发，致力于解决我国专利发展中遇到的问题，具有主动性、针对性和灵活性。主要修改内容如下。

（一）进一步明确立法宗旨

"促进科学的进步和创新"被修改为"为了保护专利权人的合法权益，鼓励发明创造，推动发明创造的应用，提高创新能力，促进科学技术进步和经济社会发展"。这使《专利法》的立法宗旨内容更为丰富，不仅保护专利权人的合法权益，而且把鼓励自主创新作为立法的重要目的，将自主创新提升到一个新高度。

（二）明确专利法保护对象的含义

修改后的《专利法》的第二条规定了《专利法》的保护对象："发明，是指对产品、方法或者其改进所提出的新的技术方案。实用新型，是指对产品的形状、构造或者其结合所提出的适于实用的新的技术方案。外观设计，是指对产品的形状、图案或者其结合以及色彩与形状、图案的结合所作出的富有美感并适于工业应用的新设计。"

（三）加强对遗传资源的保护

遗传资源是指来自植物、动物、微生物或其他任何来源的含有遗传功能单位的、有实际或潜在利用价值的遗传材料。随着生物技术的发展，在医药研发和动植物新品种开发过程中，越来越多的人不经生物资源来源地国家的同意，擅自利用他国生物资源进行医药开发，并申请专利，获得垄断利益。为防止非法窃取我国遗传资源进行技术开发并申请专利，修改后的《专利法》规定，"对违反法律、行政法规的规定获取或者利用遗传资源，并依赖该遗传资源完成的发明创造，不授予专利权"。

（四）取消了必须先申请中国专利的规定

与国内申请情况相比，我国向外国申请专利的数量偏低。如果要得到外国的法律保护，就必须向所在国申请专利。为了鼓励向外国申请专利，提高国际竞争力，修改后的《专利法》规定，任何单位或者个人都可以为在中国完成的发明或者实用新型向外国申请专利，不再要求向外国申请专利前必须在本国申请专利。如果有需求，要事先报经国务院专利行政部门进行保密审查。

（五）加强对现有技术的保护利用

为促进共有专利的实施，修改后的《专利法》规定，没有约定的专利权共有人可以单独实施或者以普通许可方式许可他人实施该共有专利。

现有技术不享有专利权，应该允许不同的公众实施。为防止恶意利用已公知的现有技术申请专利，阻碍现有技术实施，帮助现有技术实施人及时摆脱专利侵权纠纷，修改后的《专利法》规定，在专利侵权纠纷中，被控告侵权人有证据证明其实施的技术或者设计属于现有技术或者现有设计的，不构成侵犯专利权。据此，被控告侵权人无须向专利复审委员会①提出复审申请，法院可直接判定被控告侵权人不侵权。

（六）实行绝对新颖标准原则

《专利法》关于专利授权条件，原本采用的是"相对新颖性标准"，即规定申请发明、实用新型专利权的发明创造没有在国内外公开发表过，也没有在国内公开使用过或者以其他方式为公众所知；申请外观设计专利权的设计没有在国内外公开发表过，也没有在国内公开使用过。根据该规定，一些没有公开发表过的技术，虽然在国外已经被公开使用或者已经有相应的产品出售，但只要在国内还没有被公开使用或者没有相应的产品出售，就可以在我国被授予专利。这导致专利质量不高、抄袭外国技术的情况时有发生。为了提高专利的质量，打击投机行为，加强对外国专利的保护，修改后的《专利法》采用"绝对新颖性标准"，规定授予专利权的发明创造要在国内外都没有为公众所知。同时，为进一步提高外观设计专利的质量，修改后的《专利法》规定，对平面印刷品主要起标识作用的设计不授予专利权。

四、第四次修改：严惩侵权行为

2020 年 10 月 17 日，第十三届全国人民代表大会常务委员会第二十二次会议通过《关于修改〈中华人民共和国专利法〉的决定》，对《专利法》进行第四次修改，自 2021 年 6 月 1 日起施行。主要修改内容如下。

（一）增加惩罚性赔偿制度

2008 年修改《专利法》时，考虑到被侵权人受到的损失与侵权人得到的利益的计算结果可能有差异，认为侵权损害赔偿应当以损失填平为基本原则，明确了二者的司法适用顺序：侵犯专利权的赔偿数额按照权利人因被侵权所受到的实际损失确定；实际损失难以确定的，可以按照侵权人因侵权所获得的利益确定。第四次修改规定了四种侵权赔偿方法：权利人的实际损失、侵权人的非法获利、许可费的合理倍数及法定赔偿。确定侵犯专利权的赔偿额

---

① 2019 年，知识产权机构改革，专利复审委员会更名为复审和无效审理部。

原则主要有两种，即补偿性原则和惩罚性原则。补偿性原则又叫填平原则，意在弥补权利人因侵权所受到的实际损失，其指导思想是根据权利人因被侵权而遭受的实际损失来确定赔偿数额。但是，专利权的无形性导致难以取得专利侵权证据。证据不足使我国大多数案件采取法定赔偿，其赔偿金额一般低于实际损失，难以有效填平，从而导致侵权成本低、专利侵权行为多发易发。本次修改增加惩罚性赔偿的规定，大大提高了侵权成本，能在较大程度上遏制故意侵权行为，促进专利权的转让、许可、实施和转化，使专利尽可能在实施中产生价值。

（二）提高了法定赔偿数额

修改后的《专利法》将法定赔偿数额由 1 万元以上 100 万元以下调整为 3 万元以上 500 万元以下。在被侵权损失和侵权获益及许可费都无法确定的情况下，可以根据新的规定适用法定赔偿，由法官自由裁量。这无疑打破了法定赔偿数额过低的限制。以往，法院在处理专利赔偿案件时普遍判决赔偿数额较低。根据国家知识产权局发布的《2019 年中国专利调查报告》，2018 年赔偿数额在 10 万元以下和无赔偿的占 72.1%，2019 年占 54.6%。赔偿数额过低无法达到遏制侵权行为的目的，甚至不足以弥补权利人的损失。最高人民法院《关于依法加大知识产权侵权行为惩治力度的意见》第 11 条规定："人民法院应当依法合理确定法定赔偿数额。侵权行为造成权利人重大损失或者侵权人获利巨大的，为充分弥补权利人损失，有效阻遏侵权行为，人民法院可以根据权利人的请求，以接近或者达到最高限额确定法定赔偿数额。"在法定赔偿数额上限提高到 500 万元后，对较为严重的侵权行为，司法判赔数额必然会有较大幅度的提高。

这对权利人来说是福音，对侵权人来说则是警钟。通过侵权获利的情况会有所减少。我们应该明确新规定可能带来的后果，尊重他人专利，遵守法律规定。

（三）完善专利侵权赔偿数额证据规则

为有效解决专利案件举证难的问题，经过第四次修改的《专利法》进一步完善了证据规则："人民法院为确定赔偿数额，在权利人已经尽力举证，而与侵权行为相关的账簿、资料主要由侵权人掌握的情况下，可以责令侵权人提供与侵权行为相关的账簿、资料；侵权人不提供或者提供虚假的账簿、资料的，人民法院可以参考权利人的主张和提供的证据判定赔偿数额。"证据是诉讼的核心。专利被侵权，要求赔偿时必须有证据，但专利侵权证据的取得比一般侵权案件困难。《专利法》的新规能保护权利人的合法权益，减轻权利人的举证责任，进而对专利侵权案件的处理产生重要影响。权利人可以在诉讼过程中要求法院责令侵权人提供账簿、资料作为认定侵权获益的依据，如果侵权人拒不提供，法院可以参考权利人的主张和证据进行判决。

（四）提高了外观设计专利的保护期限

很多国家对外观设计规定的保护期限都较长。例如，法国的保护期为 50 年，英国、葡萄牙、巴西等国的保护期为 25 年，德国和西班牙保护期为 20 年。为与多数国家延长外观设计保护期相协调，适应我国加入关于外观设计保护的《工业品外观设计国际保存海牙协定》的需要，修改后的《专利法》第四十二条规定："发明专利权的期限为二十年，实用新型专利权的期限为十年，外观设计专利权的期限为十五年，均自申请日起计算。"同时，外观设计的定义由"对产品的形状、图案或者其结合以及色彩与形状、图案的结合所作出的富有美感并适于工业应用的新设计"修改为"对产品的整体或者局部的形状、图案或者其结合以及色彩与形状、图案的结合所作出的富有美感并适于工业应用的新设计"。

（五）禁止权利滥用

在法律规范不完善的情况下，有人会弄虚作假欺骗公众，有人会利用实用新型和外观专利不进行实质审查的规定骗取专利，有人会以维权的名义谋取非法利益等。针对这些问题，修改后的《专利法》新增了诚实信用原则和禁止权利滥用原则的内容，即"申请专利和行使专利权应当遵循诚实信用原则。不得滥用专利权损害公共利益或者他人合法权益"。在《专利法》中增加这两条民法基本原则，有利于遏制专利实务中编造、伪造实验数据、技术方案等进行专利申请的行为，遏制利用专利权恶意发起侵权诉讼扰乱正常市场经济秩序的行为，减少专利权的滥用。

第四节　执法机关专利保护的动向

一、强化行政保护

行政保护和司法保护是专利保护的两条主要路径。我国专利行政机关主要有国家知识产权局、海关总署、公安部，以及各地相关行政部门等。行政机关在保护专利方面具有执法程序简便、处理快、效率高的优势，对维护知识产权权利人的合法利益、打击和抑制知识产权侵权行为发挥了重要作用。《专利法》第四次修改的一个核心内容就是加大专利行政的保护力度，充分发挥行政手段快速、有效维护权利人利益，促进行政保护与司法保护的协调。《专利法》第六十八条赋予行政机关处理专利侵权行为的职权，规定对假冒他人专利的，除依法承担民事责任外，由管理专利工作的部门责令改正并予公告，没收违法所得，可以处违法所得五倍以下的罚款；没有违法所得或者违法所得在5万元以下的，可以处20万元以下的罚款；构成犯罪的，依法追究刑事责任。近年来，相关行政部门加大了对专利侵权案件的处罚力度。国务院专利行政部门严把入口关，注重专利质量的审核。复审和无效审理部加强对专利复审的审查。公安机关依法对专利侵权犯罪进行立案查处。

二、追究刑事责任

1992 年修改后通过的《专利法》规定了假冒专利罪，比照假冒注册商标罪追究刑事责任；1997 年修订《中华人民共和国刑法》（以下简称《刑法》）时将侵犯知识产权犯罪当作一个独立的犯罪类别，在"破坏社会主义市场经济秩序罪"一章中对假冒专利罪作出规定。为解决《刑法》条文适用过于原则的问题，最高人民法院和最高人民检察院 2004 年颁布《最高人民法院、最高人民检察院关于办理侵犯知识产权刑事案件具体应用法律若干问题的解释》，2007 年颁布《最高人民法院、最高人民检察院关于办理侵犯知识产权刑事案件具体应用法律若干问题的解释（二）》。2011 年，最高人民法院、最高人民检察院和公安部共同制定《关于办理侵犯知识产权刑事案件适用法律若干问题的意见》。2020 年，《最高人民法院、最高人民检察院关于办理侵犯知识产权刑事案件具体应用法律若干问题的解释（三）》开始施行。以上司法解释和司法意见对专利犯罪从犯罪构成、量刑情节及刑罚适用等方面作出具体规定，完善了我国知识产权刑法保护体系。

（一）刑法规定

《刑法》第二百一十六条规定："假冒他人专利，情节严重的，处三年以下有期徒刑或者拘役，并处或者单处罚金。"单位犯罪的，对单位判处罚金，并对其直接负责的主管人员和其他直接责任人员进行相同的处罚。假冒专利既侵害了国家专利管理部门的正常活动，也侵害了单位或者个人的专利权利。

《专利法》规定，专利权的所有人和持有人（专利权人）享有专利的独占权和专用权。任何单位和个人未经专利权人许可，除法律规定以外，都不得实施其专利。假冒专利罪在主观方面必须出于故意，即明知自己在假冒他人专利侵犯他人专利权而仍故意实施该行为。犯罪的动机比较复杂，有的是为了营利，有的是为了获取荣誉，有的是为了损坏他人名誉。但无论动机如何，都不影响本罪的成立。

（二）立案标准

追究假冒专利刑事责任的立案标准主要是数额，根据《最高人民法院、最高人民检察院关于办理侵犯知识产权刑事案件具体应用法律若干问题的解释》第四条，假冒专利罪的立案标准包括：① 非法经营数额在 20 万元以上或者违法所得数额在 10 万元以上的；② 给专利权人造成直接经济损失 50 万元以上的；③ 假冒两项以上他人专利，非法经营数额在 10 万元以上或者违法所得数额在 5 万元以上的。

只要具备其中一种情形，公安机关就可以立案查处，追究其刑事责任。

第五节　专利保护的标志性案件

一、深圳敦骏科技有限公司诉深圳市吉祥腾达科技有限公司等侵害发明专利权纠纷案

原告深圳敦骏科技有限公司（以下简称敦骏公司）诉称：深圳市吉祥腾达科技有限公司（以下简称腾达公司）未经许可制造、许诺销售、销售，以及济南历下弘康电子产品经营部（以下简称弘康经营部）、济南历下昊威电子产品经营部（以下简称昊威经营部）未经许可销售的多款商用无线路由器（以下简称被诉侵权产品），落入其享有的名称为"一种简易访问网络运营商门户网站的方法"（专利号为 ZL0212××××.3，以下简称涉案专利）发明专利的专利权保护范围，请求判令腾达公司、弘康经营部、昊威经营部停止侵权，赔偿损失及制止侵权的合理开支共计 500 万元。

被告腾达公司辩称：① 涉案专利、被诉侵权产品访问任意网站时实现定向的方式不同，访问的过程亦不同，腾达公司没有侵害敦骏公司的涉案专利

权。并且，涉案专利保护的是一种网络接入认证方法，腾达公司只制造了被诉侵权产品，但并未使用涉案专利保护的技术方案，故其制造并销售被诉侵权产品的行为不构成专利侵权。②敦骏公司诉请的赔偿数额过高且缺乏事实及法律依据，在赔偿额计算中应当考虑专利的技术贡献度、涉案专利技术存在替代方案等。

弘康经营部、昊威经营部共同辩称：自己不是被诉侵权产品的生产者，其所销售的被诉侵权产品是从代理商处合法进货的，不应承担责任。

法院经审理查明：敦骏公司明确以涉案专利的权利要求1和权利要求2为依据主张权利，其内容如下。

第一，一种简易访问网络运营商门户网站的方法，其特征在于包括以下处理步骤：①接入服务器底层硬件对门户业务用户设备未通过认证前的第一个上行HTTP报文，直接提交给"虚拟WEB服务器"，该"虚拟WEB服务器"功能由接入服务器高层软件的"虚拟WEB服务器"模块实现；②由该"虚拟WEB服务器"虚拟成用户要访问的网站与门户业务用户设备建立TCP连接，"虚拟WEB服务器"向接入服务器底层硬件返回含有重定向信息的报文，再由接入服务器底层硬件按正常的转发流程向门户业务用户设备发一个重定向到真正门户网站PORTAL_SERVER的报文；③收到重定向报文后的门户业务用户设备的浏览器自动发起对真正门户网站PORTAL_SERVER的访问。

第二，根据权利要求1所述的一种简易访问网络运营商门户网站的方法，其特征在于：所述步骤①，由门户业务用户在浏览器上输入任何正确的域名、IP地址或任何的数字，形成上行IP报文；所述步骤②，由"虚拟WEB服务器"虚拟成该IP报文的IP地址的网站。

敦骏公司通过公证购买方式从弘康经营部、昊威经营部购得"TENDA路由器W15E""TENDA路由器W20E增强型"各一个，并在公证人员的监督下对"TENDA路由器W15E"访问网络运营商门户网站的过程进行了技术演示，演示结果表明使用"TENDA路由器W15E"的过程具有与涉案专利权利要求1和权利要求2相对应的方法步骤。

被诉侵权产品在京东商城腾达旗舰店、天猫网站腾达旗舰店均有销售，且销量巨大。京东商城腾达旗舰店网页显示有"腾达（TENDA）W15E"路由器的图片、京东价199元、累计评价"1万+"，"腾达（TENDA）W20E"路由器的图片、京东价399元、累计评价"1万+"，"腾达（TENDA）G1"路由器的图片、京东价359元、累计评价"1万+"等信息。天猫网站腾达旗舰店网页显示有"腾达（TENDA）W15E"路由器的图片、促销价 179 元、月销量"433"、累计评价"4342"、安装说明、技术支持等信息。

2018 年 12 月 13 日，一审法院依法作出通知书，主要内容为：限令腾达公司 10 日内向一审法院提交自 2015 年 7 月 2 日以来关于涉案路由器产品生产、销售情况的完整资料和完整的财务账簿。逾期不提交，将承担相应的法律责任。至二审判决作出时，腾达公司并未提交相关证据。

山东省济南市中级人民法院于 2019 年 5 月 6 日作出（2018）鲁 01 民初 1481 号民事判决：① 腾达公司立即停止制造、许诺销售、销售涉案的路由器产品；② 弘康经营部、昊威经营部立即停止销售涉案的路由器产品；③ 腾达公司于判决生效之日起 10 日内赔偿敦骏公司经济损失及合理费用共计 500 万元；④ 驳回敦骏公司的其他诉讼请求。一审案件受理费 46800 元，由腾达公司负担。宣判后，腾达公司向最高人民法院提起上诉。最高人民法院于 2019 年 12 月 6 日作出（2019）最高法知民终 147 号民事判决，驳回上诉，维持原判。

该案件的判决具有以下意义。

第一，发展了专利侵权的判断规则。

全面覆盖原则是判断专利侵权的基本规则，一般认为被诉侵权人所实施的技术方案具备了（覆盖了）专利权利要求的所有技术特征时即构成侵权。《最高人民法院关于审理专利纠纷案件适用法律问题的若干规定》和《最高人民法院关于审理侵犯专利权纠纷案件应用法律若干问题的解释（二）》虽然对全面覆盖原则进行了较为具体的规定，但这主要是在传统技术的基础上确立的规则，满足的是早期工业社会的技术创新保护需求。随着信息化时代的到来，实现设备之间更好地互联互通与信息共享成为技术领域的重要创新方向，科学的思维逻辑发生了根本性改变。这便使当前许多发明创造具有多主体共同参与实施的鲜明特点，给此类技术创新成果的专利保护带来了新问题：因任何一个主体只参与了实施部分专利技术方案，不满足全面覆盖要求，就难以认定其中任何一个主体构成专利侵权；又因互联技术的自动化、后台化，多个实施主体之间一般无须共同意思联络即能完整实施专利技术方案，故难以认定所有主体构成共同侵权。在这种状况下，墨守《专利法》的规定无法解决新技术发展带来的问题，有必要运用"不可替代的实质性作用"标准。最高人民法院认为，在实际应用中，涉及互联网通信技术方法的专利往往都是以软件的形式被安装在硬件设备中。当终端用户使用终端设备时，会再现专利方法的全部过程。从表面上看，终端用户是专利方法的实施者。然而，专利方法其实早已由被诉侵权人固化到被诉侵权产品。终端用户使用终端设备，只是机械地重复运用此前固化在被诉侵权产品内的专利方法。最高人民法院充分考虑了上述技术特点，对专利侵权判定的全面覆盖原则作出新的诠释，将"被诉侵权产品或方法全面覆盖涉案专利权利要求的所有技术特征"解释为"被诉行为或者行为结果对专利权利要求的全部技术特征被全面覆盖起到了不可替代的实质性作用"。"不可替代的实质性作用"标准推动了我国专利侵权判定理论体系建设，满足了产业创新和专利实质化保护的内在需要，会对以互联网通信技术为代表的高新技术产业的知识产权保护和创新激励产生深远影响，同时向世界传达了中国法院关于知识产权实质化保护的价值取向和裁判理念。

第二，明确了网络通信侵权行为的判断标准。

科学技术领域范围广泛而复杂，不同领域的科学都有自身的规律和方法，侵权判定的方法也各不相同。网络通信领域方法的专利侵权判定，应当充分考虑该领域的特点，尊重该领域的创新与发展规律，以确保专利权人的合法权利得到实质性保护，实现该行业的可持续创新和公平竞争。如果被诉侵权行为人以生产经营为目的，将专利方法的实质内容固化在被诉侵权产品中，该行为或者行为结果对专利权利要求的技术特征被全面覆盖起到了不可替代的实质性作用，即终端用户在正常使用该被诉侵权产品时就能自然再现该专利方法过程，则应认定被诉侵权行为人实施了该专利方法，侵害了专利权人的权利。

以本案为例。① 腾达公司虽未实施涉案专利方法，但其以生产经营为目的制造、许诺销售、销售的被诉侵权产品，具备可直接实施专利方法的功能，在终端网络用户利用被诉侵权产品完整再现涉案专利方法的过程中，发挥着不可替代的实质性作用。② 腾达公司从制造、许诺销售、销售被诉侵权产品的行为中获得不当利益与涉案专利存在密切关联。③ 如果终端网络用户利用被诉侵权产品实施涉案专利方法的行为并不构成法律意义上的侵权行为，专利权人创新投入就无法从直接实施专利方法的终端网络用户处获得应有回报，这会导致研发创新活动难以为继。另外，腾达公司因涉案专利获得了原本属于专利权人的利益，导致利益分配严重失衡，有失公平。综合上述因素，应当认定腾达公司制造、许诺销售、销售被诉侵权产品的行为具有侵权性质，并应承担停止侵权、赔偿损失的民事责任。

第三，适用法定最高赔偿数额。

每一个案件的判决结果都是法官对案件的综合考量，反映了法官的主观判断与对法律的理解。本案适用法定赔偿的顶格判罚体现了法院对专利侵权案件的处理态度。在严保护、强保护的大背景下，法院会越来越重视维护权利人的专利权。专利侵权案件存在举证难的问题。这既是困扰权利人的问题，也是需要法院持续关注和探索的问题。在现行法律规定下，法官需要妥善衡平，以实现法律的正义与公平。在专利侵权案件中，专利权人主张以损失作为赔偿数额的，需要初步确定自己损失的情况。通常，专利权人无法获知侵权人的真实获利数额，此时可以以侵权规模作为计算损害赔偿的基础。专利权人可以初步证明侵权人的生产销售规模、销售数量、市场影响力等与侵权获利相关的情况。在专利权人完成初步举证责任后，被诉侵权人应当就权利人的证据进行反驳，提供相反的证据。在无正当理由拒不提供有关侵权规模基础事实的证据材料的情况下，对被诉侵权人提出没有证据支撑的抗辩理由可以不予考虑。具体到本案，包括以下几点。

首先，证据责任的分配。敦骏公司主张依照侵权人因侵权获利计算赔偿额，并在一审中提交了腾达公司分别在京东商城和天猫网的官方旗舰店销售被诉侵权产品数量、售价的证据。鉴于该销售数量和价格均源于腾达公司自己在正规电商平台的官方旗舰店，而电商平台的记载是对交易情况的自动生成，所以确实有累计评价作为销量存在重复计算和虚报的可能性，甚至有刷单这样的情况，但这些也都会使被控侵权人受益。如果不能提交确切证据证明存在不实数额，就不能凭推测进行认定。法院应当认定敦骏公司已就侵权规模的基础事实完成了初步举证责任，支持敦骏公司的主张。

其次，被诉侵权人的证明责任。提交财务账簿与资料是被诉侵权人难以回避的责任。敦骏公司申请腾达公司提交与被诉侵权产品相关的财务账簿、资料等，法院依法责令腾达公司提交能够反映被诉侵权产品生产、销售情况的完整的财务账簿资料等证据，但腾达公司均没有提交。被告不按照法院的要求提交财务资料，必须有充足的理由，如果没有充分的理由，就要承担举证不力的后果。所以，法院适用相关司法解释对敦骏公司的500万元高额赔偿予以全额支持符合法律规定。腾达公司上诉以后，应该提出异议的理由并提供支持异议的证据，但二审时仍然没有提交相关的财务账簿等资料。由于本案中腾达公司并不存在无法提交其所掌握的与侵权规模有关证据的客观障碍，也没有合法的理由，二审的上诉主张同样无法获得法院的支持。

最后，侵权赔偿数额的确定。根据法院查明的证据，有合理理由相信，被诉侵权产品的实际销售数量远超敦骏公司所主张的数量，法院作出 500 万元的赔偿判决是适当的。在侵权事实较为清楚，且已有证据显示腾达公司实际侵权规模远大于敦骏公司所主张赔偿的范围时，腾达公司如对一审法院确定的全额赔偿持有异议，应先就敦骏公司计算赔偿所依据的基础事实是否客观准确进行实质性抗辩，而不能避开侵权规模的基础事实不谈，另行主张专利技术贡献度等其他抗辩事由。据此，腾达公司二审中关于一审确定赔偿额过高的各项抗辩主张都无法获得二审法院的支持。这也是上诉人在上诉过程中需要特别注意的问题。

二、华为诉三星等侵害发明专利权纠纷案

2016 年 5 月，华为在广东省深圳市中级人民法院提起两宗标准必要专利侵权纠纷案，请求保护其两项发明专利。原告华为诉称，涉案两项发明专利均为 4G 标准必要专利，被告 4 家公司未经原告许可，以制造、销售、许诺销售、进口的方式侵害其专利权。同时，原告在与被告的谈判代表人，即被告的控股公司韩国三星进行标准必要专利交叉许可谈判时，韩国三星未遵循公平、合理、无歧视（FRAND）原则，具有明显过错。华为请求法院判令被告 4 家公司立即停止涉案专利侵权行为。被告辩称，其没有实施原告华为指控的专利侵权的行为。原告华为在标准必要专利的许可谈判中没有尽到公平、合理、无歧视的义务，而韩国三星在谈判中无明显过错，因此要求驳回原告的诉讼请求。

法院经审理认定，原告华为享有本案中要求保护的两项发明专利权，且两项发明专利均为 4G 标准必要专利。同时查明，2011 年 7 月以来，原告华为与韩国三星的标准必要专利交叉许可谈判已持续 6 年多，原告在谈判过程中无明显过错，符合公平、合理、无歧视原则；而对方谈判时在程序和实体方面均存在明显过错，违反公平、合理、无歧视原则。被告在我国生产、销售相应 4G 智能终端产品，一定会使用原告华为的这两项标准必要专利技术，因此，在原告华为取得两项发明专利权以后，被告未经许可在我国实施原告的两项专利技术，侵犯了原告的专利权。原告华为寻求通过谈判和仲裁等方式来解决双方之间的标准必要专利交叉问题。在法院调解过程中，韩国三星一直恶意拖延谈判，存在明显过错，违反公平、合理、无歧视原则。最终，法院判令被告三星（中国）投资有限公司、惠州三星电子有限公司、天津三星通信技术有限公

司、深圳市南方韵和科技有限公司停止侵害原告的专利技术。

该案在以下方面具有典型意义。

第一，平等保护。

我国重视对外国专利技术的保护，加入世界贸易组织后，一直遵循世界贸易组织的规则，对外国的技术进行一视同仁的保护。该案系我国无线通信领域国际标准必要专利禁令救济第一案，贯彻并体现了对国内外当事人合法权益平等保护的原则。该案判决不仅切实维护了我国企业的合法权益，而且有助于营造公平的市场竞争环境，促进创新驱动发展战略的实施，树立中国法院尊重事实、平等保护中外当事人知识产权的良好形象。一审法院公开宣判后，国内主流媒体大量报道，社会关注度高且社会反响良好。

第二，和解的价值。

和解在专利纠纷案件中具有特殊的价值和作用。专利制度的目的是促进科学技术的发展，而科学技术需要在不断竞争、不断创新中得到发展。专利权主体既要维护自己的合法权益，也要尊重竞争对手。竞争不是你死我活的争斗，合作才能实现市场竞争的双赢。在诉讼中需要据理力争，要求对方承担法律责任，但和解有时往往是最佳的矛盾化解途径。一味缠诉很可能得不偿失。本案一审判决作出后，三星公司不服，提起上诉，但双方最终达成调解协议，同意按照《专利实施许可协议》履行，为专利侵权纠纷提供了范本。在分清对错、查清事实的基础上，双方在谈判过程中可以作出权衡，实现双赢。

第三，技术事实的查明。

专利权纠纷案件最核心的是技术事实的查明与认定。被控侵权的技术是否侵犯原告的专利权？原告的技术是不是现有技术？两者能否进行技术比对？这些问题都不易解决。本案中，原告要求保护的专利是不是4G标准必要专利？被告是否实施了侵害原告专利权的行为？被告的抗辩主张能否成立？这些问题都需要查清。焦点问题查清了，案件自然也容易解决。庭审过程中法庭和律师需要对技术争议的焦点进行充分的证明与辩论，为案件的正确处理打下基础。

三、深圳市卫邦科技有限公司诉李某毅、深圳市远程智能设备有限公司专利权权属纠纷案

深圳市卫邦科技有限公司（以下简称卫邦公司）是一家专业从事医院静

脉配液系列机器人产品及配液中心相关配套设备的研发、制造、销售、售后服务的高科技公司。2010 年 2 月至 2016 年 7 月，卫邦公司申请的多件专利均涉及自动配药设备和配药装置。

李某毅于 2012 年 9 月 24 日入职卫邦公司生产、制造部门，并与卫邦公司签订《深圳市劳动合同》《员工保密合同》，约定由李某毅担任该公司生产制造部门总监，主要工作是负责研发输液配药机器人相关产品。李某毅任职期间，曾以部门经理名义在研发部门采购申请表上签字，在多份加盖"受控文件"的技术图纸审核栏处签名。这些技术图纸涉及"沙窝复合针装配""蠕动泵输液针""蠕动泵上盖连接板实验""装配体""左夹爪""右夹爪""机械手夹爪 1""机械手夹爪 2"等，系有关自动配药装置的系列设计图。此外，卫邦公司提供的工作邮件显示，李某毅以工作邮件的方式接收研发测试情况汇报，安排测试工作并对研发测试提出相应要求，且从邮件内容可知，李某毅多次参与研发方案的会议讨论。

李某毅与卫邦公司于 2013 年 4 月 17 日解除劳动关系，后于 2013 年 7 月 12 日向国家知识产权局申请名称为"静脉用药自动配制设备和摆动型转盘式配药装置"、专利号为 20131029××××.X 的发明专利（以下简称涉案专利）。李某毅为涉案专利唯一的发明人。涉案专利技术方案的主要内容是采用机器人完成静脉注射用药配制过程的配药装置。李某毅于 2016 年 2 月 5 日将涉案专利权转让至其控股的深圳市远程智能设备有限公司（以下简称远程公司）。李某毅在入职卫邦公司前，并无从事与医疗器械、设备相关的行业从业经验或学历证明。

卫邦公司于 2016 年 12 月 8 日向一审法院提起诉讼，请求：① 确认涉案专利的发明专利权归卫邦公司所有；② 判令李某毅、远程公司共同承担卫邦公司为维权所支付的合理开支 30000 元，并共同承担诉讼费。

广东省深圳市中级人民法院于 2018 年 6 月 8 日作出（2016）粤 03 民初 2829 号民事判决：① 确认卫邦公司为涉案专利的专利权人；② 李某毅、远程公司共同向卫邦公司支付合理支出 30000 元。一审宣判后，李某毅、远程公司不服，向广东省高级人民法院提起上诉。广东省高级人民法院于 2019 年 1 月 28 日作出（2018）粤民终 2262 号民事判决：驳回上诉，维持原判。李某毅、远程公司不服，向最高人民法院申请再审。最高人民法院于 2019 年 12 月 30 日作出（2019）最高法民申 6342 号民事裁定，驳回李某毅和远程公司的再审申请。

关于原单位、离职员工及离职员工新任职单位之间的利益平衡，要综合考虑离职员工在原单位承担的本职工作或原单位分配的任务的具体内容，包括工作职责、权限，能够接触、控制、获取的与涉案专利有关的技术信息等。既要保护原单位的利益，也要合理维护职工的利益。不能简单地认定职工离职一定侵犯原单位的权利，也不能任由职工随意利用原单位的技术。

离职员工从原单位离职以后，如果涉嫌侵权的技术与原单位的技术完全相同，无疑构成侵权；如果有一定的改进，则需要根据具体情况进行合理性判断。离职员工要提供证据证明自己的研发内容及涉嫌侵权的技术与原单位技术的区别。本案中，根据涉案专利说明书，涉案专利涉及"静脉用药自动配制设备和摆动型转盘式配药装置"，共有 13 页附图，约 60 个部件，技术方案复杂，研发难度大。李某毅作为涉案专利唯一的发明人，在离职卫邦公司后不到 3 个月即以个人名义单独申请涉案专利，且不能对技术研发过程或者技术来源作出合理说明，不符合常理。根据二审法院的认定，以及李某毅一审提交的专利搜索网页打印件及自制专利状况汇总表，李某毅作为发明人，于 2013 年 7 月 12 日申请了涉案专利以及 20132041××××.5 号"静脉用药自动配制设备和采用视觉传感器的配药装置"实用新型专利，而在此之前，本案证据不能证明李某毅具有独立研发涉案专利技术方案的知识水平和能力。所以，李某毅在离职后自行进行研发的理由不能成立，应该认定其构成侵权。

四、宁德时代公司诉塔菲尔公司等专利侵权赔偿案

宁德时代新能源科技股份有限公司（以下简称宁德时代公司）成立于 2011 年，是国内率先具有国际竞争力的动力电池制造商，掌握了动力和储能电池领域多项核心技术。宁德时代公司于 2015 年 12 月 29 日向国家知识产权局提交名称为"防爆装置"的实用新型专利申请，该申请于 2016 年 5 月 11 日获得专利授权，专利号为 ZL20152111××××.7，授权公告号为 CN2052××××8U。专利授权后，原告及时履行年费缴纳义务以维持专利权的有效性，涉案专利一直处于有效状态。江苏塔菲尔新能源科技股份有限公司（以下简称江苏塔菲尔公司）全资控股东莞塔菲尔新能源科技股份有限公司（以下简称东莞塔菲尔公司），二公司共同以塔菲尔品牌对外实施生产经营活动，具有同一公司门户网站（网址：www.tafel.com.cn）和微信公众号（名称：塔菲尔新能源，注册号：NEWTAFEL），使用相同商标。二公司在企业宣传中不进行区分，共同设计开发相关产品技术并共同申请相关专利。江苏塔菲尔公司对东

莞塔菲尔公司具有完全的控制权，东莞塔菲尔公司不存在超出江苏塔菲尔公司授权范围以外的经营能力。未经宁德时代公司许可，江苏塔菲尔公司和东莞塔菲尔公司为生产经营目的共同制造、许诺销售和销售的规格为NCM100Ah的动力电池使用了涉案专利技术方案，构成侵害涉案专利权。此外，二塔菲尔公司为生产经营目的共同制造、许诺销售和销售的规格为NCM120Ah和NCM135Ah的动力电池使用了与NCM100Ah动力电池相同的技术方案，同样涉嫌实施涉案专利。上述产品不仅使用了涉案专利技术方案，而且几乎全面抄袭了宁德时代公司的相关专利产品，涉嫌使用宁德时代公司拥有的多项中国专利。二塔菲尔公司具有明显的侵权故意。万国（福州）汽车贸易有限公司（以下简称福州万国公司）为生产经营目的，销售以NCM100Ah动力电池为零部件的长城欧拉牌电动汽车，构成对涉案专利权的侵害。三被告实施的上述侵权行为严重损害了宁德时代公司基于涉案专利权享有的合法权益，给宁德时代公司造成了重大经济损失。

宁德时代公司系涉案专利的专利权人，该专利目前处于有效状态。二塔菲尔公司未经专利权人许可，为生产经营目的共同制造、许诺销售和销售等专利实施行为，构成对宁德时代公司实用新型专利权的侵害，依法应承担停止侵权、赔偿损失的侵权责任。福州万国公司为生产经营目的，销售装配有侵权产品的整车，构成销售侵权行为，应承担停止侵权的民事责任。据此，法院依照当时《专利法》第十一条第一款、第六十五条第一款，《中华人民共和国侵权责任法》（以下简称《侵权责任法》）第八条、第十五条，《中华人民共和国民事诉讼法》（以下简称《民事诉讼法》）第六十四条第一款之规定，判决如下：

① 江苏塔菲尔公司、东莞塔菲尔公司应于本判决生效之日起立即停止制造、销售侵害宁德时代公司实用新型专利权（专利号：ZL20152111××××.7）的电池产品（单体型号为 LAE895－100Ah、FFH3D3－120Ah 和 FFH3D3－135Ah）；② 福州万国公司应于本判决生效之日起立即停止销售装配有侵害宁德时代公司实用新型专利权（专利号：ZL20152111××××.7）的电池产品（单体型号为 LAE895－100Ah）的电动汽车；③ 江苏塔菲尔公司、东莞塔菲尔公司应于本判决生效之日起 15 日内连带赔偿宁德时代公司的经济损失22979287 元；④ 江苏塔菲尔公司、东莞塔菲尔公司应于本判决生效之日起15 日内连带赔偿宁德时代公司为制止侵权支出的合理费用 326769 元；⑤ 驳回宁德时代公司的其他诉讼请求。

该案的审理在以下方面具有典型意义。

第一，中止审理的认定。

专利侵权案件中，被告经常提出的一条抗辩理由是中止审理，因为被诉侵权后被告往往会向知识产权行政部门提起无效宣告，然后以需要等待知识产权行政部门无效宣告的处理结果为由请求人民法院中止审理。是否中止审理的决定权在人民法院。《最高人民法院关于审理专利纠纷案件适用法律问题的若干规定》第九条规定："人民法院受理的侵犯实用新型、外观设计专利权纠纷案件，被告在答辩期间内请求宣告该项专利权无效的，人民法院应当中止诉讼。"但原告出具的检索报告或者专利权评价报告未发现导致实用新型或者外观设计专利权无效的事由的，可以不中止诉讼。本案中，虽然塔菲尔公司已就涉案专利在本案答辩期间向专利行政部门提起无效宣告，但宁德时代公司已就涉案专利提交了《专利权评价报告》，结论是涉案专利全部权利要求未发现存在不符合授予专利权条件的缺陷。宁德时代公司在专利无效宣告程序中主动修改了权利要求，但只是将部分从属权利要求的特征并入原独立权利要求，并将原权利要求的序号作适应性修改调整。在塔菲尔公司未提交充分证据能够证明涉案专利可能被全部宣告无效的情况下，依照上述司法解释的规定，本案不符合中止审理的法定要件，所以不应该中止审理。

第二，专利侵权行为的判定。

判定专利侵权案件最重要的内容是判断被诉侵权产品使用的技术方案是否落入涉案专利权的保护范围。经过第四次修改的《专利法》（2020 年通过修改）于 2021 年 6 月 1 日开始实施。由于本案被诉侵权行为发生在新修改的《专利法》实施之前，故本案应适用先前的《专利法》。《专利法》（2008 年通过修改）第五十九条第一款规定："发明或者实用新型专利权的保护范围以其权利要求的内容为准，说明书及附图可以用于解释权利要求的内容。"《最高人民法院关于审理侵犯专利权纠纷案件应用法律若干问题的解释》第一条规定："人民法院应当根据权利人主张的权利要求，依据专利法第五十九条第一款的规定确定专利权的保护范围。"

本案中，宁德时代公司在专利无效宣告程序中主动对权利要求进行了修改，主要包括：将原权利要求 2、权利要求 4 的特征并入权利要求 1 中，删除原权利要求 2、权利要求 4，并适应性地修改了其他权利要求的序号和引用关系。《最高人民法院关于审理侵犯专利权纠纷案件应用法律若干问题的解释》第六条规定："专利申请人、专利权人在专利授权或者无效宣告程序中，通过对权利要求、说明书的修改或者意见陈述而放弃的技术方案，权利人在侵犯专利权纠纷案件中又将其纳入专利权保护范围的，人民法院不予支持。"宁德时代公司对原权利要求的修改主要是将从属权利要求的特征并入原独立权利要求，未增加新的技术特征，亦未明确表示放弃某个技术方案，故本案在确定涉案专利的保护范围时并不具备适用禁止反悔原则的法定要件。

第三，民事责任的承担。

本案所涉侵权行为发生于 2021 年之前，对其责任认定应适用《民法典》施行前的法律。根据《侵权责任法》（现已废止）第十五条的规定，本案侵权责任的承担适用停止侵权、赔偿损失两种责任承担方式。据此，二塔菲尔公司应立即停止制造、许诺销售侵权产品；福州万国公司应立即停止销售装配有侵权产品的电动汽车。

关于本案赔偿损失数额的确定，当时的《专利法》（2008 年通过修改）第六十五条规定："侵犯专利权的赔偿数额按照权利人因被侵权所受到的实际损失确定；实际损失难以确定的，可以按照侵权人因侵权所获得的利益确定。权利人的损失或者侵权人获得的利益难以确定的，参照该专利实施许可使用费的倍数合理确定。赔偿数额还应当包括权利人为制止侵权行为所支付的合理开支。权利人的损失、侵权人获得的利益和专利实施许可使用费均难以确定的，人民法院可以根据专利权的类型、侵权行为的性质和情节等因素，确定给予一万元以上一百万元以下的赔偿。"《最高人民法院关于审理专利纠纷案件适用法律问题的若干规定》第二十条规定："专利法第六十五条规定的权利人因被侵权所受到的实际损失可以根据专利权人的专利产品因侵权所造成销售量减少的总数乘以每件专利产品的合理利润所得之积计算。权利人销售量减少的总数难以确定的，侵权产品在市场上销售的总数乘以每件专利产品的合理利润所得之积可以视为权利人因被侵权所受到的实际损失。"宁德时代公司主张以侵权损失作为计算赔偿额的依据，但并未提供证据证明专利产品因侵权所造成销售量减少的总数。根据向工信部调取的二塔菲尔公司自 2017 年以来销售侵权产品的数据，可以基本查明二塔菲尔公司销售的侵权电池产品的单体数量总和及总储电量。所以，按照侵权人侵权获利计算赔偿额，二塔菲尔公司生产产品数量巨大，综合考虑产品价格、合理利润及专利贡献度，最终法院确定赔偿数额为 22979287 元是合理的。此判决让侵权者付出了巨大的代价。

第六节　专利保护的趋势

我国专利制度经历了由最开始的被动适应、仿效，到结合国情逐步发挥主观能动性的发展阶段。合理的公共政策的选择与专利战略的布局，能促进我国科技的进步和专利事业的发展。

一、立法不断完善

截至 2023 年，《专利法》经历了四次修改，一次比一次进步，一次比一次完善。随着新技术、新知识的不断涌现，新的知识产权类别也相继出现。现代知识产权的保护范围已从专利、商标、版权扩展到包括计算机软件、集成电路、植物品种、商业秘密、生物技术等在内的多元对象。针对新经济、新技术、新问题，《专利法》一定会及时作出回应。针对需要通过进一步研究才能解决的问题，我们一定会加强知识产权研究，找到合适的规则。针对故意为侵权行为提供帮助的间接侵权行为人、中小企业的专利保护、行政执法中存在的问题，以及《专利法》修改后在司法实践中遇到的新问题等，立法也一定会不断完善。

二、严格保护成为常态

在实施国家知识产权战略的背景下，严格保护一定是大势所趋。在一定时期内，我国知识产权保护将顺应强保护的国际发展态势，从长度（专利保护期）、宽度（专利保护客体范围）、高度（损害赔偿标准、法律责任承担方式等）三个维度完善专利保护标准，在立法层面和执法层面都倾向于保护知识产权权利人。加强知识产权保护将是各相关部门工作的主旋律，行政部门和司法部门的保护力度会不断加强，知识产权权利人也将越来越重视保护自身的权利。在此趋势下，侵权者或者涉嫌侵权者将会受到不同层面的打击。在边界不清晰的领域，相关部门更倾向于保护权利人。即使存在一定的问题，我们也要认识到这些是知识产权保护发展过程中的问题，是能在发展过程中解决的。市场主体如果不了解、不掌握国家的政策与动向，必然受到影响。

三、更加注重实效

我国的知识产权保护将更加务实。在专利制度基本完善以后，我国的专利保护既不会一味迎合外国的要求，也不会再纠结于基本法律的制定，拘泥于专利的基础性审查、审批，而是注重对高质量专利的保护与成果转化，纠正低层次专利"假保护，真牟利"的状况。从世界专利强国制定的专利战略看，无不以促进本国企业获取竞争优势、开拓国际市场进而主导国际技术竞争与贸易为目标。在完成初期保护以后，我国的专利保护必定向高质量、高效率的目标转化，重点在于能够引领新技术发展方向、促进经济发展的科学技术成果。优秀科技型企业无疑会得到专利制度的庇护。在国家层面，会从提升我国专利综合实力的角度出发，从专利强保护的制度需求出发，弥补现有专利保护策略的不足，立足于对未来行业和市场的发展趋势的综合判断，在重点行业、重点企业的挖掘方面充分发挥专利的引导作用，提高信息公开透明度，完善专利保护制度。

第三章 认识专利文献

第一节 专利文献的产生

专利文献是基于专利制度产生的记录有关发明创造的信息的文献。广义上来讲，专利文献包括专利申请书、专利说明书、专利公报、专利检索工具及与专利有关的一切资料。在本书中，专利文献指各国（地区）专利机构出版的专利说明书或发明说明书。

图 3-1 展示了一个发明专利从申请到公开，从实质审查到授权，乃至后续可能的无效审查，以及专利权终止的全过程。在这个过程中会陆续产生各种文本，这些文本中的一些被称为专利文献。

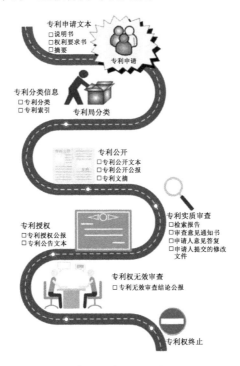

专利申请文本
□说明书
□权利要求书
□摘要

专利申请

专利分类信息
□专利分类
□专利索引

专利局分类

专利公开
□专利公开文本
□专利公开公报
□专利文摘

专利实质审查
□检索报告
□审查意见通知书
□申请人意见答复
□申请人提交的修改文件

专利授权
□专利授权公报
□专利公告文本

专利权无效审查
□专利无效审查结论公报

专利权终止

图 3-1 专利生命流程及专利文献

一、申请文本

申请文本，指的是申请人提交给国务院专利行政部门的文本。《专利法》对文本的构成有十分明确的要求。如果申请类型是发明或者实用新型，申请文本应该包括请求书、说明书、摘要和权利要求书等内容。如果是外观设计，则应包括请求书、该外观设计的图片或者照片，以及对该外观设计的简要说明等内容。申请文本十分重要，申请人后续的修改是不能超出申请文本记载的内容的。申请文本提交的时间也十分重要，其确定的申请日，是区分本申请与现有技术的时间界限。申请文本在未公开之前是保密的，并没有专利文献编号。此时公众仅能获知专利申请号，而无法获知其具体内容。因此，实际上，申请文本不能算是专利文献。申请文本经过初审、分类、公布等程序，形成公开文本后，才是能为公众所获知的专利文献。

二、公开文本和授权文本

公开文本也称公开文献，指的是国务院专利行政部门对发明专利的申请文本进行初审后，进行法定公开的文本。至此，专利文本终于获得了一个明确的法定文献编号，即专利文献公开号，简称公开号。这是公众获知专利申请内容的第一途径。这时，公众才能看到发明专利申请的说明书、权利要求书、摘要等内容，也才能看到分类号、申请人、发明人、优先权等著录项目信息。那么，从申请到公开的这段时间一般多长呢?《专利法》明确规定不超过 18 个月。也就是说，从申请日算起，最迟 1 年半后申请文本将被公开。[①]

申请人可以自申请日起 3 年内随时提出实质审查请求。在通过实质审查后，国务院专利行政部门会作出授予发明专利权的决定，此时国务院专利行政部门的流程部门将对该发明专利申请进行登记和公告。对应的文本就被称为发明公告文本，或者授权文本，并被赋予新的文献编号，即专利文献公告号，也称授权公告号或公告号。此时，申请号将被加上 ZL 前缀，升级为专利号。

相比于发明专利的申请，实用新型和外观设计的专利申请不需要经过实质审查程序。因此，实用新型和外观设计并没有公开文本，只有公告文本，它们也没有公开号，只有公告号。

---

① 国家知识产权局专利局专利审查协作江苏中心. 跟着审查员学检索：专利信息检索快速指南 [M]. 北京：知识产权出版社，2019：10-11.

第二节 专利文献的号码

一、从号码得到的信息

专利文献一般包含三个部分：① 著录项目，包括专利申请号、申请日、公开日、专利分类号、标题、摘要、申请人、发明人等信息；② 权利要求书，用于确定专利权请求保护的范围；③ 说明书，用于记载完整的技术方案。每一份专利文本均有明确且唯一的编号，即文献号。根据文献号，至少能获取四个方面的信息：① 是向哪个国家申请的；② 专利类型是发明、实用新型还是外观设计；③ 大致是哪个年代申请的；④ 是哪个阶段的文献。

举例来说，苹果公司有一个很有影响力的专利"通过在解锁图像上执行姿态来解锁设备"，即鼎鼎有名的滑动解锁的专利。关于它的数亿美元的官司故事暂放一边，先来关注它的专利族。这是一个庞大的专利族，在 11 个国家（地区）提交的相关申请达 63 件。

2005 年 12 月 23 日，苹果公司在美国提出了申请，申请号为 11/322549。2006 年 11 月 30 日，苹果公司向世界知识产权组织（WIPO）提交了申请，国际申请号为 PCT/US2006/061370。2008 年 8 月 13 日，苹果公司进行中国国家阶段的申请，申请号为 CN200680052770.4。2009 年 2 月 18 日，国家知识产权局予以公开，公开号为 CN101371258A。数月之后，经过实质审查，国家知识产权局予以授权，授权公告号为 CN101371258B，专利号为 ZL2006800527704。这些同族文献都有相同的优先权号：US20050322549 或者 WO2006US61370。苹果公司在不同国家（地区）分别提交了申请，有不同国家（地区）的申请号。这些申请在不同的日期公开，有不同国家的公开号。

二、申请号

申请号是专利申请的受理标记，是在申请日被赋予的唯一编号。它主要用于申请人与国务院专利行政部门之间的事务沟通。如图 3-2 所示，申请号的编号方式一般有两种：按年编号和连续编号。

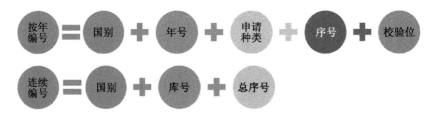

图 3-2　申请号编码的两种方式

中国采用的是按年编号的方式。如图 3-3 所示，申请号 CN200680052770.4 由 5 部分组成：CN 表示国别是中国，2006 表示申请年份，8 表示进入中国国家阶段的 PCT 发明专利。8 这个位置上，只可能出现 5 个数字中的一个，代表专利申请类型，具体如表 3-1 所示。介于 8 与小数点之间的这几位数，表示当年申请序号。最后一位为校验码。

图 3-3　中国申请号构成分解图

表 3-1　代表专利申请种类的第五位数字的意义①

第五位数字	代表的含义
1	发明专利申请
2	实用新型专利申请
3	外观设计专利申请
8	进入中国国家阶段的 PCT 发明专利申请
9	进入中国国家阶段的 PCT 实用新型专利申请

需要注意的一点是，在各文本的著录项目中，中国专利的申请号前面不会特意加上国别代码 CN。有些数据库为了将中国申请号和其他国家的申请号进行区分，会进行改写，在中国申请号的前面添加国别代码 CN。还有一些数据库会省略最后一位校验码，如申请号 CN200680052770.4 会被改

① 清华大学附属中学，王殿军．我的知识产权课［M］．北京：知识产权出版社，2019：32-33.

为 CN200680052770。

美国采用的是连续编号的方式。其申请号由两部分组成：反斜杠之前的数字表示库号，反斜杠之后的数字表示循环序号，其预设的编号范围为 01/000001–28/999999。

例如，苹果公司滑动解锁的美国专利文献的申请号是 11/322549。其中，11 表示库号，322549 表示循环序号。一些数据库对美国申请号的表示有所改动，会以年份代替库号并添加国别代码。这样一来，11/322549 所示申请号会被表示成 US20050322549，如图 3-4 所示。

图 3-4　美国申请号构成分解图

世界上大部分国家和地区都采用按年编号的方式，如日本、韩国等。日本专利申请编号按年编排，整个申请号由文字和数字组成。例如，苹果公司滑动解锁的日本专利文献的申请号是特愿 2008－547675（P2008－547675），见图 3-5。在日本专利申请号里面，第一个字表示申请类型。其中，"特"代表发明专利，"实"代表实用新型，"意"代表外观设计。第二个字"愿"代表申请。连接线前的数字 2008 表示年份，连接线后的数字 547675 表示当年申请序号。"（P2008－547675）"中的"P"表示发明专利，如果是实用新型，则用"U"表示。①

图 3-5　日本申请号构成分解图

值得一提的是，连接线前代表公元年的数字在 2000 年以前采用的是"日本纪年+数字"的形式，如特愿平 10－262043，其中第三个字"平"和连接

① 国家知识产权局专利局专利审查协作江苏中心. 跟着审查员学检索：专利信息检索快速指南[M]. 北京：知识产权出版社，2019：18–19.

线前的数字"10"是用日本纪年表示申请年代。

出现在专利文献中的年号有：

昭，指昭和年，代码为 S，其年代换算方式为：昭和年＋1925 年＝公元年。

平，指平成年，代码为 H，其年代换算方式为：平成年＋1988 年＝公元年。

例如，"平 10"即平成 10 年，换算成公元年为 1998 年。

由于年代换算易让人混淆且繁杂不便，日本自 2000 年起，依从国际惯例，将申请号中的年份改为公元纪年，其他格式不变。

韩国的申请号也是按年编号的，如 KR20087018109。

欧洲的申请号也采用按年编号的方式，由年份加序号组成，如 EP20060846405。

三、文献号

文献号是专利机构公布各种专利文献时的编号，标志着文献种类及专利生命周期，是检索专利文献的依据。文献号种类繁多。对专利检索来说，最重要的文献号是公开号和公告号。

同申请号一样，文献号也具有一定的编码规则，总体上包括按年编号、连续编号及沿用申请号，如图 3-6 所示。无论是哪种编码方式，文献号均包括国别代码和种类代码。当然，编号的表达顺序在不同国家会存在差异。

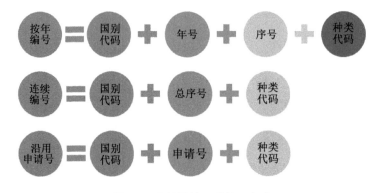

图 3-6 文献号的三种编码方式

苹果公司滑动解锁的中国专利，其著录项目中的文献号是公开号 CN101371258A。图 3-7 展示了对中国专利文献号的分解说明。

图 3-7　中国专利文献号构成分解图

中国专利文献号由 4 部分组成：国别代码 CN、专利类型代码（1 表示发明专利）、总序号及种类代码（A 表示该专利文献为公开文本，而不是公告文本）。公告号除了文献种类代码不同外，其他均与公开号相同，文献种类代码 B 表示该发明专利申请经过实质审查并已被授权。实际上，这也是国际通用的文献编号方式。一般来说，种类代码 A 指的是发明的公开文本，B 指的是发明的授权文本。比如，CN101371258A，是中国发明的公开文本，CN101371258B 是中国发明的授权文本。这两个号码指的是同一个申请的两个不同文本。

实用新型和外观设计因并无公开文本，所以只有公告号。现在，实用新型的专利类型代码为 2，种类代码为 U；外观设计的专利类型为 3，种类代码为 S。例如，小米公司的电磁炉涉及多个实用新型和外观设计申请，其中一个实用新型的公告号为 CN206522817U，一个外观设计的公告号为 CN305220211S。

了解这些后，就能对中国专利文献号进行判断了：CN1 开头的，是发明；CN2 开头的，是实用新型；CN3 开头的，是外观设计；A 结尾的，是发明的公开文本；B 或者 C 结尾的，是发明的公告文本；U 或 Y 结尾的，是实用新型的公告文本；S 或 D 结尾的，是外观设计的公告文本。其中，C、Y 和 D 结尾的公告文本，一般是 1993 年至 2010 年公告的；B 和 U 结尾的公告文本，如果号码是 9 位，则是在 2010 年以后公告的。

美国专利公开号由 4 部分组成：国别代码 US、年份、序号、种类代码。图 3-8 中，A1 表示该文献是公开文本，其含义与中国专利文献号中的种类代码 A 相同。美国专利公告号是连续编号的。图 3-8 中，B2 表示该专利文本是经过实质审查的授权文本。

图 3-8　美国专利文献号构成分解图

此外，日韩专利公开号按年编号，公告号则连续编号。欧洲专利公开号和公告号的编号方式与中国的编号方式类似。

第三节　扉　页

扉页是专利文献的第一页，往往记载着该专利文献的基本信息。因为包含大量著录项目，所以扉页也被称为著录项目页。扉页不仅包括技术信息，如发明名称和摘要，也可以包括法律信息，如专利的权利要求人、发明人及专利的生效时间等，还包括专利文献的形式信息，如文献种类的名称、文献号及公布专利文献的国家机构等。

以苹果公司为例，其关于滑动解锁的一篇专利文献的扉页如图 3-9 所示。

(19)中华人民共和国国家知识产权局

(12)发明专利

(10)授权公告号 CN 101697181 B
(45)授权公告日 2018.02.23

(21)申请号 200910175855.7

(22)申请日 2006.11.30

(65)同一申请的已公布的文献号
　　申请公布号 CN 101697181 A

(43)申请公布日 2010.04.21

(30)优先权数据
　　11/322,549 2005.12.23 US

(62)分案原申请数据
　　200680052770.4 2006.11.30

(73)专利权人 苹果公司
　　地址 美国加利福尼亚

(72)发明人 Ｉ·乔德里　Ｂ·奥丁
　　　　　　 Ｆ·Ａ·安祖丽斯　Ｍ·瓦诺斯
　　　　　　 Ｓ·福斯塔　Ｇ·克里斯蒂

(74)专利代理机构 北京市金杜律师事务所
　　　　　　　　　 11256
　　代理人 王茂华

(51)Int.Cl.
　　G06F 21/36(2013.01)
　　G06F 3/0484(2013.01)
　　G06F 3/0488(2013.01)
　　H04M 1/663(2006.01)
　　H04M 1/67(2006.01)

(56)对比文件
　　WO 2005041020 A1,2005.05.06,权利要求
1.
　　US 5821933 A,1998.10.13,全文.

审查员 郑宁

权利要求书3页　说明书15页　附图15页

(54)发明名称
通过在解锁图像上执行手势来解锁设备

(57)摘要

本发明涉及通过在解锁图像上执行手势来解锁设备。一种具有触敏显示器的设备,所述设备可以通过在触敏显示器上执行的手势而被锁定。如果与显示器的接触与用于解锁设备的预定手势相对应,所述设备被解锁。所述设备显示一个或多个针对其执行解锁手势以解锁设备的解锁图像。针对解锁图像来执行预定手势的过程可以包括:将解锁图像移动到预定位置和/或沿着预定路径移动解锁图像。所述设备还可以在触摸屏上显示所述预定手势的可视提示,以便向用户提醒所述手势。

CN 101697181 B

图 3-9　苹果公司关于滑动解锁的一篇专利文献的扉页

扉页显示,该专利发明的名称为"通过在解锁图像上执行手势来解锁设备",其摘要和摘要附图大致呈现了技术方案。专利权人为苹果公司,发明人共有 6 位。该申请要求了美国申请 11/322549 的优先权,优先权日为 2005年 12 月 23 日。该申请是分案申请,母案的申请号为 200680052770.4,享有和母案一样的申请日 (2006 年 11 月 30 日)。

国家知识产权局 2010 年 4 月 21 日将其公开,公开号为 CN101697181A,授权公告日为 2018 年 2 月 23 日,授权公告号为 CN101697181B。

从扉页上还可以了解到苹果公司在中国的专利代理机构及代理人信息等，并且可以看到这篇专利文献的国际专利分类（Int. Cl.）及审查员所采用的对比文件。扉页右上角的二维码直接导向国家知识产权局网站，扫描后能直接下载这个文本。

扉页中，有些著录项目的含义本身是很清楚的，无须加以解释，有些著录项目的含义则远比其字面含义丰富。

一、申请日与优先权数据

申请日是申请人提交专利申请的时间，能确定一份特定专利文献相关现有技术的时间截止点。例如，苹果公司上述专利的申请日是 2006 年 11 月 30日，那么原则上在 2006 年 11 月 30 日之前公开的文献资料都会构成这一专利的现有技术。

《专利法》中存在优先权，著录项目中的优先权数据就记录了相应的优先权信息，包括在先申请的申请号及在先申请的申请日。优先权实际上将相关现有技术的时间截止点提前了，最长可以提前 12 个月。例如，在苹果滑动解锁专利中，由于存在优先权数据，优先权日为 2005 年 12 月 23 日，那么公开日在 2005 年 12 月 23 日之前的文献资料才能够构成这该专利的现有技术。换句话说，如果一份专利文献的著录项目中存在优先权数据，那么相关现有技术的时间截止点以优先权日为截止点。如图 3-10 所示。

图 3-10　优先权对于现有技术以及专利保护期限的影响

这里需要强调的是，申请日的另外一个法律作用是确立了专利权保护期限的时间起点，但是专利权的期限并不受优先权数据的影响。例如，发明专利的保护期限是 20 年，那么苹果滑动解锁专利的保护期限仍然是从申请日2006 年 11 月 30 日算起，并不受优先权的影响。[①]

① 国家知识产权局专利局专利审查协作江苏中心. 跟着审查员学检索：专利信息检索快速指南[M]. 北京：知识产权出版社，2019：24-25.

二、分案申请

中国专利申请号前 4 位表示申请年份。从图 3-9 可以看到，发明专利"通过在解锁图像上执行手势来解锁设备"的申请号所显示的申请年份是 2009 年。但是，著录项目中申请日所显示的申请年份是 2006 年。两者并不一致。这是为什么呢？原因在于图 3-9 所展示的是分案申请。

分案申请是将不属于一个总的发明构思的两项以上的发明分案提出专利的申请。一件专利只保护一项或属于一个总的发明构思的两项以上的专利权，它要求权利要求书中请求保护的技术方案整体上都属于同一个发明构思。

由于某些专利申请可能会覆盖多个发明构思，因此申请人撰写的权利要求书也可能包含有多个发明构思的技术方案。在这种情况下，由于相关的专利申请不符合《专利法》规定的单一性，申请人一般会为不符合单一性的技术方案另外撰写一份专利申请，而这就是分案申请。

由于相关技术方案已经被申请人的第一次申请公开，为了保护申请人的利益，申请人提出的分案申请仍然保留原始申请（称母案）的申请日，这样就不会因为公开母案而影响分案的新颖性。

图 3-9 也呈现了该分案申请的母案申请信息，主要包括母案申请号和母案申请日。其中，母案申请日为 2006 年 11 月 30 日，这一日期也是分案申请的申请日期。

由于分案申请毕竟是不同于母案的独立申请，因此国务院专利行政部门需要重新分配申请号。其中，分案申请号前 4 位所表示的是分案申请的提交年份。在图 3-9 所示例子中，分案申请提交的年份是 2009 年。

申请日沿用母案申请的申请日，申请号反映不出申请年份，这是分案申请相对于普通申请的一个差别。

第四节　权利要求书

权利要求书是专利文献中限定专利保护范围的部分，是专利最重要的法律文件。权利要求分为独立权利要求和从属权利要求。独立权利要求从整体上反映构成发明或者实用新型的最基本的技术方案，记载解决技术问题的必要技术特征，保护范围最宽。从属权利要求用附加的技术特征，对引用的权利要求作进一步的限定，描述改进后的技术方案。从属权利要求的保护范围落在其所引用的独立权利要求的保护范围之内。

在阅读专利文献时，要想快速了解专利文献的技术方案，除了阅读扉页中的摘要外，还可以阅读权利要求书。

《专利法》第六十四条第一款规定："发明或者实用新型专利权的保护范围以其权利要求的内容为准，说明书及附图可以用于解释权利要求的内容。"由于权利要求是专利权人要求保护技术方案内容的具体体现，也是查新检索和无效检索的依据和审查的重点，因此在检索时需要十分准确地阅读和理解权利要求书。对于侵权检索，在根据检索结果筛选文献时，要特别关注权利要求书的内容，并就技术方案是否落入相关的专利权保护范围作出判断，从而评判技术方案的专利侵权风险。

通常，初步审查合格后公开的文本中的权利要求是申请人自己提交的原始权利要求。在实质审查阶段，审查员会根据《专利法》及其实施细则的要求对整个申请文件进行全面审查，尤其是对权利要求书的内容进行审查。审查结果的倾向性意见会以审查意见通知书的形式发送给申请人，申请人需要根据审查员的意见或指出的缺陷进行相应的陈述或对申请文件进行修改，其中最主要的是针对权利要求书的修改。对权利要求书的修改可能会历经多次。

当修改后的文本符合《专利法》的各项规定后，国务院专利行政部门会发出授权通知书予以授权，并形成授权公告文本。因此，授权公告文本中的权利要求书是经过实质审查的，与公开文本中的权利要求书通常有所区别，而确定权利要求的保护范围应当以授权公告文本为准。

第五节　说明书与说明书附图

权利要求书能帮助人们判断专利的保护范围，但可能只涉及部分技术方案、实施例、方法、产品或应用，很难对所有技术内容进行详细描述。而且权利要求书一般只进行概要性描述。

对技术方案比较简单的专利文献，可能通过阅读摘要或者权利要求书，就能一目了然地获取技术方案信息。例如，一项组合物发明会直接给出组分的种类和用量。当技术方案比较复杂时，借助说明书和说明书附图来理解或解释权利要求书就十分必要了。

按照《专利法》的要求，说明书应清楚完整地描述发明创造的技术内容，并列举若干具体实施方式。因此，在权利要求书读不懂时，或者在初步锁定相关文献时，检索者往往会仔细阅读说明书。

说明书包括技术领域、背景技术、发明内容、附图说明、具体实施方式等组成部分，其中附图用于补充说明书的文字描述，以图示方式形象地展示技术方案的内容。

在某些情况下，附图能够显示并披露对检索目标非常关键，但专利文献在其他部分没有描述或者提到的技术特征。当图示对描述相关领域的发明非常必要时，在检索时就应当特别关注专利文献的附图，尤其是在机械技术领域。通过浏览附图，有时可以快速定位相关专利文献。

专利文摘数据库往往不收录说明书全文。如果收录了说明书全文，该数据库就会被称为专利全文数据库。在针对技术细节进行检索时，可以选用专利全文数据库。

第六节　其他专利文献

一、再公告文本

在本书中，专利文献指专利文本，主要包括公开文本和公告文本。

然而，一份发明专利申请，除了公开文本和公告文本，可能还有其他文本，如再公告文本。再公告文本通常有两条形成途径：一是对已公开文本的修正所导致的再公告文本；二是发明专利权部分无效宣告所导致的再公告文本。

在专利文献公开或公告的过程中，撰写人可能会对扉页上的著录项目、说明书的文本部分、说明书附图、化学式、数学公式进行一定的修正。这些修正可能导致扉页再版，此时文献种类代码是 A8、B8、U8、S8，分别表示发明专利的公布文本、发明专利的公告文本、实用新型的公告文本、外观设计专利公告文本的扉页再版；也可能导致全文再版，此时相应的文献种类代码是 A9、B9、U9、S9。

此外，专利权可能会被其他利益相关人提出无效审查请求。国家知识产权局的复审和无效审理部门于是会对相关专利进行无效审查，并会对专利权部分无效宣告进行公告，从而形成再公告文本。其相应的文献种类代码是 C1-C7、Y1-Y7、S1-S7。字母后的数字表示无效次数，如 C1 表示发明专利权被无效 1 次，C2 表示发明专利权被无效 2 次，以此类推。

不过，在实际的专利信息检索中，需要特意检索再公告文本的情形并不多。最常见的是用于侵权检索，因为此时检索对象是有效的权利要求，而某些专利权可能会被部分无效。

二、申请过程文档

在专利审查阶段产生的各种文件属于广义上的专利文献，包括审查员发出的检索报告、审查意见通知书、驳回决定等，以及申请人提交的意见陈述书、修改文本等，甚至还有第三方意见。这些文件是在审查过程中产生的，都可以被称为申请过程文档。一般可通过国家知识产权局的网站进行查询。

国务院专利行政部门发出的审查意见通知书及申请人的意见陈述书，是审查员和申请人双方就技术事实等情况进行的交流。因此，当对某篇专利文献记载的某些技术事实产生疑惑或者不理解时，可以通过审查意见通知书和意见陈述书对某些技术事实的陈述和认定来进一步理清对相关技术方案的理解，从而准确把握技术方案。准确把握技术方案有助于检索时准确扩展关键词、分类号。

第七节　专利文献的特点

专利文献不仅是构建专利数据库的砖石，还是体现专利制度根本目的的媒介。专利文献传播专利信息，促进科技进步，为经济、贸易活动提供参考。对专利审批机构而言，专利文献是审批专利的基础和保障。

一、专利文献的优点

第一，专利文献集技术、法律和经济信息于一体，是数量巨大、内容广博的战略性信息资源。

专利文献涵盖了绝大多数技术领域。如果按照单一种类统计，专利文献是世界上数量最大的信息源之一。截至 2019 年 5 月 20 日，国家知识产权局的内部检索系统收录了近 1.23 亿份专利文献，涉及大约 4030 万个专利族，而且还在以每年数百万份的速度增长。

根据世界知识产权组织统计，世界上每年发明创造成果的 90%~95% 可以在专利文献中查到。20 世纪 70 年代以来，由于大多数国家实行了专利申请早期公开的制度，专利申请的公开时间大大提前，加快了技术信息向社会的传播。

第二，专利文献传播最新技术信息。

专利制度的目的就在于以公开换保护，即申请人将自己的技术信息向公众公开，换取国家对其独占技术的许可。《专利法》第二十二条第二款和第三款明确要求授权专利具有新颖性和创造性，这就较好地保证了专利文献记载的是新的技术信息。

第三，专利文献的格式高度标准化，具有统一的分类体系，便于检索、阅读。

各国的专利说明书文件格式统一，其扉页的著录项目有统一的编排体例，并采用统一的 INID 代码，在很大程度上克服了语言障碍。专利文献的体例均有严格要求。例如，专利申请一般需要包括权利要求书和说明书，而说明书一般包括技术领域、背景技术、发明概述、附图描述、具体实施方式等内容。权利要求书及说明书各个部分之间要相互呼应和支撑，且技术内容公开层级化。这为发明的理解和文献的检索提供了便利。

扉页上的著录项目信息，如申请日、公开日、申请号等，实际上就相当于数据库中的字段，非常利于检索。

同时，几乎所有的专利文献都由专业分类人员进行了分类处理。世界上，99.9% 的专利文献都有国际分类号信息，而欧洲、美国、日本等国家和地区还会使用自己的分类体系对文献进行分类。这些分类所携带的技术信息，也十分有利于检索。

第四，专利文献对发明创造的揭示完整详尽，技术内容相对可靠。

《专利法》第二十六条第三款要求说明书应当对发明或者实用新型作出清楚、完整的说明，以所属技术领域的技术人员能够实现为准。

《专利法》第二十六条第四款要求权利要求书应当以说明书为依据，清楚、简要地限定要求专利保护的范围。

《专利法》第二十二条第四款规定了专利的实用性，要求该发明或者实用新型能够制造或者使用，并且能够产生积极效果。

二、专利文献的局限

第一，专利文献重复性强。

专利文献的重复性主要源于两个方面。一方面，专利审批制度导致了专利申请的多次公布。正如上文介绍的公开文本和公告文本，二者内容大致相同，却被计为两份专利文献。另一方面，专利的地域性保护导致了多份重复的专利申请。要在全球获得专利保护，就必须在众多国家都进行专利申请。那么根据这些国家的专利制度，同一项发明就有了多个申请、多个公开文本，以及多个授权公告文本。这些同族文献，虽然语言不同，但内容实质相同，造成了专利文献的重复。

第二，并非所有专利文献所记载的发明创造都具有新颖性、创造性和实用性。

这主要说的是发明的公开文本和实用新型的公告文本。这两类文本均未经过实质审查，不一定具有新颖性、创造性和实用性。

第三，有些专利文献篇幅冗长，文字晦涩。

这仍然是由专利制度导致的。《专利法》对申请文本仅仅规定了形式要求，只要费用缴清、格式规范，申请文本就能通过初步审查，成为公众可以获取的发明公开文本或者实用新型公告文本。然而其实质内容是未经过审查的。不同国家、不同年代、不同教育背景的发明人会使用不同的术语、不同的表达方式。有的倾向于使用晦涩专业的文字。跨国公司的 PCT 申请的行文就很典型，如图 3-9 中有关滑动解锁的描述。有的喜欢自造术语，甚至天马行空，意兴迸发，如死光武器和海带缠潜艇。

第四章 认识专利分类体系

不同的专利分类体系有不同的专利分类号。专利分类号是专利信息检索十分重要的工具，能大大提高专利信息检索的效率。目前使用最广泛的专利分类号是国际专利分类号，简称 IPC 分类号。几乎所有的专利文献都有 IPC 分类号。国际专利分类体系能给人类制造的所有方法和产品都分配一个分类号，即打上一个标签。

全球主要的专利分类体系如表 4-1 所示。这些专利分类体系共享同一个基本理念，即分类号就是标签，相同或者类似技术内容的文献有着相同或者类似的分类号。这也是专利分类体系最重要的理念。专利分类的主要作用是服务于检索。用分类号进行检索，就是在具有相同形式的标签的文献中查找目标文献。

表 4-1　全球主要专利分类体系

专利分类体系	简称	示例
国际专利分类	IPC	G11B3/085
联合专利分类	CPC	G11B3/08596
日本专利分类	FI	C02F1/16,101A
	F-term 或 FT	4J00/LA01

第一节　国际专利分类

国际专利分类（International Patent Classification）按照不同的技术领域分成 8 个部，涉及人类生活必需、机械、电学及化学等领域，每一个部由 A 至 H 中的一个大写字母标明，且 8 个部均有部类名，如表 4-2 所示。

表 4-2　IPC 分类表的 8 个部

部	名称
A 部	人类生活必需
B 部	作业；运输
C 部	化学；冶金
D 部	纺织；造纸
E 部	固定建筑物
F 部	机械工程；照明；加热武器；爆破
G 部	物理
H 部	电学

IPC 是一种等级分类体系，由高至低的等级为部、大类、小类、大组和小组。每一等级都有相应的类名来表示相应的技术领域。其中，部表示的技术领域范围最大，小组表示的技术领域范围最小。

由于部类名所表示的技术领域具有非常宽的范围，在部内还设有由信息性标题构成的分部。一个部可以被划分为许多大类，一个大类包括一个或多个小类，一个小类包括多个大组，大组下设有等级更低的小组，如图 4-1 所示。

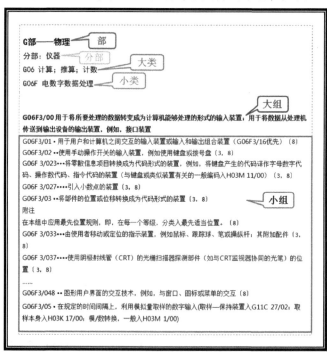

图 4-1　IPC 分类表（2006 版）G06F 部分示例

一个完整的分类号由代表部、大类、小类和大组或小组的类号构成。图 4-2 中，G 是部的类号，表示涉及物理的技术领域；G06 是大类的类号，表示涉及计算、推算和计数的技术领域；G06F 是小类的类号，表示电数字数据处理；G06F3/00 是大组的类号，表示涉及接口装置的技术领域；G06F3/048 是小组的类号，表示涉及图形用户界面交互技术的技术领域。

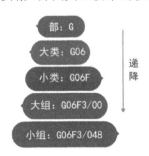

图 4-2　以 G06F3/048 为例展示 IPC 等级结构

已知 IPC 分类体系中部、大类、小类、大组和小组呈现的是递降等级，那么 IPC 分类表中数量庞大的小组间是否也存在等级关系？如果存在，其等级又是如何确定的呢？实际上，小组间也存在等级结构。各小组的等级由类名前的圆点数决定，与小组类号大小无关。小组圆点数越多表明其小组等级越低。以 G06F3/00 及其部分小组为例，G06F3/00 的等级最高，G06F3/01 的小组类名前的圆点数为一点（通常被称为一点组），因此 G06F3/01 的等级要低于 G06F3/00 的等级，且 G06F3/01 为 G06F3/00 的细分类。G06F3/033 和 G06F3/023 均为三点组。离 G06F3/033 最近的二点组为 G06F3/03，G06F3/033 是 G06F3/03 的细分类；离 G06F3/023 最近的二点组为 G06F3/02，G06F3/023 是 G06F3/02 的细分类。

在对小组类名进行理解时，要考虑上一级组的类名。这样才能准确理解该小组类名确切涵盖的内容。也就是说，小组的类名解读依赖并且受限于其所缩排的上位组的类名。

例如，G06F3/048 是二点组，它的类名是"图形用户界面的交互技术"，但对该小组类名进行理解时，还需要考虑它的上一级分类，即一点组 G06F3/01 的含义，G06F3/01 则需要考虑它的上一级大组 G06F3/00 的含义。G06F3/00 表示输入输出装置，也即接口装置，G06F3/01 表示用于用户和计算机之间交互的输入装置或输入和输出组合装置，因此 G06F3/048 所表达的完整含义是"接口装置中用于用户和计算机之间交互的输入装置或输入和输出组合装置的图形用户界面的交互技术"。

很明显，分类号之间是有等级关系的，但分类号下的文献是没有等级关系的。

例如，前述的滑动解锁专利文献 CN101697181A，其有一个韩国同族专利文献 KR10-2014-0148500 给出的 IPC 分类号为 G06F3/0488。G06F3/0488 是一个四点组，是隶属于二点组 G06F3/048 的下位组。如果用 G06F3/048 这个二点组进行检索，是无法检索出韩国同族专利文献 KR10-2014-0148500 的。因为这篇文献并没有 G06F3/048 这个二点组的标签，只拥有 G06F3/0488 这个四点组的标签。因此，就只能用 G06F3/0488 这个已有的四点组标签检索出该韩国同族专利文献。

同理，采用 G06F3/0488 这个分类号也不能检索到 CN101697181A，因为 CN101697181A 也仅标引了 G06F3/048 这个二点组标签，而没有 G06F3/0488 这个四点组的标签。

第二节　联合专利分类

联合专利分类（Cooperative Patent Classification）简称 CPC，是欧洲专利局和美国专利商标局共同发起的，目的在于整合欧洲的 EC 分类体系和美国的 UC 分类系统而形成统一的、与 IPC 结构相同但更加细分的分类体系。

CPC 与 IPC 十分相似，具有一致的等级结构和编排方式。CPC 分类表按由高至低的等级递降排列，依次为部、大类、小类、大组和小组，编排方式采用与 IPC 完全相同的数字化编排，类名解读、小组等级确定也均与 IPC 相同。

与 IPC 不同的是，CPC 分类表中的 A-H 部具有更多的细分条目，对技术细节分类更细致。

此外，CPC 分类表还有 Y 部和分散在各部中的数量庞大的 2000 系列。Y 部具有与 A-H 部相似的等级结构和分类号格式，内容涉及缓解气候变化技术（Y02B/C/E/T）、信息和通信技术对其他技术领域的影响（Y04S），以及包含在美国专利分类的交叉参考技术文献小类和暂时性分类标记科技主题

（Y10S）等。

2000 系列分类号的斜线前具有以"2"开头的 4 位数字，如 A47J2027/
006（专门适用于制作意大利面食）、A01M2200/00（动物种类）。有些 2000
系列分类号内嵌在主分类表中的合适位置。如图 4-3 所示，A47J2027/006 为
2000 系列分类号，嵌入在分类号 A47J27/004 的下面，与 A47J27/004 构成等
级相同的一点组，均属于大组 A47J27/00 的细分；A47J2027/008 也为 2000
系列分类号，属于 A47J2027/006 的细分。

```
A47J27/00 烹调器皿（A47J29/00-A47J33/00 优先）
A47J27/004 ·{带整体电加热装置（饮水杯的整体加热装置入
A47J36/2466）}
A47J2027/006 ·专门适用于制作意大利面食
A47J2027/008 ··用于在压力下烹饪意大利面食
```

图 4-3 2000 系列分类号示例（一）

有些 2000 系列分类号位于主分类表底部。如图 4-4 所示，A01M2200/00
该大组及其细分的小组均为 2000 系列分类号。一点组 A01M2200/01 是
A01M2200/00 的细分，而 A01M2200/011 和 A01M2200/012 属于并列的二点
组，均属于一点组 A01M2200/01 的细分。

```
A01M2200/00 动物种类
A01M2200/01 ·昆虫
A01M2200/011 ··爬行昆虫
A01M2200/012 ··飞行昆虫
```

图 4-4 2000 系列分类号示例（二）

第三节 日本专利分类

日本特许厅是日本专利申请主管部门，因认为 IPC 分类号无法满足高效
检索日本专利文献的需求，尤其是日本独有的、处于世界前沿的技术，于是
创立了 FI 和 F-term 两种分类体系，专门针对日本专利文献进行分类和检索。

FI 是 File Index（文档索引）的简称，F-term 是 File Forming Terms（文

件构成术语）的简称。FI 分类号和 F-term 分类号会在日本专利文献的扉页中出现，如图 4-5 所示。

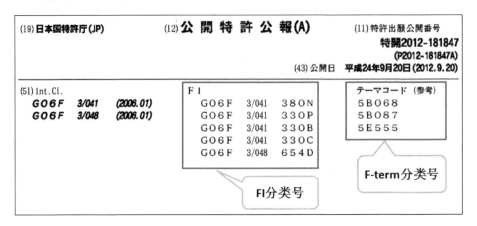

图 4-5　滑动解锁日本专利文献扉页中的 FI 分类号和 F-term 分类号

一、FI 分类体系

FI 分类体系是对 IPC 的细分。FI 分类表是以 IPC 分类表为基础编制的，采用了类似 IPC 的由高到低递降的等级结构，各小组的等级也由圆点数来决定，如图 4-6 所示。

FI 分类号的表达方式有四种，具体如下：

第一种：只有 IPC 分类号，如 A01B1/02。

第二种：IPC 分类号+IPC 细分号（IPC-subdivision Symbol），如 A01B69/00301。其中，A01B69/00 为 IPC 分类号，301 为 IPC 细分号。IPC 细分号由 3 位阿拉伯数字构成，从使用场合、结构特征等不同方面对 IPC 分类号进行细化。

第三种：IPC 分类号＋文档识别号（File Discrimination Symbol），如 A01B3/42A。其中，A01B3/42 为 IPC 分类号，A 为文档识别号。文档识别号由单个英文字母构成，代表对 IPC 分类号或 IPC 细分号进一步的细化。由于字母"I"和"O"与数字"1"和"0"容易混淆，所以文档识别号采用罗马字母 A-Z 中除了"I"和"O"之外的任意字母。其中，字母"Z"代表"其他"，表示那些不属于已出现的文档识别号表示的小组中的主题，或者涉及多个文档识别号表示的小组中的主题。在 FI 分类表中，A01B3/42A 被显示为 A01B3/42@ A。

第四种：IPC 分类号+IPC 细分号+文档识别号，如 A01B69/00303A。其中，A01B69/00 为 IPC 分类号，303 为 IPC 细分号，A 为文档识别号。在 FI 分类表中，A01B69/00303A 被显示为 A01B69/00303@ A。

G06F3/047@Z	その他
G06F3/048	··グラフィカルユーザインタフェース [GUI] に基づく相互作用技術 [8，2013.01]
G06F3/0481	···表示された相互作用対象の特定の特性，またはメタファベースの環境に基づくもの，例.ウィンドウまたはアイコンのようなデスクトップ要素との相互作用，あるいはカーソルの挙動や外観の変化によって補助されるもの [2013.01]
G06F3/0481,120	····カーソルの外観または振舞，例.GUI部品の影響でカーソルの見た目または動きが変化するもの
G06F3/0481,150	····3次元環境

图 4-6　FI 分类号日文版示例

二、F-term 分类体系

F-term 分类体系用于计算机化寻找专利文献的技术条目，是基于多角度或多观点的检索目的设置的分类体系。其在结构上不同于 IPC 和 FI 分类体系，但根据多种技术角度，如目的、结构、功能、产品、材料、制造方法、控制方法、制造条件等，在 IPC 和 FI 分类体系的基础上进行了再分类或者细分扩展。在 F-term 分类体系中，每一个技术主题都和 IPC 的技术领域相对应，如图 4-7 所示。

5B068		位置入力装置				
		G06F3/03-3/03,380@Z				
AA	AA00	AA01	AA02	AA03	AA04	AA05
	位置入力装置一般	·目的·効果	··高速化	··低電力化	··分解能の向上	··操作性の向上
		AA11	AA12	AA13	AA14	AA15
		·用途	·複写機	·監視制御	·CADシステム	·電子黒板
		AA21	AA22	AA23	AA24	AA25
		·位置入力装置の構造に特徴	·表示装置と一体構造のもの	·複合タブレット	·複数本の指示具を備えるもの	·他の入力装置との組合せに特徴
		AA31	AA32	AA33	AA34	AA35
		·位置入力装置の部分	·タブレット周辺の構造，取付	·シート、カバーの構造，取付，材料	·表示可能シート	·原稿載置機構

图 4-7　F-term 分类号日文版示例（网页截图）

F-term 整个技术领域划分成"主题"(Theme)。主题代表某个技术领域，其划分是基于 FI 分类体系进行的。每个主题涵盖的内容由多个 FI 分类号来确定，一般称"FI 范围"。

每个主题会有各自的代码，一般称"主题码"(Theme Code)。主题码由字母和数字组成的 5 位字符构成，每个主题码都有主题类名。

例如，苹果公司滑动解锁的日本专利文献特开 2012-181847 给出的主题码为 5B068，其主题类名为"位置输入设备(Position input devices)"。

每个主题均设置有两位字母的观点符(Viewpoint)，如 AA、BB、BC、BD 等。观点符表示发明的目的、功能、结构、材料、制造方法等。每个观点符后面加上两位数字符(Figure)，表示对观点符所表示的技术特征的进一步细化，如 AA00、BB00、BC00、BD00 等。数字位符由 00~99 的数字组成。

如图 4-8 所示，F-term 分类体系中的 AA00 类似于 IPC 中的大组，AA01、AA11、AA21、AA31 类似于 IPC 中的小组。例如，可以换一种形式展示 F-term 分类表中 AA00 的部分内容。

5B068		Position input devices				
		G06F3/03-3/03,380@Z				
AA	AA00	AA01	AA02	AA03	AA04	AA05
	POSITION INPUT DEVICES IN GENERAL	Purpose and effects	. Increased speed	. Reduction of power requirements	. Improvement of resolution	. Improvement of operability
		AA11	AA12	AA13	AA14	AA15
		Applications	. Copiers	. Monitoring control	. Computer-aided design (CAD)	. Electronic blackboards
		AA21	AA22	AA23	AA24	AA25
		. Characteric structures of position input devices	. . Variants constructed integrally with display devices	. Composite tablets	. Variants with multiple pointing devicess	. Variants combining position input devices with other input devices
		AA31	AA32	AA33	AA34	AA35
		. Parts of position input devices	. Structure or mounting peripheral to tablets	. Sheets, cover structures, mountings and materials	. . Sheets allowing display	. Mechanisms that position originals

图 4-8 英文版 F-term 分类体系中主题 5B068 的内容(网页截图)

如图 4-9 所示，AA00 为大组，AA31 为大组下的一点组，AA32、AA33 和 AA35 均为二点组，都是其最邻近的一点组 AA31 的细分，三点组 AA34 是其最邻近的二点组 AA33 的细分。由此可见，F-term 分类体系的组内结构与 IPC 类似，其小组间的等级也是由圆点数决定的，而类名解读方式也与 IPC 相同。

```
AA00   POSITION INPUT DEVICES IN GENERAL
AA31   • Parts of position input devices
AA32   • • Structure or mounting peripheral to tablets
AA33   • • Sheets, cover structures, mountings and materials
AA34   • • • Sheets allowing display
AA35   • • Mechanisms that position originals
```

图 4-9　F-term 分类体系中的 AA00

　　一个完整的 F-term 分类号包括：五位字符主题码+两位字母观点符+两位数字符。例如，5B068AA31、5B068AA32、5B068AA33、5B068AA34 均为完整的 F-term 分类号。

　　5B068AA34 涉及的技术内容为"位置输入设备的能够显示的面板"（sheets allowing display），日本分类员将涉及"位置输入设备的能够显示的面板"的文献标记上 5B068AA34，以便于检索者利用该分类号检索与该技术内容相关的专利文献。

进 阶 篇

第五章　已有技术的利用与创新

　　企业技术创新，主要是指企业生产产品和生产技术的创新，既包括新产品的开发、新工艺的开发，又包括其他相关新技术的开发，还包括将已有的技术在新的技术领域内的应用创新。科学是技术之源，技术是产业之源。技术创新建立在科学的发现和理论的完善基础之上，而产业创新必然建立在技术创新的基础之上。

　　技术创新是从产生新产品或新工艺的设想到市场应用的完整过程，包括新的构思或设想的产生、研究、开发、商业化生产到市场化扩散等一系列活动。对于企业而言，技术创新不能局限于关注技术研发活动本身，还要关注技术创新中的市场导向，始终把技术研发置于商品竞争和市场经营的大环境中，把技术研发融入企业经营的发展战略之中，将两者有机地结合起来。企业的技术创新本质上具有科技、经济一体化和技术进步与应用创新并举的双螺旋结构，是技术进步与应用创新共同作用所催生的产物。

　　技术创新主要包括技术开发和技术应用两大环节，最终目的是技术研发成果的商业化应用和创新产品的市场化成功。技术创新的主要特征在于技术与经济的结合。它不同于科学上的发明与发现，特别突出强调新技术的首次商业性应用。国外企业普遍重视开发新技术和新产品，认为只有抢占新技术和新产品的制高点，才能取得竞争优势。企业要想赢得市场份额，根本途径就在于不断地技术创新。在知识经济时代，技术创新尤为重要。

　　技术创新既可以由高等院校、科研院所等技术密集型和技术产出型机构单独完成，也可以由企业单独完成，还可以由企业与高等院校和科研院所等通过各种形式的战略合作协同完成。由于技术创新的完成是以技术研发成果的市场成功为基本标志的，因此，在技术创新的过程中，企业的参与不可或缺。具体到某个企业，采取何种方式进行技术创新在很大程度上取决于企业自身的实力、技术创新的外部环境等。对于大企业而言，技术创新的要求往往表现为建立和完善自己的技术研发机构和技术研发平台，提高和发展技术研发的能力和层次，建立并优化技术研发成果有效利用的机制；对于中小企业而言，技术创新的要求往往在于确立技术创新发展的定位、目标及发展策略，努力提高技术研发的基础和能力，善于与其他专业技术产出单位展开合作，建立承接技术开发成果并有效利用的机制。

企业技术创新包括自主创新、模仿创新及合作创新。相对而言，我国企业自主创新能力比较薄弱，创新资源相对有限，有时难以适应自主创新所具有的高投资、高风险等特点。因此，我国企业技术创新模式的选择既要汲取外国企业的经验教训，又要从国情出发，采用自主创新和模仿创新并举的技术创新战略。

第一节　专利地图与市场分析

一、专利地图

（一）专利地图的概念

专利信息作为技术信息最有效的载体，囊括了全球 90% 以上的最新技术情报，而且比一般技术刊物所提供的信息早 5~6 年，内容翔实准确。专利信息是技术发展最重要的信息源，同时也能为技术预测提供技术条件。收集、整理、利用专利信息的专利地图，在行业技术分析中扮演着举足轻重的角色。

专利地图（Patent Map）指基于各种与专利相关的资料信息，以统计分析的方法进行精细剖析，整理制成可供分析解读的图表信息，使其具有类似地图的指向功能。专利地图可分为外部专利地图和内部专利地图。外部专利地图可为企业指明技术发展方向，分析并总结技术分布态势，特别是对竞争对手专利技术分布情况进行追踪。内部专利地图则是企业对内部历年来进行的专利投资、研发等情况的分析，可以指明企业注重的方向，可用于企业知识产权管理、营销管理与技术创新管理。

（二）专利地图的作用

专利检索、专利地图可以从以下方面促进企业的发展。

第一，启发技术创新的思路，激发技术创新的预期，树立技术创新的目标，为技术创新突破口的选择，尤其是对现有技术进行改进的突破口的选择提供依据。

第二，确定技术创新的方向，制订技术创新战略，为技术创新的立项提供可行性验证和决策依据。

第三，选择技术创新的技术路径，审视所采取的技术创新策略，为技术创新投资决策提供依据。

第四，在技术相对密集的领域、在他人在先专利技术的布局中及时发现空白点和薄弱处，为寻找技术突围和技术发展的机会点提供依据。

（三）专利地图的种类

根据制作目的及专利情报选取的侧重点，专利地图大致可分为三类（如表5-1所示）：专利管理地图、专利技术地图和专利权利地图。不过，在实际操作中，往往很难界定某一地图仅仅是为管理需要绘制的，或者仅仅是为技术或者权利范围服务的，因为企业管理和企业技术本就紧密相连。

表5-1 三种专利地图的比较

分类	专利管理地图	专利技术地图	专利权利地图
侧重点	主要服务于经营管理	主要服务于技术研发	主要服务于权利范围的界定
目的	① 获悉技术发展趋势，进行竞争企业实力剖析及动向分析，反映业界或某一领域整体经营的趋势 ② 分析主要竞争对手的各项实力	① 获知特定技术的动向 ② 进一步预测技术的未来趋势 ③ 创造企业竞争优势 ④ 为研发中的战略提供信息依据和参考	① 严格规划自身的研发计划和权利要求，规避已有专利申请 ② 评估企业自身技术的可专利性和产业利益
实例	历年专利件数动向图、技术生命周期图、各国专利占有比例图、公司专利平均年龄图、专利排行榜、IPC分析图	专利引证关系技术族谱图、专利技术/功效矩阵图、专利技术发展图	专利范围构成要件图、权利范围矩阵分析图
功能	① 把握标杆企业动向 ② 把握新加入者情况 ③ 促进技术转让 ④ 提高专利调查精度	① 了解技术开发脉络 ② 了解新产品开发动向 ③ 选定研发课题 ④ 确定开发用途 ⑤ 设置技术陷阱 ⑥ 了解技术波及领域	① 确认技术保护范围 ② 考察获得专利的可能性 ③ 构筑专利网 ④ 确定专利权期限 ⑤ 调研异议无效文献

二、市场分析

专利文献中存在一些与国家、行业或企业经济活动密切相关的信息。例如，从有关专利的申请国别范围和国际专利组织专利申请的指定国范围的信息，可以了解专利申请人或专利权人关于国际市场经营的战略意图；从专利实施许可、专利权转让等与技术贸易有关的信息，可以看出企业对某类专利技术的占有趋势；从与专利权质押、评估等经营活动有关的信息，可以掌握企业对其拥有的专利技术的经营及其技术影响力扩散的动向。企业可以通过对专利信息的监控，尤其是对各类竞争对手的专利信息的监控，获悉竞争对手的研发能力、研发意图等，掌握竞争对手的经营发展策略及其对相关市场的潜在预期等。

（一）分析专利分布地区

专利权具有地域性。一般来说，企业会以其拥有的技术，在对其经营至关重要的国家或地区申请专利。因此，通过对一个企业就其技术在世界各个国家或地区的专利分布情况的监控，可以知晓该企业在这些国家或地区的市场关注度及潜在的占有力。通过分析竞争对手在各个国家或地区的专利申请情况，可以判断竞争对手的市场占有期望。还可以通过分析某技术成果在世界不同国家或地区的申请情况，掌握某技术在某国家或地区的发展态势和热度，从而指导企业避开市场热点和强劲的竞争对手，开发潜在市场，并在相关国家或地区进行专利布局。

表 5-2 展示了主要国家/地区的专利申请人就液晶显示（LCD）技术在不同国家/地区申请专利的情况。

表 5-2　主要国家/地区专利申请人就液晶显示技术在不同国家/地区申请专利的情况

单位：项

拥有技术的申请人所在国家/地区	在不同国家/地区申请专利的数量					
	日本	韩国	美国	中国台湾	中国大陆	欧洲
日本	114971	15001	32686	11622	15035	7790
韩国	5757	33507	13634	2848	6493	1781
美国	7005	4698	17274	4363	4722	4329
中国台湾	993	376	5015	7815	5327	102
中国大陆	235	137	1078	20	7866	62

从表 5-2 可以看出，全球各技术创新主体最重视在本国/地区申请专利。日本、韩国、中国和欧洲的技术创新主体都将美国作为除本国/地区以外最重要的专利申请国。中国台湾的技术创新主体由于在中国大陆大量投资建厂，

积极开展技术转移，经济利益巨大，所以在本地区以外最重视中国大陆的专利申请。日本、韩国的技术创新主体也非常重视中国大陆市场。

（二）分析同族专利

同族专利的数量是衡量专利经济价值的重要指标，可以反映出一件专利潜在的技术市场和经济势力范围。专利申请人只有对一个国家或地区的市场有预期，才会向这个国家或地区提交专利申请。因此，分析申请人就某项技术成果在哪些国家或地区提出专利申请，有助于了解申请人欲获取专利权的地域范围，并且有助于进一步分析其市场开发的方向、潜在的市场战略等。

以关于氨肟化法生产环己酮肟技术的一件专利的同族专利情况为例，对专利号为 IT1252047 的专利进行同族专利检索，并对同一申请号的专利在不同阶段的公开进行合并去重，保留该专利最后的授权专利信息后，共得到 14 件公开专利（如表 5-3 所示），涉及的国家包括美国、日本、意大利、西班牙、荷兰、德国、法国、英国、丹麦、比利时、捷克共和国、加拿大、奥地利、澳大利亚、俄罗斯、波兰、斯洛伐克。

表 5-3　IT1252047 的同族专利

序号	申请号	专利权人	申请日	国家
1	US07/907679	Enichem Anic S. r. l., Italy	1992-7-2	美国
2	JP04-201880	Enichem Anic Spa	1992-7-7	日本
3	ITMI911915	Enichem Anic	1991-7-10	意大利
4	EP92201955	Enichem S. p. a.	1992-7-1	西班牙/荷兰/德国/法国/英国/丹麦/比利时
5	DE69231652	Enichem S. p. a., S. Donato Milanese	1992-7-1	德国
6	CS217192	Enichem Anic S. r. l.	1992-7-10	捷克
7	CA2073231	Enichem Anic S. r. l.	1992-7-6	加拿大
8	AT92201955	Enichem S. p. a.	1992-7-1	奥地利
9	AU1944592	Enichem Anic S. r. l.	1992-7-3	澳大利亚
10	ES92201955	Enichem S. p. a.	1992-7-1	西班牙
11	DK92201955	Enichem S. p. a.	1992-7-1	丹麦
12	SU5052308	Enikem S. p. a.	1992-7-9	俄罗斯
13	PL29523192	"enichem" Spa	1992-7-9	波兰
14	SK217192	Enichem Anic S. r. l.	1992-7-10	斯洛伐克

（三）直接实施技术方案

一个技术方案不能在未获得授权的国家或地区获得保护，也不能在保护期限届满后继续获得保护。在权利人主动声明放弃权利的情况下，权利也将宣告终结。在具备下列情形之一时，技术不受我国法律保护，我国企业要实施这一技术不必经过技术发明人的许可：① 未在中国申请专利；② 权利超过保护期限；③ 权利人主动放弃或者被宣告无效。

20 世纪 80 年代初，我国市场上畅销的日本产四喇叭的录音机，其原创产品的专利技术实为荷兰某跨国集团所有。该跨国集团低估了录音机产业的市场，主动放弃了许多国家的专利权。这给日本厂商提供了机会。日本厂商看到了录音机市场的前景，无偿利用了相关技术，开发出多种录音机，在赢得市场的同时也获得了丰厚的利润。

需要注意的是，一个技术方案在我国不受保护并不意味着企业可以在我国直接免费实施该项技术。如果该技术方案有上位技术，并且该上位技术在我国仍为有效专利，企业需要经过上位技术专利权人的许可才能实施该技术方案。

（四）在原有技术方案基础上加以改进

企业利用失效专利可以节约研发成本。人人都可以实施失效专利，但是随着市场上生产同样产品的厂家增多，竞争也将变得极为残酷。因此，想要获得长期稳定的市场份额，企业必须逐渐培养自身的创新能力。

对于中小企业来说，应充分了解和学习专利文献中的先进技术，在现实生产活动中发现实际问题，最终在前人经验的基础之上创造出能够解决实际问题的技术改良方案。这样的开发方式难度较低，然而一旦产生有价值的改良成果，收益会十分可观。

📖 经典案例 5-1

海尔 1999 年在开发出口美国的 BF111 型冷藏箱时，根据美国客户的市场反馈，决定加上一个易拉罐自动补位装置。在设计之前，专利工作人员进行了国内外专利检索，发现加拿大 A 公司在美国申请的专利与海尔设计的初步方案有抵触。为此，海尔委托美国的专利事务所进行了侵权对比分析。同时，海尔的设计人员听取专利工作人员的意见，设计出一种更新颖更方便的易拉罐自动补位装置，并进行反复的专利防侵权论证，在确认不与在先权利冲突后，最终确定了技术方案。该产品出口美国后，受到了消费者的极大欢迎。

第二节　反向工程

专利权是排他性权利，未经权利人许可，企业不能擅自实施专利技术。但是法律并没有排除人们对以正规方式获取的非专利技术的实施，也就是说，企业可以对现有的非专利产品或技术进行反向工程，探求其内在实质，并将其原理运用到产品制造中去。

一、反向工程概述

正向的产品形成过程通常是根据市场需求确定产品功能，在现有条件下进行设计和开发，最终制造出产品投放市场。正向的产品形成过程如图 5-1 所示。

图 5-1　正向的产品形成过程

反向的产品形成过程恰恰相反，是先分解拆卸他人的产品，学习制造机理，再模仿该机理并加以改进，最后使用不同的手段在新产品中体现该项特定功能。反向的产品形成过程如图 5-2 所示。

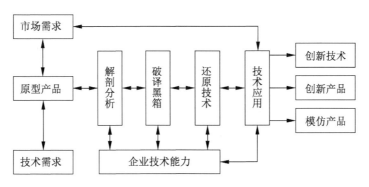

图 5-2　反向的产品形成过程

当企业发现某一产品能大大提高生产效率或者拥有良好的市场价值时，就可以通过公开渠道获取产品，尝试对该产品进行拆解剖析。企业可以在广泛搜

中小企业专利保护指南

集产品信息的基础上，通过对尽可能多的同类产品的拆解和破坏性研究，运用各种科学测试、分析和研究手段，反向研究该产品的技术原理、结构机制、设计思想、制造方法、加工工艺和原材料特性，从而掌握设计和生产技术。

由图 5-2 可知，反向工程包括两个步骤。

第一步，破解技术，分析产品生产过程中的所有细节。

第二步：模仿创新，即根据对原产品制造流程的理解自行制造出产品。可以是单纯对原产品的模仿，也可以是从技术破解中寻找灵感，进行二次设计，生产出超越原产品技术效果的产品。

二、反向工程的功用

英特尔公司的法律顾问托马斯·邓拉普曾指出：如果开发一种新芯片要花三年至三年半的时间，用反向工程重新设计则只需花一年至一年半的时间。可见，反向工程可以节省技术研发时间，使中小企业尽快缩小与竞争对手的差距。此外，相对于自主创新来说，反向工程投入的资金成本比较少，承担的风险也比较低。

最高人民法院出台的司法解释明确指出，通过反向工程获取他人商业秘密的行为并不违法。中小企业作为技术的追随者，可以通过技术破译和技术重组，生产实现相同效果的新产品，并尽可能改进产品的制造工艺和流程，提升产品的生产效率和使用效果。

经典案例 5-2

发达国家一般都经历过依靠模仿创新促进支柱产业形成和发展、提高产业竞争力、推动经济蓬勃增长的时期。即使是当今的科技强国美国，也曾是十分落后的农业国。美国正是依靠从 18 世纪末到第一次世界大战之前对英国技术的模仿，才极大地提高了国际地位。韩国也曾遭受如今许多发展中国家面临的几乎所有问题，但经过 30 年就成为世界经济强国，人均 GDP 超过 1 万美元。其成功的关键就是进行模仿创新，实施反向工程。韩国在实施反向工程的过程中积累了技术能力，经历了技术变革，最终形成了自己的技术体系，提高了自主创新能力。日本企业也曾拆卸、分解先进机器设备或产品，对其机理、材料等进行研究，然后结合自己的技术和工艺进行研发。革新引进的技术，提高技术效率，并在此基础上建立自己的技术体系，这是日本技术创新取得成功的关键。从发达国家的经历中可以看出，反向工程是技术落后者获悉技术信息的重要手段。中小企业一定要利用好这一资源，节省研发成本和研发时间。

三、反向工程的风险防范

首先，应该明确的是，合法的反向工程只针对非专利产品。对于专利产品，即便企业没有参考专利说明书，仅通过拆解和破译制造出了相同产品，该行为仍然构成专利侵权。所以，企业在实施反向工程前需要对产品进行必要的调查，了解产品是否附有专利权。

其次，法院对于反向工程案件采取举证责任倒置原则，即由被控侵权人承担举证责任，证明产品机理是通过产品拆解和技术解剖获悉的，而非通过窃取他人商业秘密获悉。因此，企业要保留反向工程的实施记录，以备举证之需。

以集成电路设计的反向工程为例，反向工程实施者在实施过程中至少需要完成如下工作：① 从公开渠道购买产品，并保留发票；② 保留反向工程的过程记录和文档，并注明具体日期；③ 调查参与反向工程人员的工作经历，如是不是原集成电路设计公司的前雇员，以确保参与反向工程的人员对该商业秘密权利人没有保密义务。

经典案例 5-3

在宾夕法尼亚州"压力钢火车头公司诉标准钢火车头公司案"中，原告请求保护其具有机密性的火车头制造方案，认为被告对该制造方案的获得是违反信任关系的。被告辩称，由于可以通过检查火车头（已公开使用）获得该方案，因此其使用通过不正当手段获取的知识的行为应当被宽恕。被告认为，合法获取信息的方式的存在可以排除因利用不正当手段获得技术引起的救济。法院指出："这些工程师和绘图员从已经制造出来的火车头中，应当能够测算出相关数据，并且可以在不长的时间内设计出具体的和实际的图纸。但他们并没有这样去做，原因显然是他们能够直接得到蓝图，并且该蓝图是十分精确的。"法院据此支持了原告。通过正当手段取得竞争对手的产品，或者通过检测或分析取得复制品，这是合法的，除非所复制的产品享有专利。可以实现此种合法取得的事实本身，并不意味着可以省去检测和分析的努力而通过违反信任关系的方式获取相关信息。商业秘密可以通过实验或其他合法和公平的方式取得的事实，并不剥夺其所有人对通过不正当手段获取该商业秘密的人要求获取保护的权利。可见，要想通过主张反向工程抗辩免责，企业不但要证明涉讼商业秘密可以通过反向工程获得，而且必须证明自己实际上是通过反向工程探知产品中所包含的商业秘密的。

第三节　合作研发

在知识经济时代，技术分工越来越细。即便是很大的企业，其所能辐射的领域也是相对有限的。然而产品研发往往是跨技术领域的，企业单靠自身可能无法开发出理想的产品，因此需要积极地寻求合作。

一、合作开发的缘由

合作研发指企业与学校、科研机构或者其他企业之间基于合同关系，在研究开发阶段分摊研发投入、共担研发风险、分享研发成果。当然，合作并不限于研发阶段，企业还可以与其他主体合作，如对研发成果进行商业化利用。

企业为什么要选择合作研发，而不是自行研发，独自享有技术可能带来的商业利益呢？因为随着技术的不断深入，行业划分越来越细，中小企业往往只能在很小的领域内具备科研能力。当拟开发技术需要其他技术领域的支持时，必须寻找合适的合作伙伴，共同完成技术攻关。此外，中小企业比较缺乏资金和人才资源，想要尽快完成技术研发抢占市场，就需要借助周围环境中可用的资源，而合作无疑是一种便捷有效的方式。合作伙伴的技术和资金投入能够缩短研发时间，促使产品尽快投入使用。

■ 经典案例 5-4

20 世纪 90 年代中期，拜耳计划加入人类基因组研究，希望利用研究中的最新成果为其药物开发服务。经过考察，拜耳发现生物技术公司在这些前沿领域更加游刃有余，因此决定通过外部合作而非内部开发的方式来掌握新兴技术，并最终选择了美国的千年制药公司作为合作伙伴。拜耳和千年制药公司的合作历时 5 年，目标是在多个疾病领域中发现并确认 225 个能获得专利保护的药物开发新靶点，期望在此基础上找到 30 个可用于新药开发的化合物。拜耳和千年制药成立了联合技术开发团队，引导双方人员互相学习。拜耳的一组科学家甚至在千年制药进行现场研究，有效地将一些技术从千年制药转移至拜耳，也帮助千年制药理解了大型制药公司如何利用过去药物发现的经验来进行未来药物的研发。合作结束时，双方最终确定了至少 450 个药物开发新靶点，其中 180 个已被拜耳运用到药物研发中。最重要的是，通过这种合作，拜耳成功掌握了先进的基因技术并取得了不少专利。一个企业的技术开发能力毕竟是有限的，中小企业可以通过合作共同投入、共享资源、共同研发，最终共同获益。这是中小企业突破规模"瓶颈"的有益途径。

二、合作研发的注意事项

（一）选择合作对象

合作对象一般是与本单位优势互补的企业、学校或者科研机构。

在建立合作关系之前，除了必要的调查研究之外，企业还需要了解合作方的合作意向，即明确对方想从合作中获得什么，据此判断未来双方是否会产生竞争关系。如果拟合作对象打算开拓相同的市场，那么企业管理者就该斟酌这种合作是否能够起到正面作用。

（二）约定合作各方义务

技术合作合同应该采用书面形式。合同制定得越细致，未来双方发生纠纷的可能性越低。为了减少纠纷，合作开发合同需要明确约定合作各方对合作事项应当承担什么义务，通常包括先期义务、中期义务和后期义务。

先期义务指投入资金、场地、设备、现有技术、人员等的义务。对于现有技术成果，需要在合同中明确界定其范围，并且约定其他合作方对这些现有技术成果的使用范围和保密义务。

中期义务指按照项目计划书中列明的时间节点完成研发任务的义务。还可以在合同中约定，如果一方未在项目计划书规定的时间节点完成研发工作，他方享有要求解除合同的权利。

后期义务指保护和维持研发成果的义务。专利的申请和维持需要缴纳费用，商业秘密的保有也需要投入成本。也应当在合同签订时明确约定由谁来完成这些任务。

（三）约定成果归属及实施

合作研发产生法律纠纷的最常见原因在于合作各方没有对研发成果的归属作出约定。

对于研发成果的归属及实施，可以约定的事项包括：① 专利权的归属、不享有专利权的合作方是否有实施专利技术的权利、技术秘密归属、合作各方实施该技术秘密的权利等；② 合作各方对合作技术成果是否有单独提出专利申请的权利；③ 对原有技术改进产生的衍生技术成果进行利用，是否需要经过现有技术所有人的许可；④ 合作各方实施技术成果的技术领域、地域范围等；⑤ 合作各方是否可以单独授予许可，以及可授予许可的种类；⑥ 实施技术成果所带来收益的分配。

对于合作研发合同签订时就能预见的技术成果，应当在缔约时就指明该技术的具体内容，尽量避免后续纠纷。

另外，合作方最好能在不同地理范围或者技术领域实施研发成果，这样不易产生相互间的竞争。

（四）注意借鉴学习和自我保护

企业要注意学习合作方的先进技术和技能。也许合作合同约定企业只能在合作期间使用对方的专有技术，但是除了专有技术这类显性知识之外还存在隐性知识，如实施该技术方案的技术诀窍、未被记录在技术文件中的操作细节等。

需要注意的是，中小企业在学习先进经验的同时也不能忽视对企业自有技术信息的保护。早些年国外企业与我国企业合作时，很注重保护自有技术。它们往往只在中国生产技术含量很低的产品部件，对有技术价值的产品制造过程严密保护。很多国内企业抱怨经过多年合作，并没有从国外企业那里学到什么。这虽然是惨痛的经历，但也是一种警醒。管理者应当时刻强化"技术信息是企业的无形财产"这种观念。合作伙伴也许在某一天会成为竞争对手，因此合作时应该严密保守本企业的技术秘密，防止有价值的信息的泄露。

第四节　技术引进

技术许可和技术转让是企业获得技术信息的常见途径。企业需要结合实际，考虑如何进行技术引进。

一、技术引进概述

技术许可和技术转让统称为技术引进。技术许可是指被许可人以向技术所有人支付使用费的方式换取在特定范围内实施该技术权利的技术交易方式。技术转让是指受让人支付对价永久获得技术所有权的交易方式。

引进技术有很多原因。当企业拟开发产品包含的某一关键技术已被其他公司申请专利保护，而企业又没有开发替代技术的能力时，就应当考虑用技术许可或技术转让的方式获得该技术的使用权。这种技术引进是积极的技术引进。

引进技术还有一种情形，即企业未经许可实施了某项受保护技术，受到法院停止侵权判决后因经营需要而要继续实施该项技术。此时企业也会选择从技术所有人处引进技术，这种技术引进是消极的技术引进。

技术引进并不限于专利技术，还包括非专利技术，如企业的技术秘密。无论是专利技术的引进还是非专利技术的引进，都需要企业投入相当的精力选定交易方式、准备谈判事宜、规避交易风险，力求将技术交易成本降到最低。

二、技术引进的方式

技术许可和技术转让二者各有利弊。企业在实际交易活动中要均衡考量，选择更合理的交易方式。

（一）技术许可

1. 技术许可的类型

技术许可包括三种：独占实施许可、排他实施许可和普通实施许可。不同的许可类型决定了许可人自己可否实施，可否再许可他人实施，具体见表5-4。

表 5-4　技术许可的类型

技术许可的类型	许可人自己可否实施	许可人可否再向第三人许可
独占实施许可	否	否
排他实施许可	可	否
普通实施许可	可	可

2. 许可费的支付方式

许可费的支付方式一般有三种：定额权利金、计量权利金、定额权利金与计量权利金的组合。

定额权利金指被许可人向许可人支付一笔或多笔固定的费用。该费用不因被许可人的具体实施情况而改变。

计量权利金指双方在签订许可合同时，约定许可费按照被许可人的实际利润或者销售量的特定比例收取。有时许可人还会要求在合同中加入最低权利金条款，即当销量或者利润与权利金率的乘积未达到最低权利金数额时，被许可人仍应按照最低权利金数额向许可人支付许可费。

（二）技术转让

1. 技术转让的效力

技术一经转让，相当于技术的所有权发生了转移，除非有额外规定或者合同约定，技术转让人将无权再实施该技术，而受让人则享有了实施和处分该技术的权利。对于专利技术而言，技术转让意味着专利权人发生变更，企业需要到专利行政机构进行登记。

2. 技术转让的费用

技术转让费通常一次性付清。有些技术转让合同也会约定转让人有权在一定期限内按照约定的比例对受让人的销售利润进行提成。

（三）技术许可与技术转让的比较

技术许可与技术转让的比较见表 5-5。

表 5-5　技术许可与技术转让比较

项目	通过许可获取技术	通过转让获取技术
优势	1. 在获得技术实施权的同时承担的风险较低 2. 费用较低	对技术享有完全控制权

项目	通过许可获取技术	通过转让获取技术
劣势	1. 许可期满，如不续约将不能再实施技术 2. 不能任意实施对许可技术的改进 3. 对外界的依赖度较高	1. 技术所有人通常不愿转让有价值的技术方案 2. 费用较高 3. 受让人承担了更高的风险

三、技术引进前的准备

技术引进是企业的重大经营决策。在许可或者转让合同签订之前，企业必须充分收集信息，包括：① 引进技术的相关技术信息，研讨有没有替代技术或者开发替代技术的可能；② 该技术的实施情况，了解该技术的实施效果是否良好，能否充分实现企业拟开发产品的功能；③ 该技术的所有权归属，了解是否为许可人或出让人所有，有没有第三人对该技术主张过权利；④ 该技术的权利状态，了解专利技术是否仍在保护期、权利人有没有按期缴纳维持费用，或者商业秘密是否仍处于保密状态；⑤ 该技术的性质，了解是否对其他专利技术的改进，实施该技术是否需要取得配套的技术许可。在全面掌握相关信息的基础上，企业需进行以下判断：① 是否确有引进技术的必要，自身有没有开发替代技术的能力；② 引进的技术是否确为企业所需技术，能否实现产品的既定功能；③ 能否确保产品投入市场后不被指控侵权。

四、签订技术交易合同的注意事项

技术交易合同的质量将直接影响技术交易的效果。企业应该聘用专业的法律人士拟定技术交易合同，将未来可能产生的问题在合同中作出详细的约定，从而降低纠纷发生的可能，保证企业顺利完成技术引进。下面是签订技术交易合同时需要重点考虑的问题。

（一）明确交易标的的范围

交易标的是技术交易的核心，双方必须在合同中对交易标的进行明晰的界定。有的企业为图省事，会用非常概括的名称来表述标的技术，如"连续割收技术"。这种简单的描述并不能确切表示双方真正想要交易的技术。正确的做法是尽量详尽、减少误解。对于专利技术的许可或转让，应当在合同中标明交易专利号和对应的权利要求，指明交易的是产品还是技术。对于非专利技术的许可或转让，要附上该技术的说明文件。

（二）明确技术的权利状态

在进行技术交易前，一定要查明该技术的权利状态。对于专利技术，要明确该技术是否仍在保护期内，是否遭受过第三人提出的无效请求，许可或出让人是否为该技术的合法权利人等。对于非专利技术，要请对方提供能证明其为技术合法权利人的证据。

此外，合同中还需约定一旦交易标的被无效或者出让人非真实权利人时出让人的责任。

（三）明确交易的范围

交易的范围是技术交易合同的另一个核心内容。受让人或被许可人可以在哪些地区、哪些领域实施技术？如果是许可合同，许可的期限是多长？是以独占许可、排他许可，还是以普通许可的方式许可？这些问题都需要在合同中达成共识。

（四）确定获得了所有必要授权

如果是为了生产某项产品而引进该产品中包含的专利技术，那么企业需要确认自己是不是获得了所有开发该产品时所需技术的授权。比如，企业要生产的某产品涉及专利 A 和专利 B 的技术内容，两专利的权利人都是某公司，那么企业除了要获得 A 专利的实施授权外还要获得 B 专利的实施授权。

需要注意的是，当交易标的为从属专利（从属专利是对基础专利的改良，要实施从属专利必须首先经过基础专利权人的授权）时，要确保企业同时获得了基础专利的实施授权。

（五）约定技术转让人的附随义务

在技术交易合同中，还可对技术转让人的附随义务加以约定，如规定转让人必须向受让人提供必要的技术性文件，并列明这些技术文件的清单；指导受让人顺利实施技术；调派技术人员帮助引进方开展技术实施等。

（六）及时办理登记手续

根据法律规定，专利申请权转让合同和专利权转让合同成立后，当事人应当到专利行政部门进行登记。只有登记完成之后，专利申请权和专利权才归属于受让人。在技术转让交易中也可能会发生一物二卖的情况，所以受让人应尽快办理登记手续。

五、技术交易谈判的技巧

技术交易谈判很复杂，涉及法律、技术和财务等方面的知识，并且要求谈判人员有拍板定价的权力。企业管理人员同时精通上述事务固然最好，但是对于大多数中小企业来说，这并不容易实现。此时，企业可以派出知晓公司经营战略的人作为谈判总负责人，另外安排法律、技术和财务方面的专业人员组成谈判团队，协助管理人员根据企业预设的目标完成谈判任务。

（一）技术交易谈判的基本原则

1. 有条件地接受

在谈判中，许可人往往会提出类似"如果我们给予贵公司全球范围内的排他性许可，那么贵公司应当为此支付两倍于原来费用的许可费"的要求。对此，被许可人可以回应："如果我支付双倍许可费，那么其中的一半要根据产品销售额以计量权利金的方式支付。"这里体现了谈判的黄金原则，即"有条件地接受对方提出的要求"。

谈判就像一场拉锯战，你退一步则我进一步。当被提出要求时，企业一方不应全盘接受，而应有保留有条件地接受。

2. 确定最佳期望和谈判底线

在谈判前，企业应直观列明合同双方看重的问题，并对这些问题的重要程度进行排序。企业要针对缔约目的，确定对合同每一个条款的最佳期望和接受底线，力求做到知己知彼，有目的、有准备地进行谈判。

设定底线并不意味着不能接受低于底线的条件。当对方在另一个问题上给予高于预期的条件时，或者即使某个问题低于预设底线，但总体上仍然符合预期指标时，谈判者仍然可以与对方签订协议。

（二）增加技术交易谈判筹码的措施

中小企业在引进技术的谈判中往往处于弱势，只能被动接受许可人提出的条件。但当合同相对方认识到可以从合同中获得利益时，也会积极主动促成协议的达成。中小企业可以采取一些措施增加技术交易谈判的筹码。

1. 放大合作尺度

技术转让方可能会因为受让企业规模不大而缺乏谈判诚意，此时，企业可以适当放宽谈判尺度，但是也要注意判断自身实力是否足以履约。

2. 聚焦本方优势

中小企业要尽力把谈判的注意力聚焦到本方的优势。例如，与外国公司谈判时，本国广阔的市场空间及相对低廉的人力成本就是优势。

3. 主动拟定交易合同

如果由中小企业率先拟定交易合同初稿，对方一般会在初稿框架内进行讨论，不会提出过分的要求。相反，如果对方先提出合同初稿，并且其中的某些要求相当苛刻，那么弱势方很难通过谈判改变这些苛刻的条款。

4. 设置对等条款

当对方提出某项要求时，中小企业可以提出同样的要求。例如，对方要求履行保密义务，己方也可以要求对方履行相同的保密义务。

5. 虚实结合，兵不厌诈

如果谈判久拖不决，中小企业可以放出与对方竞争对手合作的消息，促使对方加快谈判进程。

此外，也可以对标的专利提出专利无效请求，如某人未经授权使用技术，权利人对其提出诉讼，双方拟打算通过许可方式解决争议。这时，被控侵权人可以在诉讼中请求宣告专利无效，以此为筹码加快谈判进程。如果权利人担心其拥有的专利遭遇无效认定，则可能迅速达成与被控侵权人的协议。

6. 寻找替代交易方

技术交易谈判可能历时漫长，也可能无果而终。急需实施技术的企业应事先选好备用的交易人选。一旦协议难以达成，便迅速转换方向，与其他技术所有人进行磋商。

谈判是一门艺术，如何在现有的情形下争取到尽可能合理的合同条件，值得企业管理人员深思。

第六章　专利申请

第一节　国内专利申请途径

在我国，专利实行行政审查制，由国务院专利行政部门对申请人提交的专利申请进行审查。只有通过审查的技术方案才能获得专利授权，享受专有权利的保护。

一、专利申请基本原则

（一）书面原则

专利申请过程中的各种手续，都应当以书面形式或电子文件形式办理，提交的各种文件都应当使用中文撰写。

（二）先申请原则

两个或两个以上的申请人分别就同样的发明创造申请专利的，专利权给予最先申请的人。两个或两个以上的申请人同日（指申请日，有优先权的指优先权日）分别就同样的发明创造申请专利的，应当在收到国务院专利行政部门的通知后自行协商确定申请人；若不能达成共识，其申请均将被驳回。

（三）优先权原则

申请人自发明或者实用新型在国外第一次提出专利申请之日起 12 个月内，或者自外观设计在国外第一次提出专利申请之日起 6 个月内，又在中国就相同主题提出专利申请的，依照该国同中国签订的协议或者共同参加的国际条约，或者相互承认优先权的原则，可以享有优先权，简称国外优先权。

申请人自发明或者实用新型在中国第一次提出专利申请之日起 12 个月内，又向国务院专利行政部门就相同主题提出专利申请的，可以享有优先权，简称国内优先权。

（四）单一性原则

一个发明或者实用新型专利申请应当限于一项发明或者实用新型。属于一个总的发明构思的两项以上的发明或者实用新型，可以作为一个专利申请提出。一个外观设计专利申请应当限于一项外观设计。同一产品两项以上的相似外观设计，或者用于同一类别并且成套出售或者使用的产品的两项以上外观设计，可以作为一个专利申请提出。

二、专利申请流程

我国发明专利申请流程一般如图 6-1 所示。其中，对实用新型专利和外观设计专利采用形式审查制，没有实质审查程序。

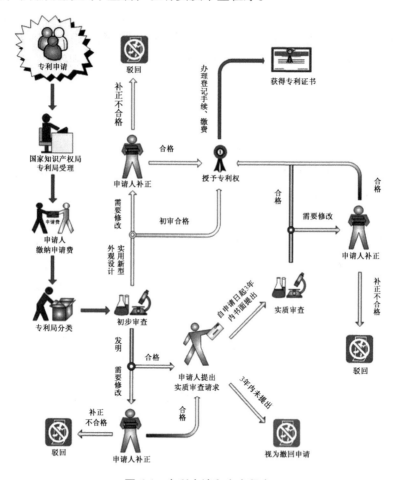

图 6-1　专利申请和审查程序

（一）提出申请

申请发明或者实用新型专利的，应当提交请求书、说明书、摘要及权利要求书等文件。申请外观设计专利的，应当提交请求书、该外观设计的图片或者照片，以及对该外观设计进行简要说明的文件，各一式两份。

国家知识产权局专利局受理处和设在地方的国家知识产权局专利局代办处都可以受理专利申请。

申请人要求优先权的，应当在申请的时候提出书面声明，并且在 3 个月内提交首次专利申请文件的副本；未提出书面声明或者逾期未提交专利申请文件副本的，视为未要求优先权。

（二）行政复议

申请人对国务院专利行政部门不予受理申请的决定不服的，可以在收到不予受理决定后 60 日内向国务院专利行政部门提出复议申请。对复议结果仍然不服的，可以在收到复议决定后 15 日内向人民法院提起行政诉讼。

（三）初步审查

初步审查主要审查申请人是否提交了必要的专利申请文件，以及文件的内容和格式是否符合规定；所申请专利是否明显不符合分案申请原则；在向国外提交专利申请前有没有经过保密审查；等等。

（四）专利复审和专利诉讼

专利申请人对国务院专利行政部门驳回申请的决定不服的，可以自收到通知之日起 3 个月内向国务院专利行政部门请求复审。国务院专利行政部门复审后，作出决定，并通知专利申请人。专利申请人对复审决定不服的，可以自收到通知之日起 3 个月内向人民法院起诉。

（五）公布

经初步审查认为符合《专利法》要求的，自申请日起满 18 个月，即行公布。国务院专利行政部门也可以根据申请人的请求提早公布其申请。

（六）请求实质审查

我国对发明专利采取"早期公开、延迟审查"制度。发明专利申请可以在申请日（有优先权时，指优先权日）起 3 年内随时提出实质审查请求，超过 3 年不提出实质审查请求的视为撤回专利申请。国务院专利行政部门可以在认为必要的时候，自行对发明专利申请进行实质审查。企业在专利申请提出后如果认为该技术市场前景不大，可以放弃专利申请，不提出实质审查请求。这样可以免去实质审查费用和授权后的维持费用。

（七）实质审查

实质审查的内容主要包括：权利要求书和说明书的撰写是否符合《专利法》的规定；申请人对申请文件的修改是否超出原说明书和权利要求书的记

载范围；申请的主题是否属于《专利法》保护的客体；申请的主题是否符合新颖性、创造性和实用性标准；申请的主题是否符合单一性原则；是否存在重复授权的情况。

（八）办理登记

国务院专利行政部门发出授予专利权的通知后，申请人应当自收到通知之日起 2 个月内办理登记手续。期满未办理登记手续的，视为放弃取得专利权的权利。

三、专利费用缴纳

（一）申请费

专利的申请费的缴纳期限是自申请日起算 2 个月内。与申请费同时缴纳的费用还包括发明专利申请公布印刷费、申请附加费。要求优先权的，应同时缴纳优先权要求费。未在规定的期限内缴纳或缴足的，专利申请将视为撤回。

说明书（包括附图）页数超过 30 页或者权利要求超过 10 项时，需要缴纳申请附加费，金额以超出页数或者项数计算。

优先权要求费的费用金额以要求优先权的项数计算。未在规定的期限内缴纳或者缴足的，视为未要求优先权。

具体参见表 6-1。

表 6-1　申请费

单位：元

费用	发明	实用新型	外观设计
申请费	900	500	500
文件印刷费	50	—	—
说明书附加费从 31 页起每页	50	50	50
说明书附加费从 301 页起每页	100	100	100
权利要求附加费从 11 项起每项	150	150	150
优先权要求费每项	80	80	80

（二）实质审查费

申请人要求实质审查的，应提交实质审查请求书，并缴纳实质审查费，如表 6-2 所示。实质审查费的缴纳期限是自申请日（有优先权的，自最早优先权日）起 3 年内。未在规定的期限内缴纳或缴足的，专利申请视为撤回。

表 6-2　实质审查费

单位：元

费用	发明
实质审查费	2500

（三）复审费

专利申请人对国务院专利行政部门驳回申请的决定不服，提出复审的，应提前交复审请求书，并缴纳复审费，如表 6-3 所示。复审费的缴纳期限是自申请人收到驳回决定之日起 3 个月内。未在规定的期限内缴纳或缴足的，复审请求视为未提出。

表 6-3　复审费

单位：元

费用	发明	实用新型	外观设计
复审费	1000	300	300

（四）恢复权利请求费

申请人或者专利权人请求恢复权利的，应提交恢复权利请求书，并缴纳费用，如表 6-4 所示。该项费用的缴纳期限是自当事人收到终止通知书之日起 2 个月内。

表 6-4　恢复权利请求费

单位：元

费用	发明	实用新型	外观设计
恢复权利请求费	1000	1000	1000

（五）延长期限请求费

申请人对国务院专利行政部门制定的期限请求延长的，应在原期限届满日之前提交延长期限请求书，并缴纳费用，如表 6-5 所示。对一种指定期限，限延长两次。

表6-5　延长期限请求费

单位：元

费用	第一次延长期每月	再次延长期每月
延长期限请求费	300	2000

（六）著录项目变更手续费及其他费用

著录项目变更手续费、专利权评价报告请求费、中止程序请求费、无效宣告请求费、强制许可请求费、强制许可使用裁决请求费的裁决请求费的缴纳期限，是自提出相应请求之日起1个月内。具体缴费标准如表6-6所示。

表6-6　著录项目变更手续费及其他费用

单位：元

费用	发明	实用新型	外观设计
著录项目变更手续费： 发明人、申请人、专利权人变更	200	200	200
专利代理机构、代理人委托关系变更	50	50	50
专利权评价报告请求费		2400	2400
中止程序请求费	600	600	600
无效宣告请求费	3000	1500	1500
强制许可请求费	300	200	—
强制许可使用裁决请求费	300	300	—

第二节　国外专利申请途径

专利权具有地域性，即向国务院专利行政部门提交的申请在中国地域范围内有效，向某个国家或者组织提出的专利申请有望获得其相应的地域范围内的授权。申请人需要根据企业产品市场的区域分布，分别申请中国专利或其他某个国家或者地区的专利。

值得注意的是，根据《中华人民共和国专利法实施细则》（以下简称《专利法实施细则》）第八条的规定，任何单位或者个人将在中国完成的发明或者实用新型向外国申请专利的，应当事先报经国务院专利行政部门进行保密审查，以维护国家安全和重大利益。委托代理机构办理的，代理机构一般会代为申报。

在现阶段，中国的申请人向国外申请专利主要有两种途径：一是《巴黎公约》途径，二是 PCT 途径。

一、《巴黎公约》途径

申请人若想获得多个国家的专利，应先在中国进行首次申请，并自该首次申请日（优先权日）起 12 个月内分别向多个国家专利行政部门提交申请文件，并缴纳相应的费用。在相应国家获得授权后，专利权自向该国家递交申请文件的日期起有效。

二、PCT 途径

申请人直接向国务院专利行政部门提交一份 PCT 申请，其提交日即为国际申请日。要求优先权的，应自优先权日起 12 个月内提出。申请人可以自优先权日起 30 个月内向欲获得专利的成员国专利行政部门提交专利申请文件的译文，并缴纳相应的费用，启动进入相应国家的审查程序。在相应国家获得授权后，专利权自国际申请日起有效。PCT 申请旨在简化国际申请的手续。不过，企业只能对发明和实用新型提交 PCT 申请。

（一） PCT 申请的流程

1. 国际阶段

（1）优先权

和国内申请一样，企业可以在 PCT 申请中援引优先权。

（2）申请

企业的 PCT 申请，一般应向国务院专利行政部门提出。申请文件包括一份请求书、一份说明书、一项或多项权项、一幅或多幅附图（如果需要），以及一份摘要。提交的文件必须使用中文或者英文撰写。企业提出 PCT 申请时，应当报经国务院专利行政部门进行保密审查。

（3）国际检索

每一项 PCT 申请都需要经历国际检索阶段。企业一般选择由国务院专利行政部门对 PCT 申请进行国际检索，目的是确认现有技术中是否存在和国际申请相同的发明创造。国务院专利行政部门会在 3 个月内制作出检索报告。国际检索不具有法定效力，但是企业可以根据国际检索的结果判断所申请的技术方案是否有可能获得授权。如果国际检索报告明确表示存在现有技术，那么企业应尽早结束 PCT 申请流程，节省费用支出。

（4）国际公布

如果企业在国际局做好公布准备之前撤回了专利申请，那么该申请将不予以公布，此时企业仍能将此技术方案作为商业秘密加以保护。

（5）国际初步审查

申请人应在收到国际检索报告之日起 3 个月内或者自优先权日起 22 个月内提交国际初步审查请求。国际初步审查的目的是选出具有新颖性、创造性和实用性的专利技术方案。国际初步审查的意见仅供申请人参考，不具有约束力。申请人也可以不提交国际初步审查申请，直接要求进入国家阶段。

需要注意的是，国际初步审查是 PCT 申请的可选程序，进入该流程需要支付费用。要求国际初步审查有一定的好处：一是企业可以更深入地了解该申请获得专利授权的可能性；二是如果权利人指定了专利审查水平较弱的国家或地区，则国际初步审查报告可能会成为进入国家阶段时，该国进行实质审查的参考依据。这样一来，只要国际初步审查意见对企业有利，企业获得专利授权的可能性就将大增。

2. 国家阶段

PCT 申请并不是自动进入国家阶段的，申请人必须在规定的时间内办理进入选定国国家阶段的手续。不同国家对进入国家阶段的时间节点要求也不同，需视各国立法而定。以我国为例，通过 PCT 途径进行申请，无论是否请求国际初步审查，申请人都必须在优先权日起 30 个月内进入我国国家阶段。

PCT 并没有提供实体上的审查标准，各个选定国会根据本国法律对专利申请进行实质审查。一旦审查通过，授予的专利权与通过传统专利申请途径获得的专利权具有同等效力。

（二）PCT 申请的优势

1. 申请手续便捷

企业如果想要在多个国家申请专利，按照传统的《巴黎公约》途径，需要分别向多个专利行政部门提交专利申请，且申请文件一般要以当地语言撰写。这样的程序无疑非常烦琐。如果采用 PCT 途径，申请人只需要向国务院专利行政部门提交一份申请文件，免除了将申请文件翻译成多国文字的麻烦。

2. 推迟了进入国家阶段的时间

通过 PCT 途径，进入国家阶段的时间是首次提交专利申请后的 30 个月。

这使得企业可以利用这段时间对市场和商业前景做进一步调查，从而确定是否继续在该国寻求专利保护。

3. 费用相对较低

由于 PCT 申请可以将实质审查推迟到首次申请日起 30 个月，企业能有更多的时间考虑是否要向目的国提出进入国家阶段的请求。如果按照《巴黎公约》途径申请国际专利，必须在首次申请后 12 个月内进入国家阶段。假使企业向国外提出专利申请后又改变了经营策略，放弃该国市场，那么申请时所支付的各项费用，包括代理费用，就都打了水漂。采用 PCT 途径能降低这种风险。

此外，通过 PCT 途径申请专利，只需要提交一份专利申请文件，无须到各个国家分别委托代理机构提交申请，也免去了将申请文件翻译成各国文字的麻烦，企业由此可以节省一笔代理费和翻译费。

PCT 申请各项缴费标准如表 6-7 所示。

表 6-7　PCT 申请费用

世界知识产权组织收取的费用（单位：瑞士法郎）	
国际申请费	1330 如果符合情况可以减缴国际申请费
手续费	200
国家知识产权局收取的费用（单位：人民币）	
传送费	500
检索费	2100
检索附加费	2100
后提交费	200
优先权文件费	150
回复优先权请求费	1000
初步审查费	1500
初步审查附加费	1500
单一性异议费	200
副本复制费（每页）	2

第三节　判断是否申请专利

随着科学技术的发展，知识产权在企业创新发展过程中的作用日益凸显。以技术创新成果为内核的专利技术日益成为企业在市场竞争中的重要手段，进而构成企业核心竞争优势的关键性战略资源。企业在运用专利参与竞争时，专利储备的质量和数量将成为制胜基础。但并不是所有创新技术都适合申请专利，关于是否需要以专利的形式对技术加以保护，企业需要根据自身实际情况进行综合判断。

一、专利与商业秘密的保护特点

（一）保护范围

专利在保护范围方面具有强排他性效力，禁止其他人未经许可实施专利技术或产品。即便他人实施了完全自主开发的技术或产品，但只要落入已授权专利的保护范围，就会构成侵权。商业秘密保护仅禁止他人以非法手段获取商业秘密、泄露商业秘密或者违反保密义务，并没有限制他人对通过反向工程或者以合法手段获得的技术加以利用。

（二）保护期限

保护期限方面，发明专利是 20 年，实用新型专利是 10 年，外观设计专利是 15 年。商业秘密则只要处于保密阶段，就可以持续受到保护。

（三）保护成本

成本方面，专利的申请和维持费用相对较高，尤其是在国外寻求保护的情况下。与商业秘密保护相关的费用一般包括内部的管理成本和保持机密信息物理安全的花费，无法定量计算。

（四）保护风险

对于专利来说，风险在于不一定能成功获得授权，即便获得授权也面临被宣告无效的情况，且发明创造的技术内容必须公开，可能会增加他人对现有技术进行再造、迂回设计或者改进研究的风险。对于商业秘密而言，风险在于技术成果可能会因疏忽而公开，导致商业秘密权利丧失。技术成果可能会被他人以反向工程等方式发现，然后因他人申请了专利而限制自身对该技术成果的利用。

（五）实施和救济

如果第三方未经许可实施了专利技术，权利人可以向法院起诉，要求对方采取停止侵害、损害赔偿等补救措施，在必要情况下还可以提出财产保全和证据保全请求。如果商业秘密受到侵犯，权利人可以请求行政机关责令侵权人停止违法行为，并要求侵权人对侵权行为造成的损害予以赔偿，也可以以侵犯商业秘密为由提起侵权和违约诉讼。

（六）各阶段状态及法律保护

技术成果在不同的时间段具有不同的法律属性，享受不同的法律保护。

一项技术成果在公开之前属于商业秘密，此时以商业秘密的形式受到保护。技术成果所有人可以对他人以非法手段获取技术、泄露以非法手段获取的技术或者违反保密协议泄露技术的行为提起诉讼。技术成果在提交专利申请后属于申请中的专利技术，该申请有可能成为在后专利申请的抵触申请，具有钳制在后申请的作用。技术成果在获得专利授权之后属于专利技术。此阶段为权利存续阶段，专利权人有权禁止他人为生产经营目的制造、使用、许诺销售、销售、进口其专利产品，或者使用其专利方法，以及使用、许诺销售、销售、进口依照该专利方法直接获得的产品。

在专利权终止后，技术成果会进入公有领域，任何人都可以免费使用。除了权利期限届满，权利人自行放弃、被宣告无效、未按时缴纳年费都有可能导致专利权终止。

二、专利与商业秘密的保护形式

在明确了专利和商业秘密的特点后，就要针对具体的技术成果，综合考虑以下因素，选定合适的保护形式。

（一）生命周期

对技术周期小于 3 年或大于 20 年的技术成果，用商业秘密的形式进行保护更为合理。

（二）是否易被反向工程破解

如果产品进入市场后很难被反向工程破解，那么企业采用商业秘密保护方式可以创造更大的收益。

例如，法国一家公司在 20 世纪初发明了一种玻璃纸的生产方法，但并未申请专利。美国杜邦公司花费了多年时间，投资数百万美元，试图研制出该生产方法，却一直没有成功。对这种技术，企业可以采用商业秘密的保护模式；对某些一点就破的技术，还是申请专利更为合适。

（三）应用前景

专利申请和维持需要较高的花费，在申请专利前，企业管理者应对技术的市场前景进行评估。如果没有良好的市场预期，申请专利并非合适的选择。

（四）创造性程度

创造性程度较低的技术，不容易获得专利授权，盲目提交专利申请反倒会使技术处于公开状态，方便竞争对手使用。此时将技术作为商业秘密加以保护更加合适。

需要注意的是，专利和商业秘密这两种保护模式并不是截然对立的。一方面，在技术或市场逐渐成熟时，企业可以对原本作为商业秘密保护的技术提交专利申请。另一方面，专利申请文件未必会列明该技术实施过程中的所有细节，那些未公开的技术诀窍仍应作为企业的商业秘密被加以保护。

例如，某专利资料介绍说，加入某种化学溶液可以生产出某种产品。若"一滴一滴缓慢加入"该化学溶液，就会生产出优质产品，那么"一滴一滴缓慢加入"就是企业的技术诀窍，很可能成为该企业产品区分于其他企业产品的关键，因此要严密保护。

> **经典案例 6-1**
>
> 可口可乐公司一直坚持用商业秘密保护其配方。正是可口可乐配方的难以被反向工程破解，造就了可口可乐公司的成功。如果当年可口可乐公司对配方提出专利申请，那么根据美国的专利法规，该配方只能获得较短期限的排他性保护，任何人在保护期限过后都可以免费根据该配方制造饮料。如果真是这样，可口可乐公司未必会像今天这样辉煌。通过以商业秘密的形式保护配方，可口可乐公司独占该项技术 100 多年，这是专利制度所不能达到的保护期限。可见，如果不能从制度上杜绝泄露技术秘密，那么不妨采用其他保护方式。

经典案例6-2

　　某公司研制出了一种钴铬合金的肾动脉支架。相关分析发现，该成果不仅规避了其他公司的专利，而且比其他公司的专利技术效果更好。因此，该公司对研发成果申请了全方位保护的专利：对钴铬合金支架的制造方法，可以申请发明专利；对钴铬合金肾动脉支架的整体结构，可以申请实用新型专利；对钴铬合金肾动脉支架的外形，可以申请外观设计专利。该公司迅速选用适当类型的专利来保护研发成果，能够有效避免竞争对手对其研发成果的模仿和抄袭。

经典案例6-3

　　安徽万燕公司曾因推出"中国第一台VCD机"而名噪一时。已经开创出一个市场并拥有一整套成熟技术的万燕公司本应占有独霸VCD机市场的绝对优势，然而错误的知识产权保护决策使其在VCD机生产销售情况大好时丧失了绝对优势。当时万燕公司过分轻视对手的研发能力，并没有就VCD机的生产技术提交专利申请。让万燕公司没有想到的是，竞争对手购买了其销售的VCD机，并迅速破解了相关技术，生产出同样的产品，蚕食了万燕公司的市场。万燕公司惨痛的教训告诉我们，当技术成果很容易就能被对手通过拆解、分析的手段获取时，应当及时申请专利，获取排他性权利。

三、主动公开技术信息

　　当然还有一种特殊的情况，即企业不打算申请专利，但又担心其他公司获得专利授权而对本企业的经营造成威胁。此时，企业可以选择将技术内容予以公开，削减竞争对手专利申请的新颖性。

　　例如，IBM公司自1950年开始自行出版技术公报，每月都会公开一些未申请专利的发明。按照专利申请的基本原则，这些已经被公开的技术发明不再符合申请专利的实质性条件，其竞争对手也同样失掉了在此方面继续做文章的可能。

第四节 专利申请策略

一、进行专利申请前的准备

专利申请是获得专利权的前提。企业在申请专利之前，需要根据企业自身技术研发方向、市场战略定位、行业竞争状况及合作方对项目知识产权保护状况要求等因素，对创新成果的保护形式、专利申请类型、专利申请提交时间、在中国申请还是向国外申请，以及核心专利和外围专利的布局等方面进行准备和分析。一方面，企业需要选择适当的保护方式，充分利用创新成果为企业参与市场竞争服务；另一方面，企业需要确保自身资源投入合理的领域并获得预期的回报。

（一）专利初步检索

本章所述的专利初步检索，是指专利申请前针对企业研发项目相关主题进行的新颖性检索。专利初步检索的主要目标是检索与企业的技术或者产品方案密切相关的专利。在检索过程中，需要通过对技术或者与产品方案相关的技术进行理解和分析，确定该方案的技术构成，列出该方案中可能存在侵权风险的所有技术点，并对每一个技术点提取必要的技术特征。再根据这些技术特征选择检索要素，构造初步的检索式。在初步检索的基础上，要进一步完善对技术点的理解，重新总结技术点的特征和特征表达方式，修正检索式。最后，根据修正后的检索式完成检索，采集有关的专利情报和信息（见图6-2）。

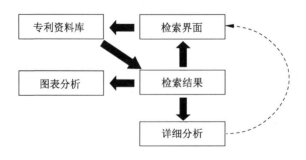

图6-2 专利检索流程

（二）专利挖掘

专利挖掘指在技术研发或产品开发中，对所取得的技术成果从技术和法律层面进行剖析、整理、拆分和筛选，从而确定用以申请专利的技术创新点的技术方案。简单来说，就是从创新成果中提炼出具有专利申请和保护价值的技术创新点和方案。专利挖掘是开展专利管理工作的基础，也是进行专利布局、构建专利组合的前提。通过规范化的专利挖掘机制和流程，能够帮助企业为其创新技术成果提供更为全面、有效的保护。

对于企业而言，做好专利挖掘有利于实现法律权利和商业收益最大化、专利侵权风险最小化的目标。

企业专利管理人员在进行专利挖掘时应当避免以下误区。

第一，一件产品等于一件专利。

一件专利是一个解决某一技术问题的技术方案。一件产品可能存在多个发明点。一个发明点就是针对现有问题所作的一种改进或创新，对应一个技术方案或一件专利。因此，一件产品可能对应多件专利。同时，一件文献撰写得当的专利可以保护一系列产品，甚至覆盖整个技术链、产业链的产品。

第二，方案简单就没有专利性。

技术方案简单并不代表没有技术创新。对于构思巧妙、实现方式简单的发明创造，更应该通过专利保护来对抗竞争对手的仿制和改进。

□ 经典案例 6-4

在现有技术中，包装袋用于微波加热时存在因膨胀压力而使袋子破裂、内装物飞溅的风险。有发明人发明了一种包装袋，如图 6-3 所示。在袋体气压过高时，粘接部 105 处应力首先发生粘接破坏而打开，继而边缘密封部 104 也因材料破坏而打开，从而形成开口，起到释放压力的作用。该方案采用的技术手段是在边缘密封部附近形成应力集中点，从而借助于应力集中引起边缘密封部的材料破坏。

专利挖掘时可以扩展到借助上述技术手段解决问题的其他方案，如图 6-4 所示。

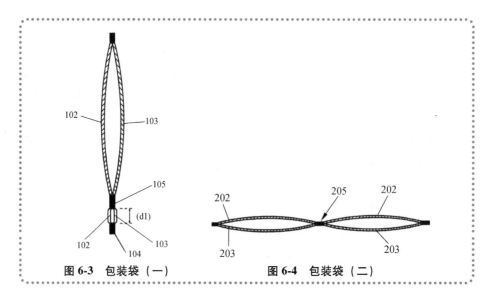

图 6-3　包装袋（一）　　　　图 6-4　包装袋（二）

（三）专利布局

专利布局指企业综合产业、市场和法律等因素，对专利进行有机结合，构建严密、高效的专利保护网，最终形成对企业有利的格局。

在企业实施专利布局时，需要关注地域布局，还需要从产品和技术的角度去规划适合自己的专利布局策略。不同的产品所占市场规模、竞争情况、销售区域等因素都存在很大差异，未来发展的方向也不尽相同。在产品层面上进行专利布局，根据不同产品选取不同的布局策略，可使企业专利申请更有效、更系统、更具针对性，相关专利也可以发挥更大的作用。

◻ 经典案例 6-5

富士康公司生产的一种内存和线路板的连接器约 1 厘米宽、5 厘米长，布满 400 多个针孔般的小洞。产品本身价值只有 2 美元，但是拥有 8000 多件专利，涵盖了材质、固定角度、散热方式和模具制造等各个方面。连接器作为非常赚钱的产品，是富士康公司做大做强的基石。这个案例说明核心技术的充分挖掘和保护将形成难以攻破的市场壁垒。

□ **经典案例 6-6**

　　美国某公司在 1979 年对图形用户界面技术及时申请专利，就是将专利申请作为技术储备的一个典型例子。该公司的这项技术后来构成了苹果Mac 和微软 Windows 的个人电脑操作系统的基础，但是当时该公司管理层根本没有料到个人电脑会有广大的市场。

□ **经典案例 6-7**

　　2008 年德国汉诺威工业博览会上，大批中国电子厂商由于涉嫌侵权而被卷入民事诉讼，甚至面临刑事诉讼。出现这种情况，很大的原因是中国厂商不注重专利保护和专利的地域布局，同时对竞争对手的专利布局情况缺乏了解。由此可见，盲目进入一个新的市场存在很大的法律风险。

　　通过专利申请前的准备，企业可以实现以下几个方面的目的。

　　第一，区分出某一技术是否需要利用专利方式进行保护，确保技术秘密不被公众公知，保持企业技术领先优势。

　　第二，对技术方案进行专利初步检索分析，及时发现和获知专利风险，避免重复劳动并最大限度地避免专利纠纷。

　　第三，多角度分析和挖掘，确定核心专利和外围专利，构建合理的专利池，促进企业在市场竞争中占据有利竞争地位。

　　第四，对专利申请费用进行预算，在企业科研经费中预留合理费用，保障核心专利的申报，实现收益最大化。

二、研究可专利性

　　在确定进行专利保护之后，需要考虑相关技术是否符合要求。

（一）技术成果是否为可授权情形

　　不授予专利权的情形通常包括三种。

　　第一种情形，是对不符合有关专利保护客体规定的发明创造不授予专利权。以发明专利申请为例。《专利法》所称发明，是指对产品、方法或者其改进所提出的新的技术方案。这是对可申请专利保护的发明客体的一般性定义。例如，有一种由单频激光器发出的稳定频率的激光，激光作为一种能量本身不受《专利法》保护，但其发生装置或产生方法为可授予专利权的客体。也就是说，气味或者诸如声、光、电、磁、波等信号或者能量不符合有关专利保护客体的规定。图形、平面、曲面、弧线等本身不符合有关专利保护客体的规定，但是具有图形、平面、曲面、弧线等的产品属于可授权专利权的客体。

第二种情形，是对违反法律、社会公德或者妨害公众利益的发明创造不授予专利权。对违反法律、行政法规的规定获得或者利用遗传资源并依赖该遗传资源完成的发明创造，不授予专利权。

例如，一种能够使人双目失明的喷剂，该主题不能被授予专利权，因为这种喷剂会对人身造成伤害，其实施违反法律。

第三种情形，是对下述各项不授予专利权：① 科学发现；② 智力活动的规则和方法；③ 疾病的诊断和治疗方法；④ 动物和植物品种；⑤ 原子核变换方法及用原子核变换方法获得的物质；⑥ 对平面印刷品的图案、色彩或者二者的结合作出的主要起标识作用的设计。

例如，有一种通过测定分析物的胃蛋白酶原 I、胃泌素和幽门螺杆菌感染标志物来诊断萎缩性胃炎的方法。该方法涉及一种离体样本检测方法，直接目的是诊断该样本主体是否患有萎缩性胃炎，因此属于疾病的诊断方法，不能被授予专利权。

（二）技术成果是否被在先公开或者被在先使用

在技术成果提交专利申请的申请日之前，该技术不能在国内外出版物上公开发表过、在国内外公开使用过或者以其他方式为公众所周知。

三、确定专利申请类型

《专利法》第二条将发明创造划分为发明、实用新型和外观设计三种类型，申请人可以选择不同的类型申请专利保护。

如表 6-8 所示，发明和实用新型在保护客体、审查制度、审批流程、费用、保护强度及保护期限方面均有所不同。

表 6-8　发明和实用新型的区别

比较项目	发明	实用新型
保护客体	产品或者方法	产品
审查制度	实质审查制	初步审查制
审批流程	较长	较短
费用	较高	较低
保护强度	强	弱
保护期限	20 年	10 年

通常，同样的发明创造只能授予一项专利权，但是，同一申请人同日对同样的发明创造既申请实用新型又申请发明专利，先获得的实用新型专利权尚未终止，且申请人声明放弃该实用新型专利权的，可以授予发明专利权。需要强调的是，在申请专利时，申请人必须声明同时申请了发明和实用新型，之后才有选择放弃该实用新型选择发明的权利。借由这样的制度，对于既可以申请发明专利又可以申请实用新型专利的技术方案，申请人可以在同一日就该技术方案提出两种专利申请，即我们俗称的"一案双申"。

外观设计专利与实用新型专利的本质区别在于：外观设计专利保护产品的外观，实用新型专利保护产品的内部或者外部结构。

第五节　技术交底书

技术交底书是企业技术人员针对其技术创新成果所提供的技术资料，以便将需要申请专利的技术呈现给专利代理机构或企业专利部门。专利代理机构的专利代理师或企业专利管理人员通过技术交底书了解相关内容，并按照法律要求撰写和完善专利申请文件。技术交底书可以被看作企业技术人员与专利代理师或企业专利管理人员之间的桥梁，是撰写专利申请文件的基础。

一、技术交底书的内容

技术交底书的基本包括三个方面：① 清楚描述现有技术及其缺点；

② 清楚描述发明采用的技术方案；③ 清楚描述发明技术方案的有益效果。在满足上述要求的前提下，技术交底书还需要提供一些更详细的信息：① 提供相关实施例；② 提供产生有益效果的原因；③ 提供附图并详细描述附图。

一份好的技术交底书应当清楚、完整地记载发明创造的内容，如有必要，应该提供图示。特别是对涉及机械和电路结构的发明创造来说，图示往往比单纯的文字描述更能清楚反映要点。一份完整的技术交底书一般包括六个部分。

第一，发明或实用新型名称。要清楚、简要、全面地反映要求保护的发明或者实用新型的主题和类型。

第二，所属技术领域。要说明要求保护的技术方案所属或者直接应用的具体技术领域。

第三，背景技术及其缺陷。背景技术指对发明创造的理解、检索、审查有用的技术，是作出发明技术方案的基础，可以在技术交底书中引证反映背景技术的文件。此外，还要客观地指出背景技术存在的问题和缺点，引证文献资料的，应写明出处。

第四，发明的目的，即所要解决的技术问题。应当针对现有技术存在的缺陷或不足，用简明、准确的语言写明发明所要解决的技术问题，也可以进一步说明其技术效果。不得采用广告式宣传用语。

第五，发明内容和最佳实施方式。这是对其要解决的技术问题所采取的技术措施的集合，应针对最佳实施方式进行详细描述。

第六，有益效果，即和现有技术相比具有的优点及积极效果。它是由技术特征直接带来的或者由技术特征产生的必然技术效果。

二、技术交底书的作用

发明人要以技术交底书的形式记载其发明创造的原始内容，阐明发明创造的发明背景、所要解决的技术问题、技术方案、区别于现有技术的有益效果、具体实施方式等。技术交底书能让专利代理师或企业专利管理人员理解发明创造的内容、构思和所涵盖的范围，从而撰写出符合《专利法》要求且经得起审查的专利申请文件。高质量的技术交底书可以提高专利申请文件的撰写质量，并有助于缩短审查程序。

第六节　专利代理

企业可以根据自身情况选择自己提交专利申请和办理其他专利事务，或者委托专利代理机构负责专利申请和管理。

一、对专利代理机构的相关规定

专利代理机构是由国务院专利行政部门批准设立，可以接受委托人的委托，在委托权限范围内以委托人的名义办理专利申请或其他专利事务的服务机构。《专利代理管理办法》对专利代理机构及其办事机构的设立、变更、停业和撤销作了相应的规定。例如，专利代理机构的组织形式为合伙制专利代理机构或者有限责任制专利代理机构，合伙制专利代理机构应当由 3 名以上合伙人共同出资发起。

《专利法》第十八条第一款规定："在中国没有经常居所或者营业所的外国人、外国企业或者外国其他组织在中国申请专利和办理其他专利事务的，应当委托依法设立的专利代理机构。"在审查中发现上述申请人申请专利和办理其他专利事务未委托专利代理机构的，将通知申请人补正，以委托专利代理机构办理后续的专利事务。申请人在规定期限之内不补正的，依照《专利法实施细则》，以不符合《专利法》第十九条第一款规定为理由驳回该专利申请。

委托的双方当事人是申请人和专利代理机构。申请人为 2 名以上时，双方当事人是全体申请人和共同的一家专利代理机构。专利代理机构接受委托后，应当指定该专利代理机构的专利代理师办理有关事务，被指定的专利代理师不得超过 2 名。单位或个人委托不符合规定的，国务院专利行政部门将通知专利代理机构在指定期限内补正，期满未补正的，视为未委托专利代理机构。

二、选择专利代理的原因

首先，专利事务专业性非常强，需要既懂法律又懂技术，而中小企业大都没有具备这种资质的工作人员。

其次，权利要求书和说明书是专利申请的核心，专利文件在尽可能扩大保护范围的同时又要避免权利要求因缺乏新颖性或创造性而被驳回。另外，专利申请书既要做到充分公开技术，又要保留实施该技术的诀窍，可以说既是技术文件又是法律文件。因此，专利申请书对撰写人的专业背景和经验提出了较高要求，宜由专业人员撰写。

最后，专利申请程序性很强，需要频繁与专利行政部门交涉并呈递文件。企业自行处理这些事务需要投入很大精力，委托专利代理机构可以省去这些麻烦。

三、选择专利代理机构的原则

如何选择专利代理机构？这是很多企业或者个人非常头痛的问题。专利代理机构的能力在专利的申请过程中至关重要。在选择专利代理机构时，需注意以下几点。

（一）专利代理机构的代理资质

专利代理机构的主要业务是代理专利申请，同时也代理专利技术交易，充当专利技术交易"门市部"的角色。有不少专利代理机构还开展专利维权服务。专利代理机构需要有专门针对专利业务的代理资质。如果选择的是不具备专利代理资质的事务所、代理公司或者网络平台（俗称"专利黑代理"），会造成很多专利纠纷及法律问题。一般的律师事务所和商标代理机构如果想要代理专利业务，也需要获得专利代理的资质。专利代理机构的专利代理资质等可在国家知识产权局、中华全国专利代理师协会等网站上进行查询。例如，在中华全国专利代理师协会网站上的"代理机构查询"的检索框输入某专利代理机构名称，即能够查询到该专利代理机构是否有代理资质。

（二）专利代理机构的专业领域和专业水平

所申请专利的专业性非常强，如欲申请通信领域的专利时，应优先考察专利代理机构是否有撰写相关专利申请文件的经验或者是否了解相关行业的人才，考察该专利代理机构以前的客户，以及代理结果数据，如通过率、驳回率等。另外，还需要考察专利代理机构专利代理师的各项技术指标，如专利挖掘能力、撰写实践经验、科技研发经历、专业知识、法律意识及外语水平等。

（三）专利代理师的专业素养

专利代理师应该能专业地限定申请人权利要求的保护范围，并为申请人争取最大化利益。具体来说，专利代理师至少应具备以下要求。

1. 一项以上的理工专业技术背景

理工专业包括信息与通信、电气、电子、光电、微电子、材料、化工、机械、生物、制药等。

2. 足够的实务工作经验并了解发明技术

① 对发明技术及相关背景的理解能力。

② 与发明人的沟通能力。

③ 逻辑和语言能力。

④ 在相关领域的专业素养和实践能力。

⑤ 学习能力。

选择合适的专利代理机构及专利代理师，专利申请就相当于成功了一半。企业在选择专利代理机构时不能把价格作为选择的唯一标准，而要考虑整体性价比。要选择适合本企业技术研发的专利代理机构及专利代理师，为企业谋取专利利益最大化，做好对专利的挖掘及申请，并适当扩展外围技术。

四、委托代理手续的办理

申请人在委托专利代理机构进行专利申请及办理其他专利事务时，需要向国务院专利行政部门提交申请人出具的专利代理委托书，否则专利代理委托视为未提出。

《专利法实施细则》规定，申请人委托专利代理机构向国务院专利行政部门申请专利和办理其他专利事务的，应当同时提交委托书。

委托书应当使用国务院专利行政部门制定的标准表格，写明委托权限、发明创造名称、专利代理机构名称及代码、专利代理师姓名，并应当与请求书中填写的内容一致。

除了委托书外，为了更清楚地界定与专利代理机构的权利义务关系，委托人一般还会与专利代理机构另行签订专利代理委托合同。

五、撤销委托和辞去被委托

申请人委托专利代理机构后，可以撤销委托；专利代理机构接受申请人委托后，可以辞去被委托。撤销委托或者辞去被委托应当事先通知对方当事人，并向国务院专利行政部门申请著录项目变更。办理著录项目变更时，应当附具解聘书或者辞去被委托声明。在变更手续生效之前，专利代理机构为申请人办理的事务继续有效。变更手续合法的，国务院专利行政部门将发出手续合格通知书，通知双方当事人。

第七章 专利权的获得与归属

第一节 专利权证书的取得

一、法律规定

发明专利申请经实质审查没有发现驳回理由的，实用新型和外观设计专利申请经初步审查没有发现驳回理由的，由国务院专利行政部门作出授予发明专利权、实用新型专利权、外观设计专利权的决定。

申请人应当自收到授予专利权的通知之日起 2 个月内办理登记手续。申请人按期办理登记手续的，国务院专利行政部门应当授予专利权，发给相应的专利证书，同时予以登记和公告。专利权自公告之日起生效。申请人期满未办理登记手续的，视为放弃专利权。

二、缴费义务

申请人办理专利登记手续时应当在规定期限内履行缴费义务。缴费表明申请人愿意取得专利权，成为专利权人。企业要注意及时缴费，包括缴纳专利登记费、公告印刷费、专利证书印花税，以及授权当年的年费。正常情况下，年费应在前一年度期满前一个月内预缴。这里所说的年度是指专利年度。从申请日起算，满一年为一个专利年度，与优先权日和授权日无关。授权当年的年费是在办理专利登记手续时缴纳的。例如，一件专利 2010 年 6 月 3 日提交申请，于 2015 年 9 月 1 日被授权，若申请人在办理登记手续时已缴纳 5 个年度的年费，那么应当在 2016 年 5 月 3 日至 6 月 2 日按第六年度年费的标准缴纳第六年度年费。①

---

① 蒋坡. 企业知识产权工作指南［M］. 北京：知识产权出版社，2017：104-105.

第二节　专利权的恢复

一、专利权的丧失与恢复

在专利申请和审批过程中，由于超出《专利法》或者《专利法实施细则》规定的期限或国务院专利行政部门制定的期限，企业可能丧失专利权。

可以恢复专利权的事由主要分为两类：一是由不可抗拒的事情引起；二是有正当理由。

二、恢复专利权的手续

（一）恢复专利权的失效

以不可抗拒的事由请求恢复专利权的，应当在障碍消除后的 2 个月内提出，最迟不得超过被延误的期限届满日起 2 年内；以正当理由请求恢复专利权的，应当在收到国务院专利行政部门的决定之日起 2 个月内提出。

（二）恢复专利权的提出

恢复专利权应以书面形式提出请求，说明理由，并附上证明材料。当事人请求恢复专利权的，应使用国务院专利行政部门统一制订的恢复权利请求书。

（三）缴纳专利恢复权利请求费

恢复专利权时，除了应提交相关材料外，还应同时缴纳恢复权利请求费。

（四）完成尚未完成的行为

当事人在请求恢复权利的同时，应当完成尚未完成的行为，消除造成权利丧失的原因。

办理上诉手续和消除造成权利丧失的原因之后，权利恢复程序开始启动。经国务院专利行政部门审批同意恢复权利的，继续进行专利审查或授权后的程序；对已公告处分决定的，则在专利公报上公告恢复权利。经国务院专利行政部门审批不同意恢复权利的，由国务院专利行政部门作出权利恢复审批决定通知当事人。当事人不服审批决定的，可在收到审批决定之日起 60 日内向国务院专利行政部门提出行政复议。未提出行政复议的，该权利恢复程序终止。

第三节 专利权的归属

一、专利权的归属概述

专利权一般包括专利申请权和专利所有权，而专利所有权又简称专利权。

根据《专利法》的规定，按照不同的情况，专利申请权有不同的归属方式，可以由不同的人享有，专利权则归申请专利的人所有。具体见表7-1。

表7-1 专利申请权与专利权的归属①

发明创造类型	申请权归属	专利权归属
职务发明创造	发明人或设计人的所在单位	申请人
非职务发明创造	发明人或设计人	申请人
合作发明创造	归完成单位共有，另有约定除外	申请人或共同申请人
委托发明创造	归完成人所有，另有约定除外	申请人
合同约定发明创造	若有约定，从其约定	申请人

二、职务发明创造

（一）职务发明的认定

职务发明创造，简称职务发明，发明人或设计人所在的单位有权提出专利申请。职务发明的认定有两个条件，即执行本单位的任务或者主要利用本单位的物质技术条件。一项发明创造，只要符合其中任何一个条件，就应当认定为职务发明。

1. 执行本单位的任务

根据《专利法实施细则》，执行本单位的任务主要包括三种情况。

（1）在本职工作中作出的发明创造

凡是在本职工作中作出的发明创造，都应当认定为执行本单位的任务，属于职务发明。作出发明创造的人即为发明创造人，亦称发明创造的完成人。关于发明创造人的"本职工作"，可以根据以下三个要素综合认定。

---

① 蒋坡. 企业知识产权工作指南［M］. 北京：知识产权出版社，2017：107-108.

第一，发明创造人的工作岗位。该工作岗位由发明创造人与其所在单位在签订的劳动合同中约定。

第二，发明创造人的工作职责。该工作职责是由发明创造人所在单位通过相关的规章制度规定的，且是发明创造人作为本单位的职工所必须履行的。

第三，发明创造人的工作任务。该工作任务是由发明创造人所在单位根据其工作岗位和工作职责通过计划任务书、派工单、工作指令等书面的形式明确交付的。

关于"执行本单位的任务"的认定，要注意以下几点。

第一，既不能将发明创造人的本职工作与其所学的专业和曾接受过的专业训练等混为一谈，也不能与其所在单位的经营范围混为一谈。

第二，执行本单位任务的认定与该项发明创造完成的时间和地点无关，即只要该发明创造的完成与执行本单位的任务有关，无论是工作时间还是休息时间，无论是在本单位内还是在其他地方，都应当予以认定。

（2）履行本单位交付的本职工作之外的任务作出的发明创造

履行本单位交付的本职工作之外的任务作出的发明创造，应当认定为执行本单位的任务，属于职务发明。一般来说，有以下三种情况。

第一，在本单位工作中，接受本单位的临时指派，履行与其本职工作之外的任务作出的发明创造。例如，发明人的本职工作是搞机床设计。如果单位临时指派其从事一项新型绘图桌椅的研发工作，其所作出的有关发明创造虽与其本职工作无关，但是是在执行本单位交付的专门任务。在这种情况下，发明人的研发成果属于职务发明创造。

第二，接受本单位的指派，在外单位履行与其在本单位的本职工作之外的任务作出的发明创造。

第三，接受本单位的指派到外单位工作，接受外单位的临时指派履行与其在本单位的本职工作之外的任务作出的发明创造。

（3）退休、调离原单位后或者劳动、人事关系终止后一年内作出的，与其在原单位承担的本职工作或者原单位分配的任务有关的发明创造。

在这种情况下，所构成的职务发明创造必须同时符合两个要件。

第一，发明创造人在退休、调离原单位后或者劳动、人事关系终止后一年内作出该发明创造。一项发明创造的完成，往往需要长期构思并反复实践的过程，退休、调离原单位的人员一般不可能在离开原单位短期内马上作出发明创造，但是将发明创造人在其退休、调离原单位后相当长的时期内所作的发明创造依然归属其原单位也不尽合理。因此，在平衡各方面利益的基础上，我国法律作出"一年内"的补充规定。

第二，该发明创造与发明创造人在原单位承担的本职工作或者原单位分配的任务有关。如果发明创造人在职期间就已经作出的与其在原单位承担的本职工作或者原单位分配的任务有关的发明创造，等到退休、调离原单位后或者劳动、人事关系终止后一年后以自己的名义申请专利，显然损害了原单位的权益。但是将发明创造人在其退休、调离原单位后或者劳动、人事关系终止后一年内作出的所有发明创造均归属原单位，同样可能会损害发明创造人的权益。为此，我国法律作出"与其在原单位承担的本职工作或者原单位分配的任务有关"的补充规定。

2. 主要利用本单位的物质技术条件

（1）物质技术条件的范围

《专利法实施细则》明确规定了物质技术条件的范围，即"本单位的资金、设备、零部件、原材料或者不对外公开的技术资料等"。

不对外公开的技术资料，一般是指该单位自有的、不公开的技术文件、技术数据等，如技术档案、设计图纸和试验数据等，但是不包括图书馆或者资料室对外公开的情报或资料。

（2）"主要利用"的含义

"主要利用"指发明创造人所完成的发明创造与本单位的物质技术条件的利用之间存在因果关系。一般来说，"主要利用"的认定与物质技术条件的实际利用次数、时间之间并不存在必然关系。

（二）职务发明创造的专利权归属

授权以后，职务发明创造的专利权归申请人所有。有两个以上的单位共同提出申请的，该项专利权归共同申请的单位共同所有。

三、非职务发明创造
（一）非职务发明的认定

非职务发明创造，简称非职务发明，由完成该项发明创造的人享有申请专利的权利。凡是不符合职务发明构成条件的发明创造，都可以被认定为非职务发明创造。

（二）非职务发明创造的专利权归属

授权以后，非职务发明创造的专利权归申请人所有。有两个以上的发明创造人共同申请的，该项专利权归共同申请人所有。

四、专利权归属的约定

（一）约定原则

《专利法》规定，利用本单位的物质技术条件所完成的发明创造，单位与发明人或设计人订有合同，对申请专利的权利和专利权的归属作出约定的，从其约定。

发明创造是发明人或设计人长期艰辛的智力劳动所获得的成果，为了权衡发明人或设计人与其所在单位之间的权益，对于利用本单位的物质技术条件所完成的发明创造，如果发明人或设计人与其所在单位之间对其专利申请权及专利权的归属另外订有合同、作出明确约定的，则可以按照双方的约定执行。

（二）约定归属的方式

通过合同约定的形式确定权利归属的方式有三种。

第一，双方可以约定，申请权及专利权由发明人或设计人享有。

第二，双方可以约定，申请权及专利权由发明人或设计人所在的单位享有。

第三，双方可以约定，申请权及专利权由发明人或设计人与其所在的单位共同享有。

（三）约定原则的应用

约定原则在实际应用时，需要注意以下问题。

第一，可以适用上述约定原则的情形仅限于发明人或设计人利用本单位的物质技术条件完成的发明创造。

第二，在这一情况下，虽然双方当事人通过合同的方式约定了权利的归属，但是这并不能改变该项发明创造的职务发明的基本属性。双方当事人的相关约定只是双方协商同意将本来应当由发明人所在的单位享有的专利申请权及授权后的专利权，选择上述三种归属方式中的某一种方式执行。

第三，合同约定时必须以诚实、信用、自愿、平等为原则，不得存在欺诈、胁迫、显失公平、违反法律或危害公共利益的情形。

第四，对于通过非法行为、手段获得的专利申请权及专利权，应认定为无效。

五、合作（协作）发明创造

（一）合作（协作）发明创造及其构成条件

合作（协作）发明创造，简称合作（协作）发明，指企业、研究机构、高等院校、其他组织、个人之间为了实现技术研发的共同目标，以资源共享或优势互补为前提，签订合作（协作）开发合同，约定在技术创新的全过程或某些环节上共同投入、共同参与、共享成果、共担风险，实施联合创新行为而获得的技术创新成果。合作（协作）发明创造应当符合以下条件。

第一，参与合作（协作）发明创造的各方当事人之间签订有合作（协作）协议，并且按照约定充分地享有权利、履行义务。

第二，合作（协作）发明创造的各方当事人按照合同约定参与技术研发，并且对发明创造的实质性特点作出过创造性贡献。

第三，合作（协作）发明创造的技术成果应当符合《专利法》关于发明创造的基本条件，属于可以授予专利权的技术方案或者设计方案。

第四，合作（协作）发明创造的技术成果由根据合同约定或法律规定的有权申请专利的人提出专利申请。

（二）合作（协作）发明创造的专利权归属

如果合作（协作）发明创造的各方当事人在合作（协作）协议中对其合作（协作）发明成果申请专利有约定，按照当事人的约定提出专利申请。授权以后，专利权归申请人所有。

如果合作（协作）发明创造的各方当事人事先既没有在合作（协作）协议中约定，事后也未能达成相关约定，或者虽然各方当事人之间已有约定，但是约定得不清楚、不明白，无法确定权利归属，按照《专利法》的规定，完成该项发明创造的各方当事人共同享有专利申请权。授权以后，专利权归申请人所有。

如果合作（协作）发明创造的各方当事人中有一方当事人声明放弃其共有的专利申请权，可由另一方当事人单独申请，或者由其他各方共同申请。授权以后，专利权归申请的一方当事人所有，或者归共同申请的其他各方当事人所有。

合作（协作）发明创造被授予专利权后，共有人可以单独实施或者以普通许可的方式许可他人实施该专利，收取的使用费应当在共有人之间分配。放弃专利申请权的一方当事人可以免费实施该专利。

合作（协作）发明创造的各方当事人中的一方当事人转让其共有的专利

申请权或者专利权，另一方或其他各方享有以同等条件优先受让的权利。

如果合作（协作）发明创造的各方当事人中有一方当事人不同意申请专利的，另一方当事人或者其他各方当事人不得申请专利。

如果合作（协作）发明创造人分别属于不同企业或创新成果属于不同个人，且没有约定成果的归属，或者约定得不清楚、不明白，无法确定权利归属，则由该企业和个人共同享有专利申请权。

六、委托发明创造

（一）委托发明创造的认定

委托发明创造，简称委托发明，指企业作为一方当事人所有委托其他企业、研究机构、高等院校、其他组织、个人等另一方当事人就指定的目标进行技术研发所获得的技术创造成果。委托发明创造应当符合以下条件。

第一，委托他人进行技术研发的一方当事人为委托方，接受他人委托进行技术研发的一方当事人为研发方。双方当事人应当就该研发活动的委托签订委托研发协议，并且按照协议约定充分地享有权利、履行义务。

第二，委托方应当按照约定支付研究开发经费和报酬，提供技术资料、原始数据，完成协作事项，接收研究开发成果等。研发方应当按照约定制定和实施研究开发计划，合理使用研究开发经费，按期完成研究开发工作，交付研究开发成果，研发方要提供有关的技术资料和必要的技术指导，帮助委托方掌握研究开发成果等。

第三，技术成果按照约定应当符合《专利法》关于发明创造的基本条件，属于可以授予专利权的技术方案或者设计方案。

第四，技术成果由合同约定或法律规定有权申请专利的人提出专利申请。

（二）委托发明创造的专利权归属

如果委托发明创造的双方当事人在委托协议中有约定，按照双方当事人的约定，由有权申请专利的人提出专利申请。授权以后，专利权归申请人所有。

如果委托发明创造的双方当事人之间事先既没有在委托协议中约定，事后也未能达成相关约定，或者虽然双方当事人之间已有约定，但是约定得不清楚、不明白，无法确定权利归属，按照《专利法》的规定，由该项发明创造的研发方享有专利申请权。授权以后，专利权归申请人所有。

委托发明创造的研发方取得专利权的，委托方可以在原有范围内免费实施该专利。

委托发明创造的研发方就其发明创造转让专利申请权或者专利权的，委托方可以优先受让专利的申请权或者专利权。

第四节 发明人或设计人

一、发明人或设计人的认定条件

（一）发明人或设计人的定义

《专利法》所称的发明人或设计人是指对发明创造的实质性特点作出了创造性贡献的人。其中，发明人指对产品、方法或者其改进作出新的技术方案的人，或者对产品的形状、构造或者其结合作出适于实用的新技术方案的人；设计人指对产品的形状、图案或者其结合，以及色彩与形状、图案的结合作出富有美感并适于工业上应用的新设计的人。

（二）发明人或设计人的特征

第一，发明人或设计人只能是自然人。

第二，只有对发明创造的必要技术特征的完成作出了不可或缺的具有创造性贡献的自然人，才有可能成为发明人或设计人。

（三）发明人或设计人的判断标准

符合以下两种情况之一的，可以被认定为发明人或设计人。

第一，不但能够提出发明创造的构思、设想等，并且能够在技术上付诸实现。

第二，在技术上首次实现了虽已被公众普遍知晓但尚未实现的构思、设想等。

（四）发明人或设计人的类型

发明人或设计人可以分为三类。第一类是始终参与研发或者设计，并在研发或者设计过程中提出构思或设计的人。第二类是在研发或设计的过程中提出解决具体技术、设计方案的人。第三类是对解决具体技术、设计问题起到了决定性、关键性作用的人。

二、不能作为发明人或设计人的三种人

《专利法》规定下列三种人不能作为发明人或设计人。

（一）只负责组织工作的人

在发明创造的过程中负责组织工作的人，如企业的主要管理人员，若仅仅承担组织领导工作、行政管理工作、技术指导工作等，并未直接对发明创造的必要技术、设计特征的完成作出创造性贡献，就不能被认定为发明人或设计人。

必须指出的是，在具体认定时，并不能仅仅因为是企业管理人员，就认定其不是发明人或设计人，而必须根据其是否确实为发明创造的必要技术、设计特征的完成作出过创造性贡献进行判断。

（二）为物资技术条件的利用提供方便的人

在发明创造的过程中，存在为特定物质技术条件的利用提供各种方便的人。例如，为了完成发明创造的必要技术、设计特征，需要使用某项专用的设备，进而需要由该专用设备的管理人员提供使用服务。即便在物资技术条件的利用上提供方便的人有效地帮助了发明创造的完成，其也不能被认定为发明人或设计人。

（三）从事其他辅助工作的人

在发明创造的完成过程中，相对于为必要技术、设计特征的完成作出创造性的贡献，曾提供各种辅助性工作的人，如信息检索人员、资料翻译人员、设计绘图人员、物资采购人员、档案管理人员、设备调试人员等，不能被认定为发明人或设计人。

三、发明人或设计人的权利

（一）署名权

发明人或设计人依法享有署名权，即享有在专利产品上署明自己是发明人或设计人的权利。对于职务发明，该专利由发明人或设计人所在单位依法提出专利申请。授权以后，专利权归申请人，即其所在单位所有，此时发明人或设计人依法享有在产品上署名的权利。发明人或设计人既可以要求署自己的名，也可以要求署其他能够表明自己身份的标识。

（二）获得奖酬的权利

发明人或设计人依法享有获得奖酬权，也就是说，对于职务发明，发明人或设计人依法有权从专利权人，即所在单位获得奖励和报酬。其中，奖励

应当在专利授权公告之日起 3 个月内发放，报酬应当在专利权的有效期内，从实施该专利的营业利润中提取法定比例支付。如果许可其他单位或个人实施该专利，应当从收取的使用费中提取法定比例支付。报酬可以按年支付，也可以一次性支付。

第八章　专利权的维持

第一节　专利权人的权利与义务

专利权人是专利权所有者的统称，简单来说就是拥有专利权的主体。专利申请被批准时，被授予专利权的专利申请人即成为专利权人。专利权人既可以是单位也可以是个人，而且单位可以是一个单位也可以是多个单位，个人可以是一个人也可以是多个人。单位和个人还可以共同成为专利权人。

一、专利权人的权利

（一）独占实施权

独占实施权指专利权人排他性地利用和最终处分其所属专利权的权利。任何单位或者个人未经专利权人的许可，都不得实施其专利。如果是发明和实用新型专利，则任何单位或者个人不得为生产经营目的制造、使用、许诺销售、销售、进口其专利产品，或者使用其专利方法，以及使用、许诺销售、销售、进口依照该专利方法直接获得的产品；如果是外观设计，任何单位或者个人未经专利权人许可，都不得实施其专利，即不得为生产经营目的制造、许诺销售、销售、进口其外观设计专利产品。[①]

独占实施权相当于跑马圈地，圈的"土地"即为此权利的保护范围。在这个范围之内，未经专利权人的许可，其他人是不得入内的。

（二）转让权

转让权指专利权人将专利所有权转让给他人，由他人支付价款的权利，或者专利申请人将专利申请权转让给他人，由他人支付价款的权利。中国单位或者个人向外国人、外国企业或者外国其他组织转让专利申请权或者专利权的，应当依照相关法律法规办理手续。

---

① 尹新天 . 中国专利法详解：缩编版 [M]. 2 版 . 北京：知识产权出版社，2012：79.

（三）专利实施许可权

专利实施许可权指专利权人许可他人实施其专利，由他人支付专利使用费的权利。任何单位或者个人实施他人专利的，应当与专利权人订立实施许可合同，向专利权人支付专利使用费。被许可人无权允许合同规定以外的任何单位或者个人实施该专利。

（四）专利标识标注权

专利标识标注权指专利权人享有标注专利标识和专利号的权利。例如，专利权人获得一款电视柜外观设计专利后，在销售时就可以在该款电视柜柜脚上打上此外观设计的专利号。

专利标识标注的作用主要在于向公众标明该产品已经获得了专利保护，任何人未经许可不得擅自仿冒。在产品上标明专利标识标注，可以作为第三人应当得知该产品享有专利保护的证明。此外，随着知识产权保护意识的提升、国家知识产权战略的提出、创新意识的增强，公众会认为被授予专利权的产品是有技术实力的产品。标注专利标识可以在一定程度上增加产品对消费者的吸引力，同时还可以对产品起到宣传推广的作用。

那么，被许可人是否有权标注专利标识呢？虽然《专利法》没有明确规定被许可人可以标明专利号，但是由于被许可人本身已得到了专利权人的实施许可，而标明专利号仅仅是为了更好地推广产品，并不会侵占专利权人的权益，相反如果被许可人的产品销售得更好，专利权人也可能因单件产品利润的增加而增加专利实施许可费，因此专利权人通常会允许被许可人在其制造或者销售的专利产品或者该产品的包装上标明专利标记和专利号。如果专利权人和被许可人在专利实施许可合同中有明确的约定，那自然需要遵守其约定。

专利权人行使其专利标识标注权，标注专利标记和专利号，应当按照有关规定，标明专利的种类、专利号和授权日期，以便公众知晓专利的相应情况。但在实践中，往往有专利权人并没有标明专利的种类，也没有标明专利号，而是仅仅写上"专利产品，仿制必究"等字样。这种做法显然是不够规范的，因为社会公众无法从这样的标记中了解到产品的专利信息。在专利申请提出以后、授权以前，由于尚未获得专利权，是不能称之为专利的，只能称之为专利申请。申请人如果要将专利标记标在产品或包装上，需要标记清楚是专利申请号，而非专利号。在现实中，很多专利申请人一拿到专利申请号，就迫不及待地将专利申请号打到产品上，标记为专利号。这种标识不清楚的行为有可能构成假冒专利行为，应当避免。

（五）保护请求权

保护请求权指专利权人在其专利权受到侵犯时，可以请求相关部门予以保护的权利。专利权人既可以请求进行行政处理，也可以提起民事诉讼。

专利权是一种财产权，财产权的纠纷属于民事纠纷，民事诉讼自然是解决民事侵权纠纷的通常方式。行政救济是专利权被侵犯的较为特别的救济方式，是专利权侵权纠纷中对民事诉讼的有益补充。这也是因为专利权不同于一般财产权。我国专利制度建立得相对较晚，具有丰富经验的专利审判法院比较少。虽然近年法院审理的专利侵权案件增长很快，但还是很难满足公众的需求。如果仅依靠司法机关对专利侵权纠纷以民事案件方式进行审理，不足以有效地保护专利权人的利益。因此，有必要发挥国家政府机关行政管理的作用，更好地为专利权人和社会公众提供服务。[①]

（六）放弃专利权

专利权是财产权的一种，专利权人有对属于自身的财产进行处置的权利，而放弃财产的权利也属于专利权人对专利权的一种处分。专利权人可以通过书面形式向国务院专利行政部门申请或以不缴纳专利年费的方式放弃其专利权。

（七）专利署名权

专利署名权指发明人或设计人有在专利文件中写明自己是发明人或设计人的权利。

（八）以专利权出质的权利

根据国家知识产权局 2010 年公布的《专利权质押登记办法》，以专利权出质的，出质人与质押人应当订立书面质押合同。国务院专利行政部门负责专利权质押登记和公告工作。

二、专利权人的义务

专利权人的主要义务是缴纳年费。

专利权是有法定保护期限的。不同国家对专利保护期限的规定不尽相同。我国《专利法》规定，发明专利的保护期限为 20 年，实用新型专利的保护期限为 10 年，外观设计专利的保护期限为 15 年，自申请日起计算。专利权

---

① 汤宗舜．专利法解说［M］．3 版．北京：知识产权出版社，2002：10.

并非只要在法定期限内就有效，专利权人必须每年向国务院专利行政部门缴纳年费，否则其专利权将终止，同时专利权人也会丧失有关的一切权利。

之所以要求专利权人按时缴纳年费，一方面是因为国务院专利行政部门在授权后仍旧为专利权人提供服务，专利权人应当支付相关的费用；另一方面是因为可以将年费作为经济杠杆，促使专利权人放弃没有经济价值的专利权，供社会公众自由使用。此外，缴纳年费还能促进专利权人淘汰落后的专利技术，进一步研发新的技术。

（一）专利年费缴纳的时间

根据《专利法实施细则》，专利权人应当自被授予专利权的当年开始缴纳年费。年费的缴纳总体可以分为两个阶段，其一是授权阶段缴纳授权当年的年费，其二是获取专利证书后，缴纳专利授权以后的年费。

1. 授权当年的年费

国务院专利行政部门下发的专利权授权通知书上会注明授权当年的年费，专利申请人应当在办理授予专利权的登记手续时缴纳当年的年费。如果在办理登记手续的 2 个月期限内未缴纳年费，视为未办理登记手续，也就视为放弃取得专利权的权利。

2. 授权以后的年费

获得专利证书后，以后的年费应当在前一年度期满前 1 个月内预缴。缴费期限届满日是申请日在该年的相应日。

例如，一件实用新型专利申请的申请日是 2014 年 7 月 1 日，于 2015 年 2 月 1 日被授予专利权，授权当年为第一年，那么该专利权人应当在 2015 年 6 月 1 日至 2015 年 6 月 30 日预缴第二年度的年费。

专利权人未按时缴纳年费（不包括授予专利权当年的年费）或者缴纳数额不足的，可以在年费期满之日起 6 个月内补缴。补缴时间超过规定期限但不足 1 个月时，不缴纳滞纳金；补缴时间超过规定时间 1 个月的，需要缴纳滞纳金。凡在 6 个月的滞纳期内补缴年费或者滞纳金不足需要再次补缴的，应当依照再次补缴年费和滞纳金时所在滞纳时段内的滞纳金标准，补足应当缴纳的全部年费和滞纳金。如果缴纳的金额不够，则会被国务院专利行政部门视为未缴费。在实践中，经常出现专利权人自己缴纳年费时，因为没注意到已经产生滞纳金，只缴纳了年费而没有缴纳滞纳金，导致缴费不成功的情况。有时，专利权会因此被视为放弃，而专利权人还不知道个中原因。

专利年费和滞纳金具体计算方法如表 8-1 和表 8-2 所示。

表8-1　发明专利年费及滞纳金

单位:元

时间	项目	费用标准					
		过期1日至1月内	过期1个月至2个月内（滞纳金5%）	过期2个月至3个月内（滞纳金10%）	过期3个月至4个月内（滞纳金15%）	过期4个月至5个月内（滞纳金20%）	过期5个月至6个月内（滞纳金25%）
第1年至第3年	年费滞纳金	0	45	90	135	180	225
	年费标准值+年费滞纳金	900	945	990	1035	1080	1125
	年费减缴85%+年费滞纳金	135	180	225	270	315	360
	年费减缴70%+年费滞纳金	270	315	360	405	450	495
第4年至第6年	年费滞纳金	0	60	120	180	240	300
	年费标准值+年费滞纳金	1200	1260	1320	1380	1440	1500
	年费减缴85%+年费滞纳金	180	240	300	360	420	480
	年费减缴70%+年费滞纳金	360	420	480	540	600	660
第7年至第9年	年费滞纳金	0	100	200	300	400	500
	年费标准值+年费滞纳金	2000	2100	2200	2300	2400	2500
	年费减缴85%+年费滞纳金	300	400	500	600	700	800
	年费减缴70%+年费滞纳金	600	700	800	900	1000	1100
第10年至第12年	年费滞纳金	0	200	400	600	800	1000
	年费标准值+年费滞纳金	4000	4200	4400	4600	4800	5000
第13年至第15年	年费滞纳金	0	300	600	900	1200	1500
	年费标准值+年费滞纳金	6000	6300	6600	6900	7200	7500
第16年至第20年	年费滞纳金	0	400	800	1200	1600	2000
	年费标准值+年费滞纳金	8000	8400	8800	9200	9600	10000

单位：元

表 8-2 实用新型、外观设计专利年费及滞纳金

时间		项目	费用标准					
			过期 1 日至 1 月内	过期 1 个月至 2 个月内（滞纳金 5%）	过期 2 个月至 3 个月内（滞纳金 10%）	过期 3 个月至 4 个月内（滞纳金 15%）	过期 4 个月至 5 个月内（滞纳金 20%）	过期 5 个月至 6 个月内（滞纳金 25%）
第 1 年 至第 3 年		年费滞纳金	0	30	60	90	120	150
		年费标准值＋年费滞纳金	600	630	660	690	720	750
		年费减缴 85%＋年费滞纳金	90	120	150	180	210	240
		年费减缴 70%＋年费滞纳金	180	210	240	270	300	330
第 4 年 至第 5 年		年费滞纳金	0	45	90	135	180	225
		年费标准值＋年费滞纳金	900	945	990	1035	1080	1125
		年费减缴 85%＋年费滞纳金	135	180	225	270	315	360
		年费减缴 70%＋年费滞纳金	270	315	360	405	450	495
第 6 年 至第 8 年		年费滞纳金	0	60	120	180	240	300
		年费标准值＋年费滞纳金	1200	1260	1320	1380	1440	1500
第 9 年 至第 10 年		年费滞纳金	0	100	200	300	400	500
		年费标准值＋年费滞纳金	2000	2100	2200	2300	2400	2500

再如，年费滞纳金5%的缴纳时段为5月10日至6月10日，滞纳金为45元，但缴费人仅交了25元。缴费人在6月15日补缴滞纳金时，应当依照再次缴费日所对应的滞纳期时段的标准10%缴纳。该时段滞纳金金额为90元，还应当补缴65元。

凡因年费和/或滞纳金缴纳逾期或者不足而造成专利权终止的，在恢复程序中，除补缴年费之外，还应当缴纳或者补足全额年费25%的滞纳金。

期满仍未缴纳的，专利权自应当缴纳年费的期限届满之日起终止。

（二）专利年度的概念

专利年费的年度从申请日起计算，与优先权日、授权日均无关，与自然年度也没有必然联系。

例如，一件实用新型专利申请的申请日是2014年7月1日，该专利申请的第一年度是2014年7月1日至2015年6月30日，第二年度是2015年7月1日至2016年6月30日。以此类推。

专利年度的确认与应缴年费的数额有较强的联系，因为专利年费的金额随着专利年限的增加而递增，各年度年费按照国务院专利行政部门专利收费标准规定的数额缴纳。

再如，一件专利申请的申请日是1997年6月3日，如果该专利申请于2001年8月1日被授予专利权（授予专利权公告之日），申请人在办理登记手续时已缴纳了第五年度年费，那么该专利权人最迟应当在2002年6月3日按照第六年度年费标准缴纳第六年度年费。

专利年度与"授予专利权当年"是有关系的。"授予专利权当年"中的"当年"容易被误解为授予专利权的那一年作为第一年来确定年费的数额。由于专利的审批需要时间周期，不一定能够在提交专利申请的那一年就授予专利权，特别是发明专利申请，从申请日起到授权日通常不少于2年，因此，专利权人应当从授予专利权的当年起开始缴纳年费，但是具体缴纳此年费的数额又需要根据授予专利权的"当年"是在整个专利权期限的第几年来确定。

"授予专利权当年"的年费应当在办理登记手续的同时缴纳，以后的年费应当在上一年度期满前缴纳，即缴费期限届满日是申请日在该年的相应日。但是在授权登记的当年，有可能出现一年内缴纳两次年费的情况。例如，一件实用新型专利的申请日是2014年12月29日，国家知识产权局于2015年4月9日发出"办理登记手续通知书"，办理授权登记手续时缴纳第一年度的年费（从 2014 年 12 月 29 日起到 2015 年 12 月 28 日的年费）。从 2015 年 11 月 29 日起一个月内，则需要缴纳第二年度的年费（2015 年 12 月 29 日到 2016 年 12 月 28 日的年费）。

（三）专利年费的标准

缴纳年费的金额标准，与发明创造本身的价值无关，而与三个因素相关：第一是专利权人是否办理了费用减缓或费用减缴，第二是专利种类，第三是缴纳年费的年度。

在三种专利中，发明专利的年费最高，实用新型专利和外观设计专利年费相同。对同一类别的专利权来说，应当缴纳的年费数额相同，年费的数额随保护时间的延续而递增。通常是 2～3 年年费的金额就会增加，具体年费标准参见国务院专利行政部门有关专利收费的规定。

（四）专利年费的效力

缴纳年费是专利权人的义务，也是维持专利权继续有效的保障。《专利法》第四十四条规定，没有按照规定缴纳年费的，专利权在期限届满前终止。一项专利权终止后，该项技术就进入了公共领域，社会公众中的任何人都可以自由使用。

专利权在期限届满前的终止使专利权的期限被缩短，专利权此后不再受到保护。但是，专利权不缴纳年费导致专利权终止，是否意味着专利权人所有的权利都被剥夺呢？专利权人可能因某一年的年费未缴纳而导致专利权终止。在这之前，专利权人是按时缴纳年费的，维持了专利权在终止前几年的专利有效状态。如果将专利权人之前的权利也进行剥夺，有失公平。因此，专利权人因未缴纳年费导致专利权的终止不会影响专利权人此前享有的权利。

（五）专利年费的费用减缓与费用减缴

按照有关规定，专利申请人或专利权人办理了专利年费的费用减缓或费用减缴请求手续的，经批准后，国务院专利行政部门对授予专利权当年起 6 年内的年费可以减缓费用或减缴费用。费用减缓或费用减缴比例按批准的情况执行。

例如，一件发明专利在申请时申请了费用减缓，申请日是 2010 年 6 月 1 日，于 2014 年 5 月 4 日授权。按照专利年度计算，此专利是在第四年度授权的。这里可以减缓的年费是专利授权当年起 6 年内的，那就是第四年度至第九年度这 6 年可以进行费用减缓。在计算减缓费用时，按照专利年费表格中的第四年度至第九年度所对应的年费金额进行费用减缓计算。

专利权人缴纳年费的义务是否可以由他人代为履行呢？《专利法》《专利

法实施细则》《专利审查指南》都没有对此作出明确的规定。由于国务院专利行政部门在收取年费时并不过问费用的来源，而只对照某个专利号是否收到了相应的款项，因此在实践中这是允许的。如果专利权人委托了专利代理机构，可由专利代理机构代为缴纳年费。还有一种特例。如果专利权人不想维持该专利权，但他人仍为其代缴年费，该专利权是否继续有效？在此种情况下，专利权继续有效。如果专利权人认为他人违背自己意愿代缴了年费，可以以书面声明的形式放弃专利权。

第二节　专利文档管理与专利费用管理

由于专利的法定保护期限长达 10~20 年，因此企业专利管理不同于一般的项目管理，主要包括专利文档管理和为了维持专利权的有效性对每年年费缴纳情况的监控。

一、专利文档管理的内容

专利文档管理主要涉及纸质文档、电子文档的归档和查阅。

（一）纸质文档管理

为了准确、快速地归档和查阅，通常需要给专利编制企业内部编码和文件夹，将专利申请文件、中间文件、授权证书等相关资料归纳在同一个文件夹中进行管理。

企业可以根据自己的习惯并结合实际规模来创制专利文档的编码规则。专利文档的命名方法有很多，各有其优点与不足，企业可以根据自身情况进行选择。如果专利申请数量不多，无须细化，可以直接用申请号归档，如 201510110011.1，或者直接用流水号归档，如 0001、0002。如果专利申请量较大，可以用"年份+流水号""年份+流水号+代理机构名称""年份+类型+流水号"等方式命名。有一些特殊的案件命名时需要特殊处理。例如，一个发明同时在中国与其他地区申请时，可以再加上国家代码，如 CN0001、US0001。

同一件专利申请中比较重要的文件包括专利申请文件、修改文件、国务院专利行政部门的通知书、授权证书及附带的授权文件。

（二）电子文档管理

电子专利文档的载体一般为 doc 格式、ppt 格式、pdf 格式等；内容可能是专利申请文件、修改文件、国务院专利行政部门的通知书扫描件、发票扫描件等。这些电子文档可能是流程性质的，也可能涉及专利文件的技术方案等实体内容；可能处在撰写阶段，也可能已经归档。

伴随着信息化进程加快，文档管理越来越受到重视。企业在进行文档管理的过程中，经常会遇到以下问题：海量文档存储，管理困难；查找缓慢，效率低下；文档版本管理混乱；文档安全缺乏保障；文档无法共享；知识产权管理举步维艰；等等。电子文档管理系统在这样的背景下应运而生。对于有电子文档管理软件的企业，可以按管理软件的要求进行管理。通常管理软件按个案进行存档，即按专利申请号或案号，把同一个申请案中的所有文档都存放在一起。

如果没有电子文档管理软件，对专利案件的电子文档进行管理的方案主要有两种。

第一种，与电子文档管理软件一样，将同一个案件所有相关文档存放在一个文件夹中，包括技术交底书、专利申请表、专利申请文件、专利申请受理通知书、专利申请初步审查合格通知书、专利申请公布通知书、发明专利申请进入实质审查程序通知书、第 N 次审查意见通知书、办理登记手续通知书、专利证书。文件夹内的文件可以用申请号命名，也可以用企业内部案号命名（与纸件文档编号一致）。

第二种，将同一类文件存放在一起，如将所有专利申请受理通知书存放在一个文件夹，而将初步审查合格通知书放在另一个文件夹。这种按文件的类型进行分类存放方式的好处是方便存取，在办理专利申请资助时可快速调取相关文档。

以上两种电子文档的存放方法各有优劣。第一种文档存放方法便于查找与某件专利相关的文档，只要打开一个文件夹即可，但在查找多件专利的同一类型文件的时候，就需要大费周折；第二种文档存放方法对查找某一类文档比较便利，但若要找齐同一个申请号的所有文件就有些费力。

将同一类文件存放在一起的方法对一些频繁使用或有特殊用途的文件特别有效，可以针对这类文件采用这种方法，第二种方法作为第一种方法的有益补充。例如，专利申请受理通知书、专利证书可按第二种方法存档。对企业而言，专利申请受理通知书、专利证书对企业享受国家税费优惠政策是有帮助的。例如，高新技术企业、软件企业，以及部分生物医药企业可以据此享受退税优惠。此时需要将当年或某一时间段的专利受理通知书或专利证书正本或复印件进行提交，以备查验。这样一来，分类存档就比较有优势。

相比按类型存放，按年度存放较为便利，因为类型只有发明、实用新型、外观设计三类，纯粹以类型进行分类意义不大。当然，也可以把两种方案结合起来使用，即先按类型分类再按年度分类，或先按年度分类再按类型分类。

随着时间的推移，如果企业发明专利申请文档超过一定的数量，可以考虑购买电子文档管理软件进行文档管理。

除了做好文档管理之外，还要考虑到文档的存放安全，如计算机硬件损坏可能导致硬盘损坏、数据丢失。因此，做好文档的备份工作非常重要。也要考虑到地震、火灾等特殊情况，这时候就需要进行文件的异地备份，即一份在本地，一份在外地。

二、专利文档管理的规范

下面提供一家企业的专利文档管理规范，以供参考。

（一）文件备份

每次提交国务院专利行政部门或专利代理机构的专利申请文件、审查中间回文及其他所有外发文件，均由提交人留存复印件，并在文件首页的右上角标出提交日期（或加盖日期印章），留存档案袋，并保证电子版（文字版或扫描件）在电脑中归类留底。

（二）缴费凭证保存

第一类：通过邮局、银行汇款缴费的，缴费人将汇款申请单的复印件及汇款明细（企业内部审批）、收据（邮局、银行开具）的原件和发票（国务院专利行政部门开具）的复印件及时交企业专利管理部门归档；专利管理人员将上述凭证黏附于档案中的缴费项目或通知书的背面。

第二类：面交的，发票（国务院专利行政部门开具）的复印件及时交企业专利管理部门归档。

若有费用资助申请或报销的，发票原件交资助申请或报销经办人。

专利费用申请、缴纳、报销、退费等具体操作另见相关规定。

（三）发文凭证保存

采用邮寄方式提交的，邮局开具的收条原件及时交企业专利管理部门归档，专利文档管理人员将上述凭证黏附于档案中的该收据相关发文的背面。

面交的，要求国务院专利行政部门办事处提供回执（专利申请书首页上盖章），并将回执及时交企业专利管理部门归档。

（四）案卷的立卷

一旦提交专利申报（企业内部），即建立一份案卷，装在独立的档案袋中。

以该专利申请的申请号作为该案卷的主案卷号，企业内部编号为辅助案卷号。例如，辅助案卷号的编号办法是部门代码（IP）+年份（2位数字）月份（2位数字）+序号（2位数字）。上述年份和月份为内部提交日期。

（五）案卷的排列及分类

案卷的排列办法：法律状态（一级分类）—申请日（二级分类）。

一级分类即按照当时所处的法律状态进行的分类，可分为五个阶段：① 申请前阶段（内部申报及交底资料）；② 申请阶段；③ 实质审查阶段（仅限于发明专利）；④ 授权维持阶段；⑤ 失效阶段。

处于同一法律状态的案卷，按照专利的申请日先后排列。法律状态和申请日均相同的，按照企业内部编号进行排列。

就同一发明，同时提交实用新型和发明专利申请的、对具有优先权的专利、对前案分案的专利，在档案袋上注出关联专利。

PCT专利，国际阶段按照企业内部编号和国际专利申请号采取上述方法排列及分类；进入国家阶段后按照各国专利号进行分卷管理。若进入国家只有一个，仍放在上述档案袋中。

（六）档案袋

1. 文件的记载

提出专利申请时首次提交的各种文件、受理通知书和缴纳申请费通知书或者费用减缓审批通知书复印件应当按照顺序装订。

发明或者实用新型专利申请的装订顺序：请求书、说明书摘要、摘要附图、权利要求书、说明书、说明书附图。

外观设计专利申请的装订顺序：请求书、图片或者照片、简要说明。

2. 法律状态的记载

专利申请的重要法律状态（主要有初审合格、视为撤回、撤回、公布、驳回、授权、视为放弃专利权、专利权终止、宣告专利权无效等），特别是结案状态，应当记载在档案袋封面的相应栏目内。

3. 缴纳专利费用、提交相关文件的记载

分类号、所属立项项目名称或编号、各种标记（如优先权标记、实质审查请求标记、保密标记等）应当记载在档案袋封面相应栏目内。

档案袋上手工填写的记载应当使用蓝色或者黑色圆珠笔或者钢笔，不得使用铅笔等易擦去字迹的工具填写；盖章完成的记载，印章应当清晰。记载有误需要更正时，由专利管理人员在更改处签字或者盖章，并使被更正的内容依然可见。

（七）档案袋中文件的排列

档案袋中的文件，各部分通过标签分开，并依次排列。例如，第一部分是向国务院行政部门提出专利申请时首次递交的各种文件（含专利批通知书的复印件），第二部分是提出专利申请之后产生的其他文件。档案袋的封面用于记载主要的审批流程和法律状态，必要时可以在档案袋的封底记载已缴纳费用的情况及收、发文件的名称等。

（八）档案袋的查阅和复制

企业员工均可向专利管理部门申请查阅和复制相关专利案卷，具体程序及登记办法见文献借阅相关规定。

（九）档案袋的保存期限和销毁

专利结案前和结案后的案卷由企业专利管理部门保管。

未授权结案（视为撤回、撤回和驳回等）的案卷的保存期限为 3 年；授权后结案（视为放弃取得专利权、主动放弃专利权、未缴年费专利权终止、专利权期限届满和专利权被宣告全部无效等）的案卷的保存期限为 5 年。保存期限自结案日起算。

有分案申请的原申请的案卷的保存期从最后结案的分案的结案日起算。

作出不受理决定的专利申请文件保存期限为 1 年。保存期限自不受理通知书发出之日起算。

销毁前通过计算机作出案卷销毁清单，该清单记载被销毁案卷的案卷号、基本著录项目、销毁日期。清单经专利主管申请，报总经理签署同意销毁后，企业专利管理部门实施销毁工作。

三、专利费用管理

一般来讲，年费缴纳期满之前国务院行政部门不负责年费缴纳通知。明确专利年费的缴纳期限和金额是企业专利管理的一部分。特别是当企业在有效期内的专利数量较多时，需要不断地监控年费应缴期限和缴纳金额。

年费数额会以 2~3 年为一个台阶不断增长。以发明专利为例，第 1~3 年的年费为 900 元/年，第 4~6 年为 1200 元/年，第 7~9 年为 2000 元/年。对企业来说，可以根据自身需要放弃部分专利的专利权。例如，某产品已经逐渐退出市场，可以不再缴纳相关专利的年费；或者某专利的年费支出已经超出该专利能够带来的利润，并且已经完成其特殊使命，可以停止缴纳年费。停止缴纳年费的专利，实质上不再享有专利权，即变成了公众可以免费使用的技术。

企业对年费缴纳进行管理，可以采取以下办法。第一，专人监控，即指定专人负责期限的监控及缴费。第二，软件监控。目前市面上已有不少帮助企业进行专利管理和期限监控的软件，企业可以根据实际情况选用。第三，委托专利代理机构协助进行监控。专利代理机构有专门的监控和管理人员，会提前通知客户缴费，当然也会向企业收取少量的费用。

第三节　专利无效宣告制度

一、专利无效宣告制度的概念

专利无效宣告制度建基于平衡专利权人、利害关系人和社会公众之间的利益关系，目的是保证专利授权的质量。

在专利保护中，专利无效是运用得比较多的专利手段。企业可以通过专利无效打击竞争对手，赢得市场份额；反之，企业也会面临竞争对手通过专利无效打破保护壁垒的反击。尤其是在专利侵权诉讼中，被告常请求法院中止诉讼，同时向复审和无效审理部提出专利无效宣告请求。专利无效既是企业竞争的法律武器，也是企业合作的筹码。

（一）专利无效宣告的基本概念

专利权无效指在专利权授予之后，任何单位或者个人认为该专利权的授予不符合《专利法》及《专利法实施细则》中有关授予专利权的条件的，可以请求复审和无效审理部宣告该专利权无效。专利权的无效宣告由复审和无效审理部作出并由国家知识产权局登记并公告，其法律后果是，被宣告无效的专利权被视为自始不存在。

在我国，实用新型和外观设计专利申请只作初步审查，不进行实质审查，一些有部分相同或类似的技术、创新程度和保护范围重复的发明创造可能会获得授权。发明专利授权则要经过审查员的严格检索，审查周期长，对创造性的要求也高，授权后的权利稳定性要强于实用新型专利和外观设计专利。因此，无效宣告请求很大一部分集中在实用新型专利和外观设计专利，而且这两者被宣告无效的成功概率也相对较高。

（二）专利无效宣告的程序

1. 专利无效宣告程序的启动

无效宣告程序启动的时间为自国务院专利行政部门授予专利权之日起的任何时候，可以持续到该专利权终止后。允许在专利权终止后提出无效宣告请求，与专利权被宣告无效后具有追溯效力有关。《专利法》第四十七条规定，宣告无效的专利权被视为自始即不存在。专利权的无效宣告决定能够对专利权终止前的某些事项产生影响。例如，尚未支付的专利使用费可以不再支付，侵权纠纷中侵权人尚未履行的判决和裁定可以不必履行。因此，应当允许在专利权终止后提出无效宣告请求。这就是为什么企业在专利管理环节中需要把握放弃专利权的时机。

无效宣告程序启动的主体包括任何单位和个人，且不限于中国单位和个人。如果在中国没有经常居所或者营业所的外国人、外国企业或者外国其他组织请求宣告专利权无效，应当委托专利代理机构办理。根据《专利审查指南》，专利权人不得宣告自己的专利权全部无效，只能请求部分无效，而且所提交的证据必须是公开出版物。

2. 专利无效宣告的理由

任何人认为专利权的授予不符合《专利法》的"有关规定"，都可以请求宣告专利权无效。专利无效宣告的理由范围很广，具体来说，包括以下理由：① 专利的主题不符合发明、实用新型或外观设计的定义（《专利法》第二条）；② 专利的主题违反国家法律、社会公德或者妨害公共利益（《专利法》第五条）；③ 被授予专利权的发明专利或实用新型专利没有经过保密审查即向外国申请专利（《专利法》第二十条第一款）；④ 专利的主题不属于能够授予专利权的范围（《专利法》第二十五条）；⑤ 发明、实用新型专利的主题不具备新颖性、创造性和实用性，外观设计专利的主题不具备新颖性或者与他人在先取得的合法权利相冲突（《专利法》第二十二条、第二十三条）；⑥ 说明书没有充分公开发明或者实用新型（《专利法》第二十六条第三款）；⑦ 授权专利的权利要求书没有以说明书为依据（《专利法》第二十六条第四款）；⑧ 被授予专利权的外观设计专利没有清楚显示要求保护的产品（《专利法》第二十七条第二款）；⑨ 授权专利的权利要求书不清楚、不简明或者缺少解决其技术问题的必要技术特征（《专利法实施细则》第二十条第二款）；⑩ 修改超出原申请记载的范围（《专利法》第三十三条）；⑪ 分案申请的文件超出原申请记载的范围（《专利法实施细则》第四十三条第一款）；⑫ 属于重复授权（《专利法》第九条）。

无效宣告请求的理由不属于上述各项之一的，复审和无效审理部不予受理。

□ **经典案例 8-1**

专利权人：××汽车有限公司。

无效宣告请求人：大众汽车公司。

案情介绍：请求人于 2012 年在巴西圣保罗车展中推出"Taigun"概念车，同年获得世界知识产权组织的注册外观设计。次年，专利权人在中国提出名称为"汽车（SUV）"的 ZL20133009××××. 7 号外观设计专利申请，并获得授权。2014 年，请求人启动无效程序，认为涉案专利相对于请求人在世界知识产权组织注册的外观设计不符合《专利法》第二十三条第二款的规定。专利复审委员会经审理后作出第 24267 号无效宣告请求审查决定，宣告涉案专利权全部无效。

本案以功能和美学设计并重的汽车类产品为例，强调外观设计专利保护的是满足一定创新高度的发明创造，明确了不同设计特征对于整体视觉效果应有不同影响权重。在外观设计无效宣告案件审理过程中，应以现有设计状况为依据，客观区分产品中的创新性特征和非创新性特征，遵循整体观察、综合判断的原则，在考虑创新性设计特征较大权重的同时不应忽略其他设计特征，并基于产品的全部设计特征综合分析，得出科学的结论。本案深入诠释了"明显区别"判断的客观审查标准。

经典案例 8-2

专利权人：GPNE 公司。

无效宣告请求人：苹果公司、诺基亚公司。

案情：在专利号为 ZL9519××××.3 的"寻呼方法及装置"发明专利 2001 年获得授权后，专利权人在中国、美国均针对苹果公司、诺基亚公司等提起侵权诉讼。针对上述诉讼请求，苹果公司、诺基亚公司先后多次向专利复审委员会提起无效宣告请求。2014 年，专利复审委员会经合并审理后作出第 23050 号无效决定，宣告涉案专利权部分无效。

涉案专利主要涉及双向寻呼方法及系统，属于通信领域的基础专利，多家通信企业对其提起无效宣告请求，且所涉及的侵权诉讼标的额达数亿元，在通信领域具有重大影响。在该案审理过程中，专利复审委员会依据相关规定，根据说明书记载的技术内容，对权利要求书中的关键技术术语"请求使能信号"的含义进行解释，合理界定了权利要求的保护范围。

经典案例 8-3

专利权人：上海某某股份有限公司。

无效宣告请求人：国内个人。

案情：专利号为 ZL20071006××××.6 的"预应力高强混凝土方桩及其制造方法和成型模具"发明专利授权后，截至 2014 年，有 9 家企业及个人共 14 次向专利复审委员会提起专利权无效宣告请求，专利复审委员会先后作出 7 个无效决定。该案涉及第 21471 号无效决定，维持涉案专利权有效。

涉案专利授权后受到业内广泛关注，成为助推中小企业快速成长的核心技术，在建筑领域具有突出的市场价值。因此，对该案的审理受到建筑行业的普遍关注。专利复审委员会在案件审理过程中以发明构思为切入点，从技术方案实际解决的技术问题、采用的技术手段及取得的技术效果三个方面分析了现有技术与涉案专利的不同。

3. 专利无效宣告请求的审查

复审和无效审理部经形式审查合格受理无效宣告请求从而启动无效程序后，成立合议组对无效宣告请求案件进行合议审查。绝大部分案件由 3 人

（组长、主审员、参审员）组成的合议组进行审查，只有极少数案情重大的案件才由5人合议组（1名组长、1名主审员、3名参审员）进行审查。

4. 专利无效宣告请求审查决定的作出及效力

无效宣告请求审查决定有三类：一是宣告专利权全部无效；二是宣告专利权部分无效；三是维持专利权有效。

根据《专利法》的规定，宣告无效的专利权被视为自始即不存在。"自始即不存在"，是指法律上认定该专利权从授权开始就没有法律约束力，而不是自被宣告无效后才失去法律效力。也就是说，对专利权的无效宣告是具有追溯力的。

《专利法》为什么要规定宣告无效的专利权是"自始即不存在"的呢？专利权被宣告无效，是因为该专利权的授予不符合《专利法》的规定，比如在该专利申请日之前已存在相同或类似技术导致专利缺乏新颖性或创造性，或是因为专利说明书没有充分公开，或是因为权利要求书没有以说明书为依据等。一方面，由于专利审查机制不完善，一些不符合《专利法》要求的实用新型专利也可能被授予专利权，无效宣告程序能对此进行纠正。另一方面，即使是发明专利，在实质审查程序中也是审查员单方面针对专利进行检索和评估的，而无效宣告程序引入了第三人。由于专利与第三人的切身利益相关，其收集到的证据可能更为充分，因此经过无效宣告程序，能检验出专利权的授予是否"货真价实"。一旦专利权被宣告无效，就说明无效理由成立，即此专利权的授予不符合《专利法》的规定。既然专利本身缺乏能授予专利权的基础，则说明该专利权本就不应被授权。因此，《专利法》规定专利权无效宣告的效力延伸到授予专利权的那日开始，相当于从来没有授予专利权。

被宣告无效的专利权由于自始即不存在，因此必然会给在无效宣告前围绕该专利权产生的纠纷、签订的合同等事务产生影响。

专利权被宣告无效后，任何人实施该项技术的行为都不构成侵权行为。因此，专利权被宣告无效后，人民法院就侵权行为作出的判决或裁定，以及管理专利工作的部门作出的专利侵权纠纷处理决定应当立即停止执行。

宣告专利权无效的决定，对在宣告专利权无效前人民法院作出并已执行的专利侵权的裁决、判决、调解书，已经履行或者强制执行的专利侵权纠纷处理决定，以及已经履行的专利实施许可合同和专利权转让合同，不具有追溯力。对因履行专利实施许可合同而支付的专利使用费或因履行专利权转让合同而支付的转让费，当事人不得请求返还。因专利权人的恶意给他人造成损失的，应当给予赔偿。

5. 后续的司法救济程序

根据《专利法》第四十六条第二款，对国务院专利行政部门宣告专利权无效或者维持专利权的决定不服的，可以自收到通知之日起 3 个月向人民法院起诉。受理诉讼的法院和诉讼性质与不服复审决定提起的诉讼相同。需要注意的是，无效宣告程序中的对方当事人作为第三人参加诉讼。

二、专利无效宣告制度的基本原则

在无效宣告程序中，复审和无效审理部遵循以下原则。

（一）一事不再理原则

对已作出审查决定的无效宣告案件涉及的专利权，以同样的理由和证据再次提出无效宣告请求的，不予受理和审理。

如果再次提出的无效宣告请求的理由或者证据因时限等原因未被在先的无效宣告请求审查决定考虑，则该请求不属于上述不予受理和审理的情形。

（二）当事人处置原则

请求人可以放弃全部或者部分无效宣告请求的范围、理由及证据。对于请求人放弃的无效宣告请求的范围、理由和证据，复审和无效审理部通常不再审查。

在无效宣告程序中，当事人有权自行与对方和解。对于请求人和专利权人均向复审和无效审理部表示有和解愿望的，复审和无效审理部可以给予双方当事人一定的期限进行和解，并暂缓作出审查决定，直至任何一方当事人要求复审和无效审理部作出审查决定，或者复审和无效审理部指定的期限已届满。

在无效宣告程序中，专利权人针对请求人提出的无效宣告请求主动缩小专利权保护范围且相应的修改文本已被复审和无效审理部接受的，视为专利权人承认大于该保护范围的权利要求自始不符合《专利法》及《专利法实施细则》的有关规定，并且承认请求人对该权利要求的无效宣告请求，从而免去请求人对宣告该权利要求无效这一主张的举证责任。

在无效宣告程序中，专利权人声明放弃部分权利要求或者多项外观设计中的部分项的，视为专利权人承认该项权利要求或者外观设计自始不符合《专利法》及《专利法实施细则》的有关规定，并且承认请求人对该项权利要求或者外观设计的无效宣告请求，从而免去请求人对宣告该项权利要求或者外观设计无效这一主张的举证责任。

（三）**保密原则**

在作出审查决定之前，合议组的成员不得私自将自己、其他合议组成员、部门负责人对该案件的观点明示或者暗示给任何一方当事人。为了保证公正执法和保密，合议组成员原则上不得与任何一方当事人会晤。

高级篇

第九章 专利运营

专利运营管理是非常重要的工作，主要指通过对现存专利资产的有效运作，最大限度地实现其价值。具体来说，专利运营管理包括专利实施、专利实施许可、专利转让、专利联盟、专利池、专利权质押、技术入股等内容。

第一节 专利实施

企业需要直面市场的风云变幻，锐意进取，持续开发新产品，这样才能在市场竞争中保持良好的发展势头。企业的经营以获取最大化利润为原则，因此，在专利申请上更多出于务实的需求。企业开发出新产品或新工艺后，会希望获得专利保护。

按照产品申请专利是实施专利最直观的方式，即按照产品的架构或方法的流程撰写专利申请文件，申请专利并获得专利权，然后批量化生产。此种方式在实践中需要注意将专利申请的保护范围写得足够大，尽可能涵盖产品的上位特征，以使产品在进行结构替换或结构升级时也能得到保护。同一个产品如果涉及多个创新之处，也可以分别针对每个创新点申请专利，以尽可能从不同角度保护产品。

第二节 专利实施许可

一、专利实施许可概述

目前中小企业大多自己实施专利，专利实施许可的比例比较低。原因之一是中小企业相对缺乏专利经营的意识。

（一）专利实施许可的概念

专利实施许可，简称专利许可，是指专利权人通过与他人签订专利实施许可合同的方式，许可他人在约定期限、约定地区、以约定方式实施其所拥有的专利权项下的技术方案，并向他人收取专利使用费的贸易活动。在专利实施许可合同中，专利权人是许可方，获得使用权的他人是被许可人。专利实施许可的本质是权利人对其所有的专利使用权的分割处分。许可被许可人实施专利以后，权利人仍拥有该专利的所有权，被许可方仅获得按照约定使用该专利技术的权利。

（二）专利实施许可的特点

1. 专利实施许可不改变专利权的归属

专利实施许可不改变专利权的归属，专利权人不因为许可他人使用其专利权而丧失对该专利的所有权。被许可人经签订使用许可合同所取得的仅仅是该专利的使用权，并不能因此而成为该专利的所有人。

2. 专利实施许可受到地域、期限和方式的限制

专利实施许可受到许可方和被许可方之间关于使用该专利技术的地域、期限和方式等约定的限制，被许可方不得超越约定的地域、期限和方式使用该专利，否则构成违约和侵权。

3. 专利权人承担维护权利的责任

专利实施许可并未改变专利的所有关系，因此，一旦该专利权遭受侵害，由权利人负责寻求法律救济。一般情况下，被许可人不会因该项专利权被侵害而使用自己的名义提起诉讼或寻求行政调处，只有当许可人和被许可人之间所签订的是独占使用许可合同时，被许可方才有可能因其独占使用权被第三人侵害而以自己的名义提起诉讼。

（三）专利实施许可的种类

1. 普通实施许可

普通实施许可，亦称非独占性许可，指专利权人，即许可方允许被许可方在约定的时间和地域内以约定的方式使用其专利，同时许可方自己仍保留在该地域内使用该项技术，以及再与第三方就同一专利签订专利实施许可合同，许可第三方使用该专利技术的权利。

2. 排他实施许可

排他实施许可，亦称独家实施许可，指专利权人，即许可方只允许被许

可方一家在约定的期间和地域内以约定的方式使用该专利，而不再许可其他人使用该专利，但是许可方仍保留自己在该约定的期间、地域内以约定的方式使用该专利的权利。

3. 独占实施许可

独占实施许可，指专利权人，即许可方只允许被许可方一家在约定的时间和地域内以约定的方式使用该专利，而不再许可其他任何人使用该专利，同时专利权人作为许可方也不享有使用该专利的权利。此时，被许可方不仅取得在约定的时间和地域内以约定的方式使用该专利技术的权利，而且有权拒绝任何第三者，包括许可方在内的一切其他人在约定的时间、地域内以约定的方式使用该专利。

4. 分实施许可

分实施许可，又称再许可、从属许可，指在得到许可方同意的前提下，被许可方可以自己的名义将获得使用许可的专利再许可第三方使用。许可方只有在使用许可合同中予以特别说明，或者另行专门许可或授权，被许可人才有权许可第三方使用该专利。如果未进行特别的说明，或是专门的授权，即使许可方和被许可方之间签订的是独占使用许可合同，被许可方也不具有分许可权。

5. 指定实施许可

指定实施许可，简称指定许可，指国有企业、事业单位的发明专利，对国家利益或者公共利益具有重大意义的，国务院有关主管部门和省、自治区、直辖市人民政府报经国务院批准，可以决定在批准的范围内推广应用，允许指定的单位实施，由实施单位按照国家规定向专利权人支付使用费。

指定使用许可的客体只限于发明专利，不包括实用新型专利和外观设计专利，而且只限于国有企业、事业单位的发明专利。

6. 交叉实施许可

交叉实施许可，简称交叉许可，也称互换使用许可，指两个专利权人互相许可对方实施自己的专利。

7. 强制实施许可

以上几种许可方式是在专利权人自愿和可控的范围内进行的，强制实施许可更多兼顾公众利益、公共健康目的或国家紧急状态安全需求等。国务院专利行政部门根据具备实施条件的单位或者个人的申请，可以给予实施发明专利或者实用新型专利的强制许可。① 专利权人自专利权被授予之日起满3 年，且自提出专利申请之日起满 4 年，无正当理由未实施或者未充分实施其专利的，国务院专利行政部门可以给予实施发明专利或者实用新型专利的强制许可。② 专利权人行使专利权的行为被依法认定为垄断行为，为消除或者减少该行为对竞争产生的不利影响的，国务院专利行政部门可以给予实施发明专利或者实用新型专利的强制许可。③ 在国家出现紧急状态或者非常情况时，或者为了公共利益，国务院专利行政部门可以给予实施发明专利或者实用新型专利的强制许可。④ 为了公共健康，对取得专利权的药品，国务院专利行政部门可以给予制造并将其出口到符合中华人民共和国参加的有关国际条约规定的国家或者地区的强制许可。⑤ 一项取得专利权的发明或者实用新型比前一已经取得专利权的发明或者实用新型具有显著经济意义的重大技术进步，其实施又有赖于前一发明或者实用新型的实施的，国务院专利行政部门根据后一专利权人的申请，可以给予实施前一发明或者实用新型的强制许可。在依照上述规定给予强制许可的情形下，国务院专利行政部门根据前一专利权人的申请，也可以给予实施后一发明或者实用新型的强制许可。

二、专利使用费

专利权是一种财产权，要想实施专利，应当得到专利权人的许可并向专利权人支付专利使用费。法律对专利使用费也进行了规定。根据《专利法》，任何单位或者个人实施他人专利的，应当与专利权人订立实施许可合同，向专利权人支付专利使用费。专利使用费的确定取决于许多因素：① 专利权人研究开发专利技术所支出的费用，包括材料采购、试验经费、人员经费、场地费用等；② 被许可人使用专利技术所能获得的经济收益；③ 专利实施许可的类型、实施的行为种类和期限；④ 被许可人支付使用费的方式和时间。此外，市场上的替代技术、技术改进的前景，以及双方当事人的讨价还价能力，也是影响专利使用费的因素。

专利使用费的支付方式由当事人约定，可以采取一次总付或者分期支付的方式，也可以采取提成支付或者提成支付附加预付入门费的方式。约定提成支付的，可以按照产品价格、实施专利后新增的产值、利润或者产品销售额的一定比例提成，也可以按照约定的其他方式计算。提成支付的比例可以采取固定比例、逐年递增比例或者逐年递减比例。约定提成支付的，当事人应当在专利实施许可合同中约定查阅有关会计账目的办法。

总算和提成这两种方式各有优缺点。采用总算的方式，专利权人得到款项早，风险较小，但可能需要多缴税，而且如果产品的销路好，专利权人得不到额外的好处。当然，如果产品达不到预期的销售额，这种方式会对被许可人造成损失。

三、专利实施许可合同

（一）专利实施许可合同的主要内容

① 前言。应当写明专利权人，即许可人与被许可人的基本信息。如果当事人是单位，应当包括单位的名称、法人代表的姓名、地址、联系方式等。如果当事人是个人，应当包括多个人的姓名、身份证号码、住址、联系方式，等等。此外，要写明双方许可使用专利的目的和意愿。

② 定义。应当包括合同中所涉及的术语的定义和其他需要明确解释的内容。

③ 许可标的。应写明使用许可的专利权的基本情况，包括专利名称、申请日、专利号、授权日及专利有效期限等。

④ 许可种类。双方当事人应该明确约定许可专利实施的种类，比如，是普通实施许可、排他实施许可，还是独占实施许可。

⑤ 实施许可的有效期间、地域范围和实施方式。专利实施许可的有效期间，可以是专利权的整个有效期间，也可以是专利权有效期间的一部分。专利实施许可的地域范围，可以是专利权的整个有效地域范围，也可以是专利权有效地域范围的一部分，但不能超过有效地域范围。许可使用的实施方式，可以是制造、使用、许诺销售、销售、进口等方式中的一种，也可以是多种。

⑥ 专利使用费的金额、支付方式及支付时间。双方当事人应该在专利实施许可合同中根据使用的范围和生产能力及许可方式等各种相关因素综合考虑计算，明确约定许可费用的金额。合同中还应当明确约定许可费的计算方式，如最低年使用费、最高年使用费、按件收费、按营业额比例计算、按利润比例计算等；明确约定专利使用费的支付方式，如一次性支付、分期支付、分阶段支付；明确约定支付的具体日期等。

⑦ 技术改进的继续提供或者反馈。在合同的有效期内，双方都有可能对合同有关的技术作出改进，因此合同应对改进技术的所有、使用费和申请专利等问题应作出约定。

许可方将其技术提供给被许可方，称继续提供；受方将其技术改进通知供方，称技术反馈。无论是继续提供还是技术反馈，双方都需要明确约定。

许可方不得禁止或者阻碍被许可方对专利技术的改进。

改进技术遵循"谁改进，谁拥有"的原则，所以除非双方当事人另有约定，不然后续改进所获得的发明创造由发明创造的完成人申请专利，专利权归申请专利的人所有。

⑧ 技术服务和人员培训。许可合同中应该约定许可方对被许可方提供必要的技术指导、技术培训和技术服务，以帮助被许可方正确实施专利技术。双方当事人可以通过合同附件的形式，对此作出详细约定。

⑨ 保密条款。一项发明创造的实施，可能会涉及专利权人的除专利以外的商业秘密，其中包括技术秘密信息和经营秘密信息等，因此双方应当在合同中明确约定双方在专利实施许可的过程中所应当承担的保密义务，对商业秘密给予必要的保护。双方当事人都应当针对各自需要保密的内容及保密条款进行法律风险评估。

⑩ 担保条款。许可方应当按合同要求及时向被许可人提供技术资料，并履行向被许可人传授技术的义务，保证所提供的技术资料是完整的、准确的和可靠的，并明确保证提供的专利权是合法有效的。但是，许可方一般会明示其不承担由于被许可人自身修改等行为、被许可方将所涉专利与其他技术方案结合使用、被许可方不使用或拒绝使用许可方提供的升级技术等情况造成的责任。

⑪ 违约责任。双方当事人可以明确约定侵权之后的违约责任，违约责任的约定应当符合实际情况。

⑫ 争议解决。双方当事人可以约定发生纠纷之后如何解决，如自行协商、第三人调解、申请仲裁或者提起诉讼。必须注意的是，一旦双方当事人约定了申请仲裁解决纠纷，法院就不再受理该纠纷的诉讼请求。

⑬ 合同的生效日、有效期限、终止和延期。

（二）签订专利实施许可合同的注意事项

1. 专利实施许可种类的选择

双方当事人应该明确约定对专利的实施权，即是普通占用、排他占用还是独占。独占实施许可虽然会使许可方获得较高的许可费，但是也会束缚许可方，许可方应考虑周全。

2. 专利法律状态的检索

专利法律状态检索包括专利有效性检索、专利地域性检索和权利人检索。顾名思义，专利有效性检索是针对许可专利是否仍然有效或因何失效的检索；

专利地域性检索能确定许可专利获得保护或提交申请的国家范围；通过检索专利权权利人能确定谁是该许可专利的真正权利人。

专利法律状态检索能够保障合同效力，明确双方如何安排彼此的权利和义务。如果合同约定的专利实施范围超过法律状态反映的地域或其他限制，必然会损害企业利益。企业在签订此类合同时，若缺乏必要的专利法律状态检索，虽然不一定直接导致法律纠纷，但是会产生法律风险。

3. 共有专利的实施许可

如果合同涉及的专利由多个专利权人共有的，必须征得所有共有人的同意，而不能只与其中部分共有人单独签订专利实施许可合同。

（三）专利实施许可合同的备案

1. 备案范围

专利实施许可合同包括专利申请阶段的实施许可合同。

2. 备案条件

通过国家知识产权局网站进行检索，确认专利权、专利申请权有效。

3. 不予备案的情况

① 专利权终止、被宣告无效，专利申请被驳回、撤回或者视为撤回。

② 未经共同专利权人或申请人同意，其中一方擅自与他人订立专利合同。

③ 同一专利合同重复申请备案。

④ 专利合同期限超过专利权有效期限。

⑤ 其他不符合法律规定的情况。

4. 备案材料

① 专利实施许可合同备案申请表原件。

② 专利实施许可合同副本。

③ 法人授权委托书和受委托人的身份证复印件。

④ 如果由专利代理有限公司代理申请，应出具专利代理委托书和该专利代理机构具体经办人的身份证复印件。

⑤ 专利证书或者专利申请受理通知书复印件。

⑥ 许可人、被许可人的身份证明，如身份证、营业执照等复印件。

5. 备案效力

《专利法》等法律法规并未对专利实施合同备案的效力作出明确规定。按照一般法学理论和实践，备案的效力在于对抗专利权人或者独占实施许可人。也就是说，如果专利权人对某企业予以许可后，又许可其他企业或个人独占实施该专利，先前被许可的企业可以在原有许可范围内继续使用。当然，如果发生这种情况，被许可人可以向专利权人主张合同违约。

第三节 专利转让

专利权是一种财产权。专利权人拥有自由处置自身财产的权利，当然也包括将该权利转让给他人。根据《专利法》的规定，专利申请权和专利权可以转让。中国单位或者个人向外国人、外国企业或者外国其他组织转让专利申请权或者专利权的，应当依照法律法规办理手续。转让专利申请权或者专利权的，当事人应当订立书面合同，并向国务院专利行政部门登记，由国务院专利行政部门予以公告。专利申请权或者专利权的转让自登记之日起生效。

一、专利转让合同

同专利实施许可合同一样，专利转让合同也应采用书面形式，专利权的归属必须以国务院专利行政部门的登记簿为准。书面形式包括合同书、信件和数据电文等。

需要注意的是，专利转让合同在签订之日起生效，但专利转让这一民事行为的生效日是国务院专利行政部门的登记之日。专利转让只有通过国务院专利行政部门审查并公告才能生效，这是由于专利权具有市场垄断权利，不仅涉及专利权人、受让人的权利，而且涉及公众的利益。这样也便于第三方在寻求专利实施许可时及时了解专利权的最新信息。国务院专利行政部门对专利转让合同的登记是专利转让的必要条件。如果专利权人签订转让合同后，在登记之前又与第三方签订新的专利转让合同，而第三方及时就专利转让向国务院专利行政部门进行了登记，那么两份转让合同都能成立，但向第三方的转让行为生效，最终第三方成为真正的专利权受让方。

专利权人将其发明创造专利的所有权移转受让方，受让方支付所订立的合同的约定价款。通过专利权转让合同取得专利权的当事人，即成为新的合法专利权人。专利转让权一经生效，受让人取得专利权人地位，转让人丧失专利权人地位。同时，专利转让合同不影响转让方在转让合同成立前与他人订立专利实施许可合同的效力。除合同另有约定的以外，原专利实施许可合同所约定的权利义务由专利权受让方承担。另外，订立专利转让合同前，转让方已实施专利的，除合同另有约定以外，合同成立后转让方应当停止。

二、专利转让的登记

转让专利申请权或者专利权的，当事人应当向国务院专利行政部门办理登记手续，由国务院专利行政部门予以公告。

（一）基本条件

专利申请权或专利权的转让应当符合以下条件：① 我国单位或个人向外国转让专利申请权或专利权的，必须经国务院专利行政部门批准；② 专利申请权或者专利权的转让人要与受让人共同签订书面的、符合专利法及有关法律的转让合同；③ 必须到专利管理部门申请办理认定、登记手续；④ 应向国务院专利行政部门提交转让合同和著录项目变更申报书，同时缴纳费用。

国务院专利行政部门在专利公报上予以公告后，此项专利申请权或专利权的转让才正式生效。

（二）转让登记所需材料

当事人需要写专利转让合同和著录项目变更申报书，提供著录项目变更证明材料。著录项目变更证明材料具体指以下几类。

第一，申请人或者专利权人因权利归属纠纷发生权利转移及发明人因资格纠纷发生变更的，如果纠纷是通过协商解决的，应当提交全体当事人签名或盖章的权利转移协议书；如果纠纷是由人民法院判决确定的，应当提交发生法律效力的人民法院的判决书。国务院专利行政部门收到判决书后，应当通知其他当事人，查询是否提起上诉。在指定的期限（2个月）内未答复或明确未上诉的，判决书发生法律效力；提起上诉的，当事人应当出具上诉受理通知书，原人民法院判决书不发生法律效力。

如果纠纷是由地方知识产权局（或相应职能部门）调处决定的，国务院专利行政部门收到调处决定后，应当通知其他当事人，查询是否向法院提起诉讼。在指定期限（2个月）内未答复或明确未起诉的，调处决定发生法律效力；提起诉讼的，当事人应出具法院受理通知书，原调处决定不发生法律效力。

第二，专利申请人或专利权人因权利的转让或赠与发生权利转移，要求变更专利申请人或专利权人的，必须提交转让或赠与合同的原件或经公证的复印件。该合同是由法人订立的，必须由法定代表人或者授权的人在合同上签名或盖章，并加盖法人的公章或者合同专用章；必要时须提交公证文件。公民订立合同的，由本人签名或者盖章；必要时须提交公证文件。有多个专利申请人或专利权人的，应提交全体权利人同意转让或赠与的证明材料。涉及境外居民或法人的专利申请权或专利权的转让，应当符合下列规定：① 转让方、受让方均属境外居民或法人的，必须向国务院专利行政部门提交双方签章的转让合同文本原件或经公证的复印件；② 转让方属于中国内地（大陆）的法人或个人，受让方属于境外居民或法人的，必须出具国务院对外经济贸易主管部门会同国务院科学技术行政部门批准同意转让的批件，以及转让方和受让方双方签章订立的转让合同文本原件或经公证的转让合同文本复印件；③ 转让方属于境外居民或法人，受让方属于中国内地（大陆）法人或个人的，必须向国务院专利行政部门出具双方签章的经公证的转让合同文本原件；④ 上述专利申请权或专利权转让的著录项目变更手续，必须由转让方的申请人或专利权人或者其委托的专利代理机构办理。

①~③中的境外居民或法人是指在中国内地（大陆）没有经常居所或营业所的外国人、外国企业，中国港、澳地区及台湾地区的居民或法人。在中国内地（大陆）有经常居所或营业所的，可按中国居民或法人专利申请权和专利权转让的规定办理。

第三，申请人或者专利权人为法人的，因其合并、重组、分立、撤销、破产或改制而引起的著录项目变更必须出具具有法律效力的文件。

第四，申请人或者专利权人因死亡而发生继承的，应当提交公证机关签发的当事人是唯一合法继承人或者当事人已包括全部法定继承人的证明文件。除另有明文规定外，共同继承人应当共同继承专利申请权或者专利权。

（三）缴费

第一，规费。缴纳著录项目变更费 200 元，应当自提出请求之日起 1 个月内缴纳。

第二，代理费用。通过专利事务所等中介机构代办登记手续的，参照中介机构的代理费收费标准协商确定。

（四）办事机构

当事人办理登记手续时，可前往国务院专利行政部门直接办理，或者通过 CPC 电子系统提交。

（五）注意事项

专利权是国家依法授予发明人或者受让人在一定期限内对其发明创造享有的专有权。专利权人有权转让其专利权。通过专利转让合同受让了专利权的人，也是合法的专利权人，享有专利权人的一切权利。专利转让时应该注意以下几个方面。

1. 权利人的资格

双方当事人签订转让合同时，应当注意明确转让人的资格，即转让人是不是专利的合法持有人，是否有其他共有人，是否属于职务发明或是非职务发明。对于国有企业的专利转让，还应注意有无相关政府部门的审批意见。

2. 受让人的资格

当国内企业或者个人向外国人、外国企业或者外国其他组织转让专利申请权或者专利权时，应当依照有关法律法规办理手续。

3. 转让合同

转让专利申请权或者专利权的，当事人应当经过协商，签订书面的转让合同。

4. 专利实施

在专利转让合同中必须明确专利在转让前已发生的实施情况，以及转让后可能发生的实施情况及相关后果。对专利转让后转让方是否仍然可以继续实施该专利项下的技术等问题，也应该在合同中有明确的约定。

5. 后续成果的享有

在专利转让合同中，双方当事人应当就转让后所获得的后续改进技术成果的权属作出明确约定。

6. 未获得专利权的处理

对于专利申请权的转让，双方当事人应当就该项技术成果在申请专利的过程中可能发生的有关事项，特别是经国务院专利行政部门的审查，未能获得专利权的结果的处理等事项作出明确约定。

7. 专利无效的处理

由于任何一项专利权都存在被宣告无效的可能性，因此，专利转让存在一定的风险。双方当事人应当在合同中明确约定，如果发生被提起宣告无效的情况，在该无效宣告审理的过程中双方的配合与责任；或者如果发生专利权被宣告无效的情况，对可能产生的法律后果的承担等。

8. 登记生效

《专利法》第十条规定："转让专利申请权或者专利权的，当事人应当订立书面合同，并向国务院专利行政部门登记，由国务院专利行政部门予以公告。专利申请权或者专利权的转让自登记之日起生效。"

第四节　专利联盟与专利池

一、专利联盟

（一）专利联盟的定义

专利联盟是企业之间基于共同的战略利益，以一组相关的专利技术为纽带达成的联盟。联盟内部的企业实现专利的交叉许可（Cross-Licensing），或者相互优惠使用彼此的专利技术。

（二）专利联盟的类型

专利联盟的类型如表 9-1 所示。其中，根据涉及范围，专利联盟可分为两种，其区别如表 9-2 所示。

表 9-1　专利联盟的类型

根据	类型	内涵
是否对外许可	开放型联盟	专利联盟将联盟内成员的专利"打包"许可给联盟外的公司
	封闭型联盟	两个或多个专利权人通过组建专利联盟而在联盟内部成员间进行专利权的相互交叉许可
	复合型联盟	两个或者多个专利所有人联合起来组成专利联盟后，不仅在专利联盟内专利权人之间进行专利实施许可，而且对第三方提供专利实施许可
专利联盟涉及的范围	小型的以合约为基础的专利联盟	由少数几个专利权人组成
	大范围的行业领域的专利联盟	由多个拥有数百上千项专利技术的公司组成

根据	类型	内涵
联盟成员的加入是否出于自愿	自愿型联盟	企业自愿加入
	强制型联盟	企业非自愿加入
组建的目的	以建立行业标准为目的的专利联盟	现在市场上最为常见的专利联盟，如 DVD 行业的"3C"联盟和"6C"联盟
	以方便专利实施为目的的专利联盟	一般为小型的专利联盟，如飞利浦 DVD 专利联盟
	以降低相互竞争程度为目的的专利联盟	一般是违反《反不正当竞争法》的，在市场上比较少见。这类专利联盟内的专利以竞争性专利为主，由于阻碍专利间的竞争、抬高专利的市场价格、增加专利产品的成本、减少消费者福利而被判定具有垄断性，受到《反不正当竞争法》的限制
	以攻击竞争对手、垄断市场为目的的专利联盟	在市场上比较少见。这类专利联盟在组建后往往会通过恶意抬高专利实施许可费等手段来提高竞争者的成本，打压竞争者，从而使竞争者失去竞争力，甚至被迫退出市场

表 9-2　小型的以合约为基础的专利联盟和大范围的行业领域的专利联盟

对比项目	小型的以合约为基础的专利联盟	大范围的行业领域的专利联盟
专利	数量少、覆盖范围小	数量多、覆盖整个领域
联盟成员	数量少	数量多、实力强大
联盟内专利关系	互补性和妨碍性居多	关系复杂，可能包含竞争性专利
是否建立新实体	一般不建立	一般建立
许可对象	以联盟内成员相互许可为主	以向第三方许可为主
组建目的	方便专利的相互实施、清除妨碍性专利	占领整个行业领域、建立行业标准
对竞争者的策略	保守型策略	进攻型策略
垄断性倾向程度	低	高
对市场的影响程度	小	大

（三）专利联盟的运作模式

专利联盟的发展分为三个阶段，如图 9-1 所示。

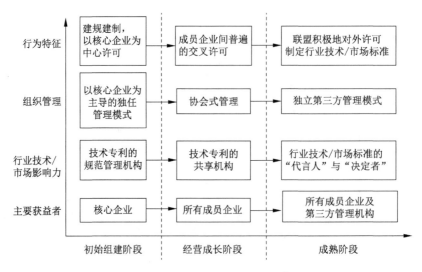

图 9-1　专利联盟的发展阶段①

（四）专利联盟权利滥用行为与权利垄断行为

专利联盟的权利滥用是指专利联盟滥用其市场支配地位，采取不实施或在专利实施许可中不正当地限制交易，以及其他不公正的交易方法行使权利，损害他人利益或社会公共利益，因而法律上对其作否定评价，并应承担相应法律责任的行为。

垄断行为指某一市场主体在相关市场范围内占有特定行业的全部或大部分生产和销售，并凭借这一优势地位获取高额市场利润的行为。

专利联盟权利滥用行为与专利联盟权利垄断行为的区别如表 9-3 所示。

表 9-3　专利联盟权利滥用行为与专利联盟权利垄断行为的区别

概念、范围	权利滥用行为是指专利权人在行使权利的过程中超出正常范围或法律所允许的范围，损害他人正当利益或社会公共利益的行为。专利联盟权利滥用行为范围广于《中华人民共和国反垄断法》（以下简称《反垄断法》）界定的垄断行为的范围。专利联盟行使权利的行为构成垄断行为时，必然存在滥用，但反过来并不一定成立，即有些（甚至多数）权利滥用行为不是垄断行为
	权利垄断行为是指专利联盟利用自己的市场优势地位排挤竞争对手，限制竞争者生产同种产品或者提供同种服务的行为
产生的市场竞争效果	权利滥用行为违反了法律规定，客观上并非都产生限制市场竞争的效果
	权利垄断行为违反了法律规定，客观上产生了限制市场竞争的效果

---

① 蒋坡 . 企业知识产权工作指南［M］. 北京：知识产权出版社，2017：145.

适用的 法律依据	权利滥用行为既可能由《民法典》《专利法》等私法调整，也可能由《反不正当竞争法》《反垄断法》等公法调整
	权利垄断行为只能由《反垄断法》等公法调整
损害的利益	权利滥用行为主要损害的是私人利益，损害后果相对较轻
	权利垄断行为主要损害的是社会公共利益，损害后果较重

二、专利池

专利池是一种由专利权人组成的专利实施许可交易平台，两个或更多的专利权人把作为交叉许可客体的专利权放入"一揽子"许可中所形成的专利集体。专利联盟有关专利技术的集合会组成专利池。专利池中各个专利权人之间依然存在专利实施许可问题。

（一）专利池不同阶段的运行模式及特点

专利池不同阶段的运作模式及特点如表9-4所示。

表 9-4　专利池不同阶段的运作模式及特点

发展阶段	初级阶段		高级阶段
	企业联盟	产品型专利池	标准型专利池
主要活动	建规建制，以核心企业为中心许可	成员企业间普遍的交叉许可	积极对外许可，制定行业/技术标准
组织管理模式	以核心企业为主导的独任管理模式	专利平台管理模式	独立第三方管理模式
产业影响力	技术专利的规范管理机构	技术专利的共享机构	行业/技术标准的引领者
主要受益方	核心企业	所有成员企业	所有成员企业及第三方管理机构

（二）加盟专利池的影响与风险

1. 加盟专利池的影响

（1）使企业获得行业竞争优势

第一，专利池可以降低企业间的交易成本、诉讼成本。

第二，未加盟专利池的企业，没有经过许可，是不能使用专利池内专利的。由此会出现技术壁垒。加盟专利池的企业会趁机利用专利，实现自己与同行业其他企业的差异化，增强自己在行业中的竞争优势。

（2）使企业获得资源优势

加盟专利池的企业之间可以资源共享，从而实现资源互补。

（3）提升企业核心竞争力

企业的核心竞争力是指企业在市场竞争条件下，以技术为核心，通过企业其他资源的支撑和交互作用所表现出的获取竞争优势的能力，并且这种能力在很大程度上受企业所面临的产业技术和市场动态特性的影响。对加盟专利池的企业而言，专利池恰恰是形成其核心竞争力的基础，而这种基础对未加盟专利池的企业而言来说是不具备的。

（4）推动企业的技术创新

加盟专利池可以为技术创新活动降低技术风险和市场风险，提供较高水平的利益回报，对技术创新活动产生激励作用。

2. 加盟专利池的风险

（1）专利池构筑过程中的风险

专利池构筑过程中，由于各成员之间要交叉许可专利实施，如果不能保障每一个成员公平地将其专利充分披露，则会使部分成员甚至整个专利池遭受损失。一些成员可能出于个人利益考虑，故意隐瞒自己拥有的部分相关专利。

这样的行为会造成两个后果。

第一，其他成员分享了自己的专利权，却没有获得自己需要的互补性或妨碍性专利的使用权，影响其专利的正常使用；不得不为被隐瞒的专利另行支付专利实施许可费，以获得专利使用权。这可能导致加盟专利池的企业携带自己的专利权退出专利池，给整个专利池带来损失。

第二，被隐瞒专利的使用权本该属于专利池，而因为隐藏行为，加盟专利池的企业不能得到该专利权。

（2）专利交易过程中的风险

专利池专利交易过程中的风险主要有两个。

第一，如果被许可者是加盟专利池的企业在专利产品市场上的强大竞争对手，可能使加盟专利池的企业在专利产品市场上遭受打击。根据相关法律，加盟专利池的企业不得对被许可者歧视定价。因此，加盟专利池的企业无法通过收取高额专利实施许可费补偿在专利市场上的损失。这样的交易可能会给加盟专利池的企业带来损失，具有风险性。

第二，最先进的专利技术不一定总由加盟专利池的企业开发。加盟专利池的企业在向被许可者授予专利使用权后，如果被许可者在被许可专利基础上研发出新的专利，且与专利池的核心专利呈妨碍或互补关系，则新专利的实施必定会阻碍专利池的发展，给加盟专利池的企业带来损失。

第五节　专利权质押

专利实施许可、专利转让这两种专利经营方式均能给企业带来经济或市场上的收益。此外，企业可以通过专利权质押的方式获得自身发展所需要的资金。

一、专利权质押概述

（一）专利权质押的概念

专利权质押指专利权权利人将所拥有的专利权作为抵押，从商业银行等银信机构获得贷款资金，并按贷款合同约定偿还资金本息。

（二）专利权质押的种类

1. 直接模式

专利权质押直接模式，也称无服务中介模式，即在进行专利权质押过程中不存在任何机构对企业的专利权质押贷款做担保。在这种模式下，企业直接与银行接触，将专利权直接质押给银行，银行经评估、筛选后放贷。

直接模式的主要优势有两点：一是提高贷款的效率，减少中间环节，缩短贷款时间；二是降低贷款成本，避免中介机构收取服务费。

2. 间接模式

专利权质押间接模式，也称有服务中介的模式，即存在一个以上的贷款担保机构，贷款企业与该类担保机构接触，并将专利权质押给这些机构，然后由该担保机构与银行达成协议，选定双方都认可的评估公司对贷款企业的专利权进行评估，以评估值为基础筛选企业，并对合格的企业做贷款担保，银行直接向贷款企业放贷。

间接模式的主要优势有两点：一是提高贷款的安全性。企业能通过中介服务机构的参与更好地了解市场环境，并可以在出现坏账的情况下减少损失。二是加强贷款企业与银行的相互了解和联系。中介服务机构的介入能改善企业与银行之间信息不对称的情况，让企业贷款有门路，银行放贷有对象。

需要注意的是，银行对评估机构一般是有要求的，因此应找银行认可的评估机构进行专利权评估。

银行对企业专利权质押的审核主要包括：① 企业是拥有专利权的科技型创新企业，专利产品处于实质性的生产、销售阶段并有一定的市场价值；② 企业具有较强的竞争优势，质押专利权所对应的专利产品具有一定的市场占有率，在本地区本行业内具有一定的竞争力；③ 企业连续三年生产经营正常，成长性较好，现金流及利润稳定增长；④ 企业无不良信用记录。

二、专利权质押的具体流程

专利权质押的具体流程如图 9-2 所示。

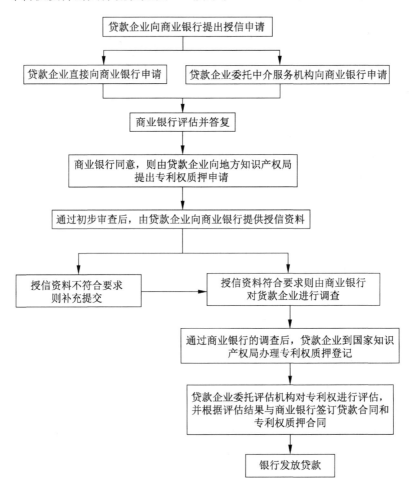

图 9-2 专利权质押的具体流程

① 贷款企业直接或委托相关机构向商业银行提出授信申请。

② 商业银行收到申请后，需要让自己认可的机构进行评估，并及时予以贷款企业答复。

③ 如果商业银行同意借款，贷款企业需向地方知识产权局提出专利权质押申请，并提交有关材料。地方知识产权局在进行初步审查后会出具推荐意见。

④ 如果地方知识产权局通过质押申请，贷款企业需向商业银行提交相关授信资料。如果贷款企业提交的授信资料不符合标准，商业银行会要求贷款企业补充相关资料。

⑤ 商业银行对贷款企业进行授信调查、审查和审批等工作。

⑥ 在商业银行完成审批后，贷款企业应在订立书面借款合同之日起20日内到国家知识产权局办理专利权质押登记。登记完成后，贷款企业需把专利权质押登记资料与地方知识产权局的意见提交给商业银行。

⑦ 贷款企业与商业银行达成初步贷款意向的，由贷款企业委托评估机构出具专利资产评估报告，并持该报告和相关材料与商业银行签订贷款合同和专利权质押合同。商业银行根据合同实施贷款的发放和管理。

三、专利权质押合同

（一）专利权质押合同的特征

第一，专利权质押合同是一种从合同，从属于债权人与债务人订立的主合同。

第二，专利权质押合同是一种要式合同。以口头形式、电话、电报或者其他形式所订立的专利权质押合同无效。但是，专利权质押合同既可以是单独订立的书面合同，也可以是主合同中的担保条款。

第三，专利权质押合同以向管理部门登记为生效要件。也就是说，专利权质押合同必须向国家知识产权局专利工作管理部门申请登记，经登记后才能生效。未经登记的专利权质押合同不能产生法律效力。

第四，专利权质押合同与一般的专利实施许可合同、专利转让合同不同。质押过程中一般不发生专利权的转移。另外，专利转让合同是一种独立的主合同，而专利权质押合同是一种从合同，依附于主合同。主合同无效，从合同也无效。在专利权质押合同生效后，质权人可以限制出质人的专利权，但不得实施该专利权。

（二）专利权质押融资合同的主体

在专利权质押直接模式中，一般情况下，签订专利权质押合同的主体是贷款企业和放贷银行，但是在一些特殊模式中，如上海浦东模式中，专利权质押合同的主体除了贷款企业和放贷银行外，还包括通过政府行政职能部门设立的生产力促进中心等组织。在专利权质押间接模式中，签订专利权质押合同的主体是贷款企业和中介担保服务机构。中介担保服务机构和放贷银行签订贷款合同，放贷银行对贷款企业进行放贷。

（三）专利权质押合同的标的

专利权质押合同的标的，实际上指的是"出质的专利权"。作为质押合同标的的专利权必须是有效的权利。可以从以下方面判断专利权是否有效。

第一，作为质押合同标的的专利权，必须是一项中国专利权，即由国家知识产权局根据《专利法》授予的专利权。只有国家知识产权局根据《专利法》授予的专利权才在中华人民共和国领域内有效，其他任何国家或者地区依据其国家或者地区的法律所授予的专利权在中华人民共和国领域内都不具有法律效力。

第二，作为质押合同标的的专利权，必须仍处于法律规定的专利权保护期限内。超过法律规定保护期限的专利权，不能作为质押合同的标的。

第三，作为质押合同标的的专利权，必须是真实的专利权。被撤销的专利权不能作为质押合同的标的；已经被宣告无效的专利权不能作为质押合同的标的；被放弃或者被视为放弃的专利权不能作为质押合同的标的。

（四）专利权质押合同出质人的资格和义务

1. 出质人的资格

出质人既可能是主合同中的债务人，也可能是主合同之债务人之外的第三人，但无论是谁，都必须依法享有有效专利权。根据《专利法》的规定，专利权人包括专利权所有人和专利权持有人。

出质人应该是专利权人，但存在两种特殊情况。第一种是出质人与他人共有专利权。由《专利权质押登记办法》可知，只有全部共有人作为出质人，其专利权质押合同才是有效的，才予以登记。

2. 出质人的义务

出质人的第一项义务是向质权人交付专利证书及其他证明文件。出质人的第二项义务是维护其专利权的有效。质押合同有效的前提是作为质押标的的专利权必须是有效的。出质人的这项义务包括以下几个方面的内容：按时缴纳专利年费；不得主动声明放弃自己的专利权；当专利权发生权属纠纷时，积极解决纠纷，使质权人的质权不受他人的干扰；在质押合同的有效期间，不得转让其专利权，也不得许可他人实施其专利。

四、专利权质押登记的变更与注销

专利权质押登记的变更与注销如图 9-3 所示。

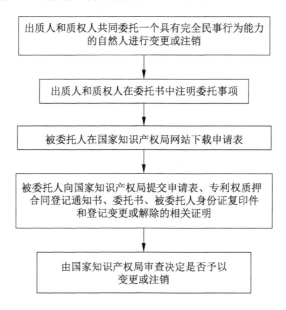

图 9-3 专利权质押登记的变更与注销

五、专利权质押的优点

（一）解决企业融资抵押物缺乏的问题

传统担保模式以实物作为担保物，然而技术型中小企业大都没有多少固定资产。技术成果的产生需要投入大量研发资金，技术成果的商业化同样需要资金作为保障。很多中小企业在进行技术开发后往往没有足够的资金实施技术成果，这不仅造成了科研成果的浪费，也使中小企业陷入了发展的"瓶颈"。专利权质押为借贷无门的中小企业增加了一条融资途径，有助于中小企业实现专利权的资本化。

（二）对质押专利仍享有独占权

无论是采用技术许可、技术转让还是技术入股，企业都不能完全掌控技术成果。通过专利权质押，中小企业既可获得开发资金，又保持了对专利权的独立支配。中小企业在获得融资后仍然保有对专利技术的实施权，既可以选择独自实施技术，也可以选择在适当的时候将专利技术许可给他人实施（需要经过质权人的同意）。这样一来，中小企业在技术成果利用方面就有了更广阔的决策空间。

六、专利权质押的注意事项

（一）分析盈利可能性

专利权质押虽然可以解决中小企业融资难的问题，但是据统计，专利权评估费、律师费等各项中介费用，其综合费率一般在企业贷款金额的 10% 左右。这对中小企业来说也是一笔不小的负担。企业的最终目标在于盈利，过高的质押成本意味着企业只有获得更高的质押收益才能最终盈利。这方面的因素是企业作出专利权质押决策时所必须考虑的。除了中介费用之外，银行设定的高额利率也是中小企业进行专利权质押时必须分析的因素。

本书认为，中小企业应当仔细分析银行业务，根据银行规定的贷款额度、贷款期限、贷款利率等融资条款对盈利可能性进行估算。当然，各地政府都会出台不同程度的中小企业扶持政策，中小企业也要对这些政策予以把握。

（二）考虑质押风险

基于无形资产的特性，专利权的价值比较容易受到科技发展和市场需求变化的冲击。新一代技术产生也许会使某项专利技术变得一文不值。此时不仅企业没能从专利技术实施中获得收益，为了实施专利技术所投入的实物资本也难以回收。当企业无法按期偿债时，银行会变卖担保物，用变卖所得冲抵债务。但是，严重贬值的担保物很可能不足以完全冲抵债务，此时企业将面临严重的信用危机。因此，在实施专利权质押前，企业应当充分考虑可能存在的风险，保留后手，并且在实际运作中妥善管理专利权的实施，尽可能防止专利技术价值骤降。

经典案例 9-1

上海某凯材料股份有限公司是上海市高新技术企业，创办于 2002 年，从事研究、生产、销售微电子制造中使用的材料和特种化学品，申请了多项发明专利。2006 年年初，公司在研发中资金周转遇到困难，拟向渣打银行申请高利息贷款。在获知浦东新区被列为专利权质押试点后，就提出申请，以 1 项专利权进行质押，从上海银行获得 1 年期 100 万元贷款。2007 年年底，公司销售额达到 7000 万元。这笔贷款的成功不但解了燃眉之急，更有意义的是使公司与银行之间建立起互信关系。鉴于良好的成长性，该公司再获得两笔滚动的专利权质押贷款，额度增加到 200 万元。公司在 2006 年 5 月获得专利权质押贷款时总资产是 2962 万元，到 2009 年 10 月，总资产达 1.1 亿元，累计实现销售收入 1.1 亿元，净利润 2276 万元。

经典案例9-2

上海某孚计算机网络有限公司成立于 1999 年，是基于互联网提供各类网络服务解决方案的供应商，拥有多项国际领先的自主及专有技术，使企业可在成本、效率、稳定的前提下应用网络服务，在全国各地拥有 100 多家核心代理商。公司对软件著作权进行评估，登记后质押给某诚小额贷款公司，同时将企业法人代表的股权质押给某诚小额贷款公司作为担保，获得年利率 9%、1 年期 400 万元贷款。某诚小额贷款公司、杨浦科技创业中心所属的某艾投资管理公司和上海某孚计算机网络有限公司三方签订协议，明确一旦上海某孚计算机网络有限公司不能按时归还贷款，由某艾投资管理公司按协议约定的价格参股上海某孚计算机网络有限公司，将债权转化为股权进行追偿。

经典案例9-3

上海某升新材料有限公司是上海市知识产权示范企业，从事研发、生产、销售新型添加剂和新型填料。2008 年年底，累计申请专利 125 项，授权专利 44 项，专利产品销售额占销售总额的 70% 以上。公司计划去外地建设生产基地需要资金，将自有的 1 项专利权质押给中国银行上海市分行，成功获得 300 万元贷款。

🔲 **经典案例 9-4**

　　天津市某公司是一家民营科技型企业，是国内少数能生产医用内窥镜的企业之一。该公司拥有独立的技术研发中心，获得相关科研领域的多件发明专利和实用新型专利，且均已投入实际生产，其中部分技术在国际上处于领先地位。另外，该公司还与多家医疗机构签订了长期供货合同。天津银行通过考察了解到，该公司的资产主要体现为核心专利技术和研发设备，拥有1件发明专利和12件实用新型专利，缺少商业银行认可的传统抵押物、质押物，但考虑到公司处于业务上升期，流动资金不足会严重制约该公司研发新产品和扩大市场的速度，天津银行以其13件核心专利进行捆绑质押，累计发放500万元贷款，解决了该公司的燃眉之急。

🔲 **经典案例 9-5**

　　手握高科技专利，却苦于资金匮乏而不能扩大生产，是很多科技型中小企业都面临的问题。湖南某容科技股份有限公司便是其中一个。该公司是长沙市一家废旧电路板回收处理设备的研发和生产企业，2008年年底由于全球金融危机遇到了资金难题。公司当时正处于"废旧冰箱无害化处理及资源回收技术及设备"的研发攻坚阶段，能否挽留研发人员完成项目开发，是关系到公司持续发展的头等问题。值得庆幸的是，长沙银行星城支行同意对名称为"废印刷电路板的粉碎分离回收工艺及其所用设备"的专利进行质押，放贷150万元，确保了公司重点研发项目的开展和重点人才引进，使多项科技项目开发取得突破性进展。2009年，该公司重点研发项目实现产值3000万元，并荣获工信部"国家信息产业重大技术发明"奖。2010年，该公司又通过专利权质押贷款450万元，继续支持项目的产业化。

第六节　技术入股

　　知识经济时代，技术可以作为资本进行投资的理念已被广泛接受。知识型中小企业不乏优秀的技术成果，企业管理者可以考虑将技术成果用作投资。

这一方面能弥补企业实物资本不足的劣势，另一方面能为技术成果的开发利用找到保障。

一、什么是技术入股

技术入股指技术持有人以技术成果作为无形资产作价出资的行为。技术成果入股后，技术出资方取得股东地位，相应的技术成果财产权转归公司享有。技术入股是一种发展得比较迅速的把技术成果商业化的方式。

《中华人民共和国公司法》（以下简称《公司法》）规定股东可以用货币出资，也可以用实物、知识产权、土地使用权等可以用货币估价并可以依法转让的非货币财产作价出资，并且股东的非货币出资金额可达70%。

技术能力一定程度上反映了企业竞争力。知识型中小企业虽然在厂房、设备、资金等物质资源方面较为缺乏，但是拥有技术资源。如果技术资源能与其他企业的生产销售能力结合起来，那么其经济价值将得到更大程度的体现。技术入股为中小企业提供了很好的发展机会。

二、技术入股的好处

大型企业往往会自行挖掘技术成果的价值，将技术与产品或服务相结合，提高产品或服务的附加值，从而获取更多利润。中小企业不具备大企业那样雄厚的开发能力、生产能力、分销能力和售后服务能力，因此，自行实施技术所产生的利润是有限的。

中小企业可以与有生产制造能力的企业合作设立新公司，促进技术成果的商业化运作。有生产制造能力的企业能作为股东分享技术成果的商业化带来的利润。通过这种方式，中小企业能够节约商业化成本，增加项目研发投入。中小企业作为股东获得的利润分红则也可以弥补在先技术开发的成本。

技术入股与技术转让、技术许可相比，有一定的优势。技术转让意味着所有权的转移。一旦将技术转让出去，企业就丧失了对该项技术的控制。即便该技术最终能带来很大的市场效益，这一效益也不归研发企业所有。技术许可一定程度上克服了技术转让的上述不足，但许可费一般基于被许可人的技术实施状况，即被许可人售出的商品越多，许可人获得的技术许可费越高。而许可人除了在合同中设定最低许可费条款之外，很难对被许可人的实施情况进行控制。如果被许可人不能对技术成果进行充分利用，许可人获取的利润将极其有限。技术入股则不同，技术出资的企业是新公司的股东，对新公司的运作具有表决权，可以在很大程度上左右新公司对其投资的技术成果的利用。

除此之外，由于新公司是独立的法人，股东仅以出资额为限对外承担责任。也就是说，即便技术成果未能成功商业化，企业所承担的风险也是比较低的。

三、技术入股的注意事项

技术入股与传统的资金入股有很大差别，针对这些差异，中小企业在实施技术入股时应当注意以下问题。

（一）明确出资的标的

正如在专利实施许可合同、专利转让合同中要明确交易标的一样，在技术入股合同中也应当明确界定出资人出资的标的。对出资技术的表述要明确具体，否则会为日后可能产生的争端埋下隐患。

（二）明确技术出资人是否有权实施

一般来说，技术入股之后，技术成果的所有权即转移给新的公司。如无特别约定，出资人将无法继续实施该技术。倘若中小企业希望在技术入股之后继续实施所出资的技术，必须在技术入股合同中明确相关事项。

（三）选择可靠的技术评估机构

技术成果价值的确定相比于实物价值的确定要困难得多，不同的价值评估机构对同一技术成果的估算可能相去甚远。为了避免出资不实的后果，中小企业应当选择权威可靠的无形资产评估机构进行评估。

（四）约定技术价值变动后利益的调整

技术成果的价值会随着科技的发展、市场的变化而波动。中小企业将技术成果投入新公司之后，该技术成果的归属即发生转移。在没有相关约定的情况下，技术成果价值的变化与出资人不再有直接联系。作为原所有权人的出资人肯定不希望看到这一点，因此，可以在技术入股合同中加入技术成果价值变动后的利益分配条款。

经典案例 9-6

　　某电科技电子信息系统有限公司是由原信息产业部发起成立的大型电子信息科技企业。该公司隶属中电科技集团，电子信息系统方面的产品生产能力、系统设计能力、工程实施能力及质量保障能力在国内同行业中居于领先地位。公司自行研制的"网络巡警"（ZZMonitor）技术是一套内部局域网安全监控防护系统，集网络入侵监测功能、局域网络安全风险评估功能、个人防火墙功能、文件加密功能和局域网络管理功能于一体，能有效地对大中型内部局域网进行保护和管理。2001 年 11 月，该技术通过了公安部计算机信息系统安全产品质量监督检验中心质量检测。2002 年 9 月，该技术通过了由信息产业部组织的科学技术成果鉴定。为将技术成果迅速转化为生产力，2002 年 10 月，公司委托某资产评估有限公司对三项技术进行评估，评估价值为 820 万元。公司以技术吸引外来资金 1000 万元，组建总投资 1800 万元的新公司。新公司成立后，年产值和利润都大幅增加。

第十章　专利纠纷与应对

在中小企业的专利管理实务中，专利保护方面比较多见的是专利侵权纠纷，以及假冒专利、展会知识产权保护等问题。一方面，企业要保护自己的专利权不被他人侵犯；另一方面，企业要避免因侵犯他人的专利权而遭受损失。本章主要介绍权利人如何应对专利侵权纠纷、涉嫌侵权人如何应对专利侵权纠纷、在生产经营中如何防止假冒专利行为、在展会中如何保护知识产权等。

第一节　权利人应对专利侵权纠纷

专利侵权纠纷指专利权利人与未经其许可实施其专利的侵权行为人发生的争议。

一、专利侵权概述

专利侵权又称侵犯专利权，是指在专利权有效期限内，行为人未经专利权人许可，以生产经营为目的实施其专利的行为。《专利法》第十一条规定，发明和实用新型专利权被授予后，除该法另有规定的以外，任何单位或者个人未经专利权人许可，都不得实施其专利，即不得为生产经营目的制造、使用、许诺销售、销售、进口其专利产品，或者使用其专利方法，以及使用、许诺销售、销售、进口依照该专利方法直接获得的产品。外观设计专利权被授予后，任何单位或者个人未经专利权人许可，都不得实施其专利，即不得为生产经营目的制造、许诺销售、销售、进口其外观设计专利产品。他人未经许可实施了上述行为，就构成了专利侵权。

二、专利侵权的判定

专利侵权行为构成要件如下：侵犯的专利必须是在我国享有专利权的有效专利；存在未经许可擅自使用专利权人专利的行为；实施行为以生产经营为目的；实施的内容在专利权人的专利保护范围之内。

在实践中，判定专利侵权非常复杂。

《专利法》第六十四条规定，发明或者实用新型专利权的保护范围以其权利要求的内容为准，说明书及附图可以用于解释权利要求的内容。我国主要运用全面覆盖原则进行专利侵权判定，即将被诉侵权的技术方案的技术特征与专利权利要求的技术特征进行对比，只要被诉侵权技术方案的技术特征包含专利权利要求中所有的技术特征，就可认定其落入了该专利权的保护范围。

需要提醒的是，发明专利审查过程中存在公开程序，但是公开的专利文本并不一定是最后被国务院专利行政部门批准授权的文本，其间还可能经过多次修改。因此，技术特征的比对应依据有效的授权文本的权利要求进行。

专利的权利要求一般分为独立权利要求和从属权利要求，独立权利要求保护范围更大。这是因为从属权利要求是在独立权利要求的基础上进一步对技术特征进行限定，而限定的技术特征越多，对应的保护范围就越小。因此，只要被诉侵权技术方案包含独立权利要求的全部技术特征，即可判定其落入了专利保护范围之内。在独立权利要求被宣告无效的情况下，才需要进一步比对有效的从属权利要求的技术特征。

> **▢ 经典案例 10-1**
>
> 徐××于 2002 年 2 月 13 日获得专利号为 ZL9710××××.X、名称为"辨钞药水"的发明专利，该专利的独立权利要求为"一种用水湿沾浸法辨别真假币的辨钞药水，包括碘酊、香精、蒸馏水，其特征是配方中加有纯白酒；其配方为碘酊 1%～29%，纯白酒 10%～65%，香精、蒸馏水加至100%"。法院经审理认为，被告北京某公司的"神奇验钞笔"药液配方产品的配方除了另加了甘油，其他与原告专利的配方一样，判定被告产品侵犯徐××的 ZL9710××××.X 号专利。[①]

---

① 参见北京市第二中级人民法院（2003）二中民初字第 6747 号民事判决书和北京高级人民法院（2003）高民终字第 982 号民事判决书。

《专利法》第六十四条规定，外观设计专利权的保护范围以表示在图片或者照片中的该产品的外观设计为准，简要说明可以用于解释图片或者照片所表示的该产品的外观设计。因此，在判定外观设计专利侵权时，主要是把被控侵权物和外观设计专利的图形或者照片中所展示的形状、图案及色彩进行比较，对比两者是否相同或相似。

◇ **经典案例 10-2**

原告广州市××公司于 2003 年 4 月 18 日就"椅子（8 号）"向国家知识产权局申请外观设计专利，2003 年 11 月 12 日获得授权，专利号为 ZL0332××××.9。2004 年 6 月 30 日，原告向广东省佛山市中级人民法院提起专利侵权诉讼，认为被告某装饰实业有限公司生产、销售的"2#椅面"产品侵犯其外观设计专利权。

法院认为，原告的专利权是国家知识产权局依法授予的，在未经合法程序决定该权利无效之前，依法应受到保护，保护的范围以表示在图片或者照片中的该外观设计专利产品为准。将本案被控侵权产品"2#椅面"照片与原告的专利图片相对比，相同点为：（1）座板与靠背是连为一体的整体结构，连接处为光滑的弧线；（2）靠背与座板的边凸出，中间是内凹的结构；（3）座板与靠背的四角是圆弧形状。二者区别点如下：（1）从主视图看，"椅子（8 号）"的靠背上部较小，整个靠背宽度向上逐渐变窄，"2#椅面"的靠背上部较大，与座板部分的宽度基本相同；（2）从右视图看，"椅子（8 号）"的靠背上部向后弯折并且逐渐向后减薄、座板的前部向下弯折并且逐渐向下减薄，"2#椅面"的靠背整体处于同一平面直线上并且厚度一致、座板的整体处于同一平面直线上并且厚度一致；（3）从仰视图看，"椅子（8 号）"的底部设有两条凹槽、凹槽上设有四个螺孔，"2#椅面"的底面设有一个方形凸台、凸台的四个角位设有四个螺孔。综上，两者在外观设计上有一定的区别，不构成侵权，判决驳回原告的诉讼请求。

三、专利侵权证据的调查、收集

（一）专利侵权证据

专利侵权证据主要包括：① 权利证据即证明其专利权真实有效的文件，包括专利证书、权利要求书、说明书和最新专利年费缴纳凭证，提起侵犯实用新型和外观设计专利权诉讼的原告需要提交由国务院专利行政部门出具的专利权评价报告；② 有关涉嫌侵权者情况的证据，包括名称、地址、企业性质、注册资金、人员数量、经营范围等情况；③ 有关侵权事实证据，包括侵权物品的实物、照片、产品目录、销售发票、购销合同等；④ 有关侵权损害的证据，包括涉嫌侵权产品的销售量、销售时间、销售价格、销售成本及销售利润等。

（二）调查、收集专利侵权证据

证据的调查、收集是技巧性很强的工作，专利权人应当在律师或专利代理师的帮助下，围绕专利侵权构成要件的证明要求，力求收集各种客观、合法、有力的证据。

为了增强证据的证明力，专利权人还可以请求公证人员如实对专利权人取得的上述证据和取证过程进行公证。对于专利权人自身难以取得的一些证据，在符合法律规定的情况下，还可以申请法院调查取证或通过证据保全等方式取证。

需要强调的是，证据的调查、收集工作对维权的最终结果会产生关键影响，因此专利权人需要高度重视。"磨刀不误砍柴工。"在证据不足的情况下贸然起诉，可能会适得其反。

> ### 经典案例 10-3
>
> 诺基亚公司诉广州市 A 公司侵犯其手机外壳外观设计专利纠纷一案，入选广东省"2004 年十大知识产权典型案例"。
>
> 该案案情：2001 年，诺基亚公司发现广州市 A 公司大量仿制其拥有外观设计专利的手机外壳。2002 年，诺基亚公司通过有关部门对 A 公司进行了查处。当时 A 公司进行了赔偿，并承诺不再侵权。不过，诺基亚公司经监控发现 A 公司仍在大量持续地进行侵权，于是委托律师和专利代理师，经过长达一年的调查取证，在掌握了确切证据的基础上，于 2004 年 11 月 12 日向广州市知识产权局提出处理专利纠纷的请求，并提交了证明被请求人（A 公司）实施了侵权行为的公证书。请求事项为责令被请求人立即停止生产和销售侵权产品，销毁侵权产品和模具，赔礼道歉，赔偿经济损失，责令被请求人出具书面保证。广州市知识产权局立案受理后，对被请求人生产经营场地进行了现场勘验，发现了被控侵权的产品及部分生产模具。

案件处理期间，广州市知识产权局组织双方当事人进行了多次调解，于2004年12月29日达成和解协议。

据办理该案的律师介绍，证据是决定案件成败的关键。该案中，由于被请求人被查处过，警惕性很高，因此取证难度很大。请求人代理律师精心布置，经过长达一年的取证，充分掌握了对方的具体情况，而且还进行了公证取证，取得了确凿的证据。

四、专利侵权纠纷的处理方式

根据《专利法》第六十五条，未经专利权人许可，实施其专利，即侵犯其专利权，引起纠纷的，由当事人协商解决；不愿协商或者协商不成的，专利权人或者利害关系人可以向人民法院起诉，也可以请求管理专利工作的部门处理。管理专利工作的部门处理时，认定侵权行为成立的，可以责令侵权人立即停止侵权行为，当事人不服的，可以自收到处理通知之日起15日内依照《中华人民共和国行政诉讼法》（以下简称《行政诉讼法》）向人民法院起诉；侵权人期满不起诉又不停止侵权行为的，管理专利工作的部门可以申请人民法院强制执行。进行处理的管理专利工作的部门应当事人的请求，可以就侵犯专利权的赔偿数额进行调解；调解不成的，当事人可以依照《民事诉讼法》向人民法院起诉。

从相关法律规定可以看出，专利侵权纠纷处理方式主要有以下几种。

（一）发警告函

1. 警告函概述

专利权人侵权警告函是指专利权人在发现市场上存在侵犯其专利权的现象时，通过律师以律师函或自己以发布广告的方式向侵权人或侵权人的交易方发出侵权警告，指出侵权对象、法律后果、主张请求的法律函件。

警告函并无特殊的格式及内容要求，但作为一种行使请求权的法律文件，必须包括以下法律要件：发送者与被发送者姓名或名称；专利权的基本信息（如专利号、专利名称等）；侵权事实的描述；具体、明确的请求内容，如停止侵权、赔偿损失等。

2. 判断是否发送警告函

警告函的直接作用在于制止被告知方的侵权行为，同时还能迅速保护企业市场，降低维权成本，产生有利的法律效果。警告函的不足之处在于容易打草惊蛇，被对方以捏造、散布虚伪事实，损害竞争对手的商业或商品信誉，构成不正当竞争为由提起诉讼，同时增加调查取证的难度。另外，对方还可能提起"确认不侵权之诉"争取有利己方的管辖权，造成权利人的被动。

发送警告函并非必经程序，企业应该根据自身条件和实际案情，参考各方面利弊，选择是否需要发送警告函。

关于是否发送警告函，企业可结合以下事宜进行判断：① 企业资金不够充裕，侵权行为损害不大、不急迫的，可以选择发送警告函；② 企业资金实力雄厚，并且经评估认为公力救济不可避免时，可以不发送警告函；③ 侵权人可能随时转移财产、销毁关键证据时，可以不发送警告函，直接起诉；④ 已临近诉讼时效截止日期，尚未完全做好诉讼准备，可以选择发送警告函以中断诉讼时效。

3. 警告函的发送方式

警告函可能会成为诉讼中的重要证据，故应当以有效的方式对警告函予以证据形式的固化。最保险的做法是通过公证的方式确定警告函的内容及发出途径。为了确保对方收到警告函，最常见的发送途径是挂号信或有签收的快递。

（二）当事人协商解决

发生了专利侵权纠纷，如果在不超过企业底线的情况下，能与对方协商达成一致的，可采用协商解决这种方式。

1. 协商谈判前的准备

专利权人一般聘请专利代理师或律师作为委托代理人参与协商谈判过程。在协商谈判前，应与专利代理师或律师进行沟通，确定专利权人的权利要求、妥协让步的底线、谈判策略。然后，应与侵权人就谈判的时间、地点、参加人员及谈判方式进行沟通达成一致。另外，还要准备好谈判场所及谈判所需的材料。

2. 协商谈判

专利权人在协商谈判过程中，应按预先确定的谈判策略展开，在不突破己方底线的前提下努力与侵权方达成协议，争取己方的权利。

3. 签订相关协议

专利权人应在专利代理师或律师的帮助下，在谈判过程确定协议的内容条款，双方在协议上签名盖章。

（三）请求管理专利工作的部门处理

对于专利侵权案件，自行协商不成的，专利权人可以请求当地管理专利工作的部门处理。当地知识产权局一般是管理专利工作的部门，其处理专利纠纷的流程主要包括请求人提出请求、管理专利工作的部门立案、被申请人提供答辩书、管理专利工作的部门根据需要进行口头审理、管理专利工作的部门制作调解书和处理决定书。

1. 立案条件

① 请求人是专利权人或者利害关系人。

② 有明确的被请求人、请求事项和具体事实、理由及相关证据。

③ 属于管理专利工作的部门的管辖范围。

④ 涉案专利权真实有效，提出请求时没有超过法定时效。

⑤ 当事人没有就该专利侵权纠纷向人民法院起诉。

2. 提交材料

① 专利侵权纠纷处理请求书。按统一的格式填写请求书，并根据被请求人数提交副本；请求书均需加盖请求人公章或签名，不得委托他人代签，不得提交复印件。

② 请求人身份证明文件（复印件需与原件核对无误），包括登记证明（营业执照副本）复印件、法定代表人身份证明复印件、个人身份证复印件。

③ 专利文件（复印件需与原件核对无误），包括专利证书复印件、专利文献（公告页、附图、权利要求书、说明书等）复印件、法律状态证明（当年缴纳年费发票或专利检索报告）复印件，有时还需要提交专利登记簿副本。

④ 涉嫌侵权证据（需提交原件或复印件，提供复印件的需与原件核对无误），包括涉嫌侵权样品（涉嫌侵权产品），生产、使用、销售涉嫌侵权产品的证据（如销售发票、收据、报价单、产品宣传广告材料、生产任务单、出仓单、公证书等）。

⑤ 被请求人的工商登记资料。

⑥ 需委托代理人的，要提供授权委托书。授权委托书需载明代理权限（如代为参加调处、签署有关文件、进行和解、增加或放弃请求事项等）。

3. 缴纳费用

管理专利工作的部门处理专利纠纷时会依照相关规定和标准收取一定费用，请求人在申请时要缴纳相关费用。

4．处理过程

管理专利工作的部门在办案过程中，可以依法行使下列职权开展调查工作：询问有关当事人，调查与涉嫌侵犯他人专利权有关的情况；查阅、复制当事人与侵权活动有关的合同、发票、账簿及其他有关资料；对当事人涉嫌从事侵犯他人专利权活动的场所实施现场检查；检查与涉嫌侵犯专利权活动有关的物品。

管理专利工作的部门可以根据案情需要决定是否进行口头审理。管理专利工作的部门处理行政裁决案件，应当在受理案件之日起 6 个月内审结。有特殊情况需要延长的，经管理专利工作的部门负责人批准，可以延长 3 个月。

5．处理结果

经管理专利工作的部门审理，如果调解达成和解协议，该部门将制作调解书；如果调解不成，该部门将作出处理决定。当事人对管理专利工作的部门作出的处理决定不服的，可以自收到处理决定书之日起 15 日内依照《行政诉讼法》向有管辖权的人民法院起诉。

🔲 经典案例 10-4

请求人柯某拥有专利号为 ZL20083004××××.3、名称为"文胸包装内盒"的外观设计专利，被请求人为李某（××市某制衣厂业主）。2008 年 10 月，请求人与被请求人因专利侵权纠纷向××市知识产权局提出专利侵权纠纷处理请求。

××市知识产权局立案后，到被请求人经营场所进行现场勘验。在被请求人的车间和仓库发现存有被控文胸包装内盒 5000 个、已装配被控文胸包装内盒的"波动挺美体内衣"成品 14088 个。执法人员对有关证据进行了拍照和登记。根据请求人的请求，执法人员对上述装配有被控文胸包装内盒的"波动挺美体内衣"进行了就地封存。

被请求人辩称：被控产品文胸包装内盒的制造商是广州市某印业有限公司，并提供了送货单，以此证明被请求人是从广州市某印业有限公司购进的文胸包装内盒。

××市知识产权局查明：请求人于 2008 年 4 月 24 日向国家知识产权局申请名称为"文胸包装内盒"的外观设计专利，并于 2008 年 8 月 6 日获得授权，专利号为 ZL20083004××××.3，该专利真实有效。

被控文胸包装内盒由两个透明部件组成，组件1为类似文胸两个杯罩的多面体；组件2为一平台中轴线上设有两个分离的对称的突起，突起由一个有三条竖直线条的平面和一个弧面相交而成半封闭立体；与上述专利权的图片比较，完全覆盖了该专利权的保护范围。

××市知识产权局认为：请求人的ZL20083004××××.3号外观设计专利真实有效，应当受到法律保护。该外观设计专利权的保护范围以表示在图片或者照片中的该外观设计专利产品为准。被控文胸包装内盒属于与本案外观设计专利相近似的设计，落入了该外观设计专利的保护范围。被请求人辩称被控产品不是其制造的，经审查证据不足。故被请求人未经专利权人许可，在请求人拥有的ZL20083004××××.3号外观设计专利有效期内，制造、销售了与上述外观设计专利相近似的产品，构成侵犯专利权，应当承担相应的法律责任。对于请求人请求责令被请求人赔礼道歉的请求，超出了知识产权局的职能范围，不予支持。

2008年12月，××市知识产权局根据《专利法》和《××省专利保护条例》，作出以下处理决定：

一、责令被请求人立即停止侵权行为，即停止制造、销售与ZL20083004××××.3号外观设计专利相近似的文胸包装内盒。

二、责令被请求人销毁装有与ZL20083004××××.3号外观设计专利相近似的文胸包装内盒19088个。

2009年5月，××市知识产权局到被请求人经营地点对被封存的物品进行解封，并销毁已解封的物品。

除了直接请求管理专利工作的部门调解或处理外，权利人还可以通过以下途径进行维权。

第一，向知识产权快速维权中心请求维权。在国家知识产权局的指导下，全国一些产业集聚地区建立了知识产权快速维权中心，为区域内的企业提供快速知识产权申请、授权、维权的绿色通道。

第二，通过12345消费投诉举报平台进行投诉。各级政府和职能部门基本开通了政务服务和投诉举报热线，方便了政务咨询、投诉举报等各类民生诉求，不过这也容易导致服务热线过多，且分散、杂多，不方便记忆，跨部门问题难以协调，缺乏统一的服务标准和考核评价机制等问题。因此，国家设立了统一的 12345 消费投诉举报平台。2014 年年底，广东省各市 12345 投诉举报平台全部开通，在全国率先实现了消费维权和经济违法行为监督"一线通"。专利侵权投诉也可以通过 12345 消费投诉举报平台进行。

（四）提起民事诉讼

在专利纠纷中，协商不成的专利权人可以直接向人民法院提起民事诉讼。在请求管理专利工作的行政部门处理后不服处理决定的，也可以向人民法院提起民事诉讼。

1. 诉讼前的准备工作

（1）咨询专利代理师或律师的意见

在专利侵权诉讼前，专利权人应咨询专利代理师或律师的意见，确定是否提起诉讼，然后选择被告，选择管辖法院，明确诉讼请求。

专利权人应当在提起诉讼之前，自行或委托专利代理师检索及调查现有技术，在此基础上分析专利被宣告无效的可能性。如果通过检索和分析，认为专利权可能被宣告无效，就要谨慎提起诉讼，可以考虑通过与对方谈判，适当降低赔偿要求或许可使用费数额，达到既保全专利权又获得适当赔偿的目的。

在提起侵权诉讼之前，专利权人要调查侵权者的具体情况，选择法律主体资格适格且具有赔偿能力的被告，具体工作可以由委托专利代理师或律师代为处理。另外，可以以侵权证据最充分、侵权获利数额较明确并且实力不强的侵权者作为被告，这样能够提高胜诉的可能性。如果取得胜诉的判决，将对后续的系列诉讼（针对其他侵权人的起诉）起到非常积极的作用。

在司法实践中，为了减少案外因素的干扰，通常会经过对侵权行为的分析，选择相关司法经验丰富和日后判决容易执行的侵权行为地法院起诉。

（2）委托专利代理师或律师

专利侵权诉讼比一般的民事诉讼复杂得多，专利权人一般都会聘请专利代理师或专利诉讼经验丰富的律师作为委托代理人参与专利侵权诉讼。双方要签订委托代理合同。

（3）准备提起专利侵权诉讼所需提交的资料

提起民事诉讼，需要向法院提交起诉状、原告主体资格证明、起诉证据等材料。委托代理人代理原告提起民事诉讼的，还应提交委托代理资格证明。

第一，起诉状。

民事起诉状基本由三部分构成。抬头部分，主要包含原、被告的基本情况，原、被告是公民的，应该写明姓名、年龄、身份证号码、工作单位、现住址等信息；原、被告是单位的，应该写明单位名称、地址、法定代表人、联系方式等；如果存在代理人，还应注明代理人的基本信息。诉讼请求部分，要清楚地写明原告请求人民法院给予司法救济的具体事项。事实与理由部分最为重要，需要原告对对方侵权的事实、依据的法律法规等事项进行阐述，以支持自己的诉讼请求。

在专利侵权诉讼中，专利权人一般委托专利代理师或律师来填制专利侵权民事诉状。起诉书需要准备正本一份，并按被告人数准备副本数份。

第二，原告主体资格证明。

企业作为专利权人提起诉讼，原告主体资格证明主要指营业执照原件（副本）和复印件、法定代表人身份证复印件和原件。

第三，证据材料。

专利侵权诉讼证据材料主要包括：专利证书、权利要求书、说明书和最新的专利年费缴纳凭证，提起侵犯实用新型专利权诉讼的原告，应当提交由国务院专利行政部门出具的专利权评价报告（或检索报告）；侵权物品的实物、照片、产品目录、销售发票、购销合同等材料；涉嫌侵权产品的销售量、销售时间、销售价格、销售成本及销售利润的证明。

2. 向法院提交起诉状和相关材料，提起诉讼

专利权人自行或委托代理人向法院提交规定份数的起诉状和其他材料，并按照规定缴纳案件受理费。

3. 法院进行形式审查

接到原告的起诉后，法院对原告提交的材料是否符合要求进行审查，以决定是否受理。法院在受理案件时，先审查材料本身是否合格。如果不合格，会通知原告补正。然后，法院会审查是否符合《民事诉讼法》对起诉的规定：原告是与本案有直接利害关系的公民、法人和其他组织；有明确的被告；有具体的诉讼请求和事实、理由；属于法院受理民事诉讼的范围和受诉法院管辖。法院经审查认为符合起诉条件的，会在 7 日内立案并通知当事人，并将起诉状副本转达给被告；认为不符合立案条件的，会在 7 日内作出不予受理的裁定。

4. 被告提交答辩状和相关证据

被告在收到起诉状副本后，如果对法院的管辖权有异议，应在答辩期内

向人民法院提出管辖权异议请求，人民法院审查后作出管辖权裁定。如果对管辖权裁定不服，可以向上一级人民法院提起上诉，高级人民法院作出终审管辖裁定。如果法院管辖权异议成立，案件将转送到有管辖权的法院审理。接下来，被告应向法院提交答辩状和相关证据。

5. 法院进行文件转达和组织证据交换

开庭审理之前，在人民法院的主持下，当事人之间相互明示并传递其持有的证据，以便相互了解证据信息，明确诉讼争论的焦点。在交换证据的过程中，当事人要携带证据的原件，并交由对方审核，以确定证据的真实性和有效性。这时，诉讼双方当事人都可以针对对方当事人的证据的真实性和有效性进行评述，发表己方的观点。人民法院会针对双方具有争议的证据进行记录，对双方不存在争议的证据，在开庭审理时不再审查。

6. 开庭审理

开庭审理一般通过法庭调查和辩论，审查核实证据，查明案件事实，正确适用法律，确认当事人之间的权利义务关系，由法院作判决。

依照《民事诉讼法》相关规定，人民法院适用普通程序审理的案件，应当在立案次日起6个月内审结；有特殊情况需要延长的，由本院院长批准，可以延长6个月；还需要延长的，报请上级人民法院批准。按照《最高人民法院关于适用〈中华人民共和国民事诉讼法〉的解释》第二百四十三条，审结期限是指从立案的次日起至裁判宣告、调解书送达之日止的期间，但公告期间、鉴定期间、双方和解期间、审理当事人提出的管辖异议，以及处理人民法院之间的管辖争议期间不应计算在内。

7. 上诉

当事人对一审判决不服，可以再向上一级人民法院上诉。上一级人民法院作出的二审判决即为终审判决。

□ **经典案例 10-5**

浙江迪克森电器有限公司（以下简称迪克森公司）拥有专利号为ZL20081021××××.8，专利名称为"一种开合式电流互感器"的发明专利。该公司于2008年9月12日提出专利申请，于2010年9月8日获得授权。迪克森公司在市场上调查时发现××市某有限公司（以下简称某公司）无视法律规定，未经迪克森公司同意，以生产经营为目的，擅自实施专利，即非法制造、使用、许诺销售、销售的 DP 系列互感器侵犯涉案专利，牟取非法利益。某公司的侵权行为导致迪克森公司专利产品的供货量和价格明显下降。迪克森公司向温州市中级人民法院提起诉讼，状告某公司侵犯其专利权，请求：（1）判令被告立即停止制造、使用、许诺销售、销售侵权产品，销毁库存的侵权产品和半成品及销毁模具；（2）判令被告赔偿原告经济损失 100 万元；（3）本案一切诉讼有关费用由被告承担。

被告辩称：（1）被告实施的技术属于现有技术，在原告申请日之前已经为国内外公众所知的技术，不构成侵犯原告的发明专利权；（2）原告的发明不具有创造性、新颖性，不符合《专利法》第二十二条授予专利权的条件；（3）即使被告专利不属于现有技术，被告的被控产品与原告专利也有多处不一致，不落入原告专利保护范围。原告对现有技术恶意申请专利，在自身取得专利权后，通过诉讼或其他手段排挤同行，达到独占市场份额的目的。综上，请求驳回原告的全部诉讼请求。

2012 年 2 月 27 日，某公司针对涉案专利向专利复审委员会提起无效宣告请求。2012 年 9 月 26 日，专利复审委员会作出维持涉案专利有效的决定。

最后，法院经审理，一审判决如下：

一、被告某公司于本判决生效之日起停止侵害原告迪克森公司 ZL20081021××××.8 号发明专利权之制造、许诺销售、销售行为，并销毁库存的侵权产品和半成品。

二、被告某公司于本判决生效之日起 10 日内赔偿原告迪克森公司经济损失 13 万元。

三、驳回原告迪克森公司的其他诉讼请求。

某公司不服判决，向浙江省高级人民法院提起上诉，二审维持原判。

第二节　涉嫌侵权人应对专利侵权纠纷

有些中小企业在生产经营过程中知识产权意识淡薄，对自身行为是否构成专利侵权缺乏足够的重视或存在侥幸心理，经常在接到被控侵权的警告函或者法院应诉通知书时才意识到问题的严重性。专利侵权纠纷中的被控侵权方在收到警告函或者法院应诉通知书后，应当冷静、及时应对。

一、回复警告函

专利侵权纠纷中的被控侵权方收到警告函后，应当咨询专利代理师或律师的意见，评估侵权是否成立，并根据评估结果采取适当的应对措施。如果侵权成立，则应积极与对方谈判，了解对方意图，力争达成和解，避免损失扩大。期间可视情况通过专利无效宣告程序、寻求专利实施许可或转让、公司收购、反诉、有针对性地提出其他诉讼。如果侵权不成立，则要及时做好应诉准备，收集相应证据，同时向对方回函阐述己方认为不侵权的观点，尽量避免诉讼的发生。

二、应对管理专利工作部门的处理

涉嫌侵权人在接到管理专利工作的部门送达的请求书副本和答辩状时，应咨询专利代理师或律师的意见，评估是否侵权，然后确定应对策略。如果确定不侵权，应在专利代理师或律师的帮助下准备好答辩状，及时提交给管理专利工作的部门。如果确定侵权，应立即停止侵权，并主动和专利权人进行协商，尽力在不超越企业底线的前提下与专利权人达成和解。如果未达成和解，也应积极配合管理专利工作的部门的调查。如果对管理专利工作的部门的处理决定不服，可以向人民法院提起行政诉讼。

三、应对专利侵权诉讼

涉嫌侵权人在接到法院转达的专利侵权诉状副本时，有以下应对策略。

（一）咨询评估

首先，应咨询专利代理师或者律师，对以下事实进行评估：对比分析被控侵权产品与被侵权的专利，评估是否侵权；评估涉案专利是否有效；评估侵权诉讼胜诉的可能性；评估法律服务费用等直接诉讼成本和诉讼导致的订单和市场损失；等等。其次，视情况与原告方接触，了解对方的意图、底线。最后，评估自身的实力和资源。

如果不侵权抗辩胜诉可能性较大，但可能付出较大代价，如可能因侵权风险而损失大量订单和造成损失，或者引发专利战，或者法律服务成本费用远远高于和解代价，同样不宜贸然选择诉讼，而应积极探寻解决问题的非诉途径。如果评估认为确实极有可能被认定为专利侵权，且涉案专利相对稳定，一般应立即停止侵权行为，撤出相关市场。但是，若由此造成的损失极大甚至对企业的生存造成实质影响，涉嫌侵权人一方面应当做好尽可能充分的应诉准备，另一方面应当以最大努力及诚意促进和谈，争取以代价最小的条件达成和解。

（二）和解

民事诉讼中的和解指双方当事人在诉讼进行中自主协商，达成协议，解决纠纷，结束诉讼。涉嫌侵权人在评估结果显示诉讼明显不利的情况下，应积极与原告方进行协商谈判，尽量在能够承受的成本范围内达成和解。

如果双方达成一致，一般会签订和解协议书。原告向法院出示和解协议书，申请撤回起诉。法院审查后决定准许撤回起诉，诉讼程序终止。

（三）应诉

1. 确定抗辩理由

涉嫌侵权人应在专利代理师或律师的帮助下，确定抗辩理由。主要抗辩理由有以下几种。

（1）专利权无效抗辩

如果涉案专利被复审和无效审理部认定为无效，则原告方的起诉失去了权利依据，侵权自然不成立。需要注意的是，复审和无效审理部的决定并非最终裁决，其后可以经法院作进一步审理。

（2）现有技术抗辩

《专利法》第六十七条规定，在专利侵权纠纷中，被控侵权人有证据证明其实施的技术或设计属于现有技术或现有设计的，不构成侵犯专利权。现有技术抗辩涉及原告专利、被控技术和现有技术三个对象。被告可以直接将被控技术与现有技术进行对比，如果属于现有技术，则抗辩成功。也可以先将被控技术与原告专利进行对比，主张未落入保护范围，再进行现有技术抗辩。切忌直接将原告专利与现有技术进行对比。

现有技术抗辩与专利权无效抗辩的主要区别在于，现有技术抗辩并不提起专利权的无效宣告请求，而只是证明被控技术属于现有技术。

（3）主张未落入专利保护范围

被控技术未落入专利保护范围不构成专利侵权行为。

（4）根据实际情况运用其他策略

例如，诉讼时效抗辩。根据《专利法》，侵犯专利权的诉讼时效为 2 年，自专利权人或利害关系人得知或应该得知侵权行为之日起计算；如果是连续的侵权行为，则从侵权行为结束之日起算。涉案侵权人应当积极搜集当事人"知道"或"应当知道"侵权行为的具体日期证据，并判断其与提起诉讼的日期间隔是否超过2年。如果超过2年，就可以此为理由提出抗辩。又如，专利权用尽抗辩。根据《专利法》第六十九条，专利产品或者依照专利方法直接获得的产品，由专利权人或者经其许可的单位、个人售出后，使用、许诺销售、销售、进口该产品的行为，不视为侵犯专利权。再如，先用权抗辩。根据《专利法》第七十五条，在专利申请日前已经制造相同产品、使用相同方法或者已经作好制造、使用的必要准备，并且在原有范围内继续制造、使用的行为，不视为侵犯专利权。运用先用权抗辩时，必须证明申请人提出专利申请以前，被控侵权人已经制造相同的产品、使用权用相同的方法或者已经作好制造、使用的准备，并且继续使用必须限于原有的范围之内，超出这一范围的制造、使用行为构成侵犯专利权。

除了以上抗辩理由之外，还可以运用临时过境、科学研究与实验使用、诉讼主体资格等理由进行抗辩。

2. 请求管辖权异议

涉嫌侵权人接到法院转达的专利侵权诉状副本时，如果对管辖权有异议，应当在提交答辩状期间向法院提出管辖权异议。逾期提出的，人民法院不予审议。

人民法院对当事人提出的异议，应当审查。经过审查，当事人对管辖权的异议成立的，受诉法院应当作出书面裁定，将案件移送有管辖权的法院。异议不成立的，裁定予以驳回。裁定书应当送达双方当事人。当事人对受诉法院的裁定不服的，在10日内有权向上一级法院提出上诉。在二审法院确定该案的管辖权以后，就应当按照人民法院的通知参加诉讼。

3. 提交答辩状或证据

涉嫌侵权人要在接到法院转达的专利侵权诉状副本之日起15日内，提交答辩状和证据。涉嫌侵权人一般委托专利代理师或律师来准备答辩状和相关证据材料。

之后，法院进行文件转达和组织证据交换、开庭审理、上诉的程序与向人民法院提起民事诉讼的程序一样，不再赘述。

> ◼ **经典案例10-6**
>
> 2009年11月，王某向国家知识产权局提出包括护腕、护腰、护腿等部件的"护体套装"的外观设计专利申请，并于2010年8月被授予专利权。一年后，王某在某商店内发现有出售该"护体套装"中的护腰，认为货主哈某侵犯了该项外观设计专利权，遂向西安市中级人民法院提起诉讼，要求哈某停止生产、销售并赔偿10万元的损失。哈某对销售相关事实并未否认，但提交了2008年12月的博客和2009年个人相册的公证书，主张在王某申请外观设计专利之前已经使用了该护腰的照片。西安市中级人民法院经过审理，在认定以下两点的基础上驳回了王某的相关主张：（1）根据王某被授予的外观设计的简要说明书，护腕、护腰、护腿等有各自独立的照片说明，可以单独作为外观设计专利的保护对象。（2）根据哈某提交的公证书，该护腰的外观设计在王某申请专利之前业已存在，属于"现有设计"。
>
> 在该案中，涉嫌侵权人积极应诉，并成功地利用现有设计抗辩获胜。

第三节　假冒专利行为的应对

在企业专利管理实务中，经常遇到假冒专利行为。企业应积极利用各种行政救济或司法救济方式应对假冒专利行为，减少自身损失。另外，也有企业因缺乏对假冒专利的认识，在产品包装上使用不当专利标识，引起麻烦。

一、假冒专利行为

《专利法实施细则》第一百零一条规定：

下列行为属于专利法第六十八条规定的假冒专利的行为：

（一）在未被授予专利权的产品或者其包装上标注专利标识，专利权被宣告无效后或者终止后继续在产品或者其包装上标注专利标识，或者未经许可在产品或者产品包装上标注他人的专利号；

（二）销售第（一）项所述产品；

（三）在产品说明书等材料中将未被授予专利权的技术或者设计称为专利技术或者专利设计，将专利申请称为专利，或者未经许可使用他人的专利号，使公众将所涉及的技术或者设计误认为是专利技术或者专利设计；

（四）伪造或者变造专利证书、专利文件或者专利申请文件；

（五）其他使公众混淆，将未被授予专利权的技术或者设计误认为是专利技术或者专利设计的行为。

专利权终止前依法在专利产品、依照专利方法直接获得的产品或者其包装上标注专利标识，在专利权终止后许诺销售、销售该产品的，不属于假冒专利行为。

销售不知道是假冒专利的产品，并且能够证明该产品合法来源的，由县级以上负责专利执法的部门责令停止销售。

专利标识不正确、把尚未授权或已经失效的专利标识为专利的行为是经常发生的假冒专利行为，其中有些是企业疏忽所致。企业应加强专利管理，规范专利标识行为，以免招来不必要的处罚。

二、应对他人假冒专利行为

（一）向管理专利工作的部门举报

企业如果发现他人假冒专利的行为对自己产品的市场造成影响，可以向管理专利工作的部门进行举报，举报时要提交假冒专利举报书。

对经查属实的假冒专利行为，由管理专利工作的部门责令改正并予公告，没收违法所得，可以并处违法所得4倍以下的罚款；没有违法所得的，可以处20万元以下的罚款。构成犯罪的，依法移送司法机关追究直接责任人的刑事责任。《刑法》第二百一十六条规定，假冒他人专利，情节严重的，处3年以下有期徒刑或者拘役，并处或单处罚金。

销售不知道是假冒专利的产品，并且能够证明该产品合法来源的，由管理专利工作的行政部门责令停止销售，免除罚款处罚。

（二）向人民法院提起民事诉讼

企业如果发现他人假冒专利的行为对自己产品市场造成影响，也可以直接向人民法院提起民事诉讼，要求对方停止假冒专利行为，并对所造成的损失进行赔偿。诉讼程序与专利侵权诉讼程序基本相同。

◆ **经典案例 10-7**

2000 年 3 月，原告赵某取得"燃煤皮带转运除尘站"专利。由于拥有广阔的市场前景，该专利被赵某的朋友被告于某看中。2000 年 10 月 22 日，赵某与 A 公司、于某签订 C-3 全自动除尘设备专利技术使用授权书，于某当时为 A 公司的法定代表人。2003 年 3 月，于某重新注册了一家公司，即 B 公司。B 公司的产品使用说明书中印有赵某的专利号进行生产、销售、对外招标等活动。

据原告赵某介绍，被告于某没有按照当初专利技术使用授权书的约定，给予他合同约定的专利使用费，而且原告也未授予 B 公司专利使用权。原告认为，于某和 B 公司未经他的许可而擅自使用原告的专利号进行生产、宣传、销售是假冒专利行为，并严重地侵害了他的合法权益。

2007 年 2 月 12 日，赵某一纸诉状将 B 公司和于某告上法庭，要求两被告停止假冒专利行为，并赔偿其经济损失 100 万元。

被告律师辩称，赵某的专利技术部分属于公众技术，而且原告与于某已经签订了专利技术使用授权书，加上于某是 B 公司的法定代表人，因而被告 B 公司生产、销售产品的行为应该视为对原告专利技术的合理使用，不应该被认定为是生产、销售假冒他人专利产品。此外，B 公司在几年的生产和销售过程中已经取得了皮带机落差点粉控制技术的专利技术。

法院经审查认为：2000 年 10 月 22 日，赵某与于某签订 C-3 全自动除尘设备专利技术使用授权书。赵某授权于某使用专利技术，于某交付使用费，落款为 A 公司、于某，于某系 A 公司的法定代表人。但于某迟迟没有支付原告专利技术使用费，因为专利产品的生成必然要依托生产企业进行，根据合同有关条款，结合合同目的，应理解为赵某授权于某及 A 公司生产专利产品的权利，但是于某及 A 公司均无权再授权他人使用原告的专利技术，因此，B 公司不拥有该专利的使用权。

B 公司未经原告许可在产品使用说明书中使用他人专利号，必将导致将其销售产品所涉及的技术误认为是他人的专利技术的严重后果，从而构成假冒他人专利的行为，应承担停止假冒行为、赔偿经济损失的责任。

2007 年 7 月 2 日，沈阳市中级人民法院综合考虑被告利用该说明书进行广泛宣传，在促成有关产品交易中起到误导作用，以及产品销售范围较广、数量较多、与原告专利产品的用户群近似等情节，并结合被告侵权的主观过错，作出一审判决：（1）被告 B 公司停止假冒原告专利行为；（2）赔偿原告经济损失 25 万元。

第四节　展会知识产权保护

随着展会业的迅速发展，展会知识产权保护问题越来越得到重视。

一、展会知识产权保护的概念

展会知识产权保护指在各类展览会、展销会、博览会、交易会、展示会等展会中有关专利权、商标权、著作权的保护。展会知识产权保护的客体在有些情况下指展会承办方本身的知识产权，包括展会名称权利、展会 logo 权利、展会布局及展台设计权利等，在更多情况下指参展方参展的产品和服务所涉及的知识产权。展会知识产权保护是综合性的，包括申请停止侵权的司法保护措施、行政查处、参展合同保护、展会行业协会调解等。

二、展会知识产权保护的特征

因为时间短和参展人员聚集，展会知识产权保护相对于一般知识产权保护具有特殊性。

（一）取证难度大

展会一般就几天时间，如果事前未作准备，在发现侵权时现场取证难度会相当大。如果在展会期间未搜集到足够证据，等到展会结束再去追究侵权人责任，会相当困难。另外，参展方带到展会的产品数量通常不多，很容易在管理知识产权工作的部门取证之前被隐藏，导致取证困难。

（二）技术性障碍大

参展产品很大一部分都是代表最新技术的新产品，而且很可能是首次面世，依附了大量的新的知识产权（特别是新的专利技术）。这对管理知识产权工作的部门和司法部门处理展会知识产权纠纷在技术层面提出了更高的要求。

（三）保护方式综合

仅依靠传统的行政、司法双轨保护方式不足以解决展会知识产权纠纷，还要依赖展会承办方与参展方签订合同、展会行业自律等方式。美国要求参展方和承办方签订独特的参展合同，事先约定参展方和承办方的权利义务。

三、参展前的知识产权保护措施

（一）参展前申请获得知识产权

依法获得知识产权是知识产权保护的前提。参展方应在参展前主动申请获得知识产权，如对新产品申请获取专利权，对新的品牌名称和标示申请获取注册商标。另外，在参展前要确认参展产品涉及的知识产权是否处在有效状态。参展方应尽量不将还没有申请专利的产品拿去参展，尽量对未上市的产品不作公开展示，防止成为仿冒者猎取的目标。

（二）与展会承办方订立知识产权保护条款

参展方应在与展会承办方签订的合同中约定知识产权保护条款，明确展会承办方保护参展方知识产权的义务，促使承办方有效履行保护职责。展会承办方应当对参展方的身份、参展项目和内容进行备案，在参展方提出合理要求时，为其出具相关事实证明。对涉嫌侵权的参展项目，展会承办方应协助权利人进行证据保全等。

（三）检索展会承办方提供的知识产权目录，查找涉嫌侵权的参展方

在展会开始前，参展方可以通过检索展会承办方公布的本次展会备案的知识产权保护目录，重点查找相同或类似行业中是否有别的参展方提供的展品与本企业的产品相同或类似，其展品的外观、功能、原理、工艺、技术等是否与本企业的产品相同或近似，其产品名称、商标、企业名称是否与本企业的产品相同或近似。如果通过查询目录即可以判断其涉嫌侵权，可以立即向展会承办方或相关部门投诉。

（四）熟悉展会承办方的知识产权侵权投诉机制

在参展前，参展方应熟悉展会承办方制定的知识产权保护管理规定，了解承办方设立的投诉机构、投诉程序、举办方的查处职责、查处措施等规定。展会时间在 3 日以上的，展会承办方一般会在展会期间设立知识产权投诉机构。如果承办方既没有制定知识产权保护管理规定，也没有设立投诉机构，参展方可以事先了解展会承办地相关部门（主要是地方知识产权局、工商局和版权局）的联系方式和所在位置等，一旦发现侵权行为，可以立即投诉。

（五）提前准备好证明文件和材料

由于展会时间短，且参展人员可能身处外地，一旦发生知识产权纠纷，

无论是作为投诉方还是被投诉方，都存在时间紧、开展工作不方便等问题。因此，参展方应在参展前准备好知识产权的权利证书及其他有关证明材料，在参展时一同带来。一旦发现侵权行为，可以及时有效地投诉。如果是被投诉，也可以及时提供证明文件进行抗辩。

四、参展过程中知识产权侵权纠纷的处理

（一）收集证据

在参加展会期间，权利人发现展会上其他参展方有涉嫌侵犯知识产权行为的，应通过获取宣传资料、拍摄相片或录像录音等方式及时收集证据，为制止侵权行为提供有力的证据支持。

（二）向展会承办方投诉

成熟的展会承办方一般都会制定该展会的涉嫌侵犯知识产权的投诉及处理办法，并设立相应的机构来处理涉嫌侵犯知识产权的投诉工作。下面以中国进出口商品交易会（广交会）为例来介绍专利侵权纠纷接受投诉、流程事务的处理。

1. 投诉人提交相关文件

投诉人投诉，应当先向投诉站提交相关文件以确认符合投诉的条件：① 专利证书、专利公告文书；② 专利权人身份证或工商登记证；③ 委托授权书原件及代理人身份证，委托授权书需由专利权人签名或由法定代表人签名（须附签名人身份证复印件）并加盖单位公章；④ 专利法律状态证明（专利登记簿副本或由专利信息中心提供的检索证明）；⑤ 专利实施许可合同的被许可人需提交许可合同及被许可人的身份证明文件；⑥ 专利权的合法继承人需提交专利权合法继承的证明文件；⑦ 投诉人为外国人，需提交身份证件及能证明其权属关系的当地宣誓公证和我国驻当地的使领馆的认证书，材料是外文的需有中英文对照；投诉人是我国香港、澳门、台湾地区的，需提交有关公证认证文件，如非权利人应提供授权委托书；⑧ 投诉人或投诉代理人的中国进出口商品交易会证件。

投诉站工作人员审验上述文件，确认有效后方可允许投诉人投诉。投诉人未能出示权属证明文件或授权文件的或者出示的相关文件经投诉站工作人员审验发现无效的，投诉站可以不受理投诉。

无特别说明，以上文件均提交复印件并带原件到现场核对。

2. 投诉人填写提请投诉书

知识产权权利相关证明文件经投诉站工作人员审验有效后，投诉人应按要求填写提请投诉书。

3. 投诉站处理

投诉站收到投诉人的提请投诉书后，安排工作人员进行处理。首先，投诉站工作人员应到被投诉人的展位进行现场调查，送达相关文书，听取双方当事人意见，查明事实，分清是非责任，组织双方当事人进行调解。参展方应当接受展会专利投诉调解。拒绝配合调解的，展会承办方可以按照约定解除合同，取消参展方的参展资格。

4. 管理专利工作的部门处理

根据《广东省展会专利保护办法》，展会举办时间在 3 日以上，所在地县级以上人民政府管理专利工作的部门认为需要派员驻会的，可以派员驻会，并设立临时的专利侵权纠纷受理点，接受专利权人或者利害关系人提出的专利侵权纠纷处理请求，对符合受理条件的依法予以受理。

管理专利工作的部门对事实清楚、证据确凿充分、争议不大并且符合下列条件之一的专利侵权纠纷案件，可以适用简易程序处理：① 专利权人或者利害关系人仅要求被投诉人停止在本届展会中的侵权行为；② 已经生效法律文书认定专利侵权的；③ 被投诉的参展展品的技术方案或者外观设计与发明、实用新型或者外观设计专利权相同的；④ 其他可以适用简易程序的情形。

适用简易程序受理的案件，管理专利工作的部门应当及时将案件受理通知书等相关文书材料送达双方当事人。被请求人应当在收到案件受理通知书等相关文书材料 24 小时内进行答辩和举证，逾期未答辩和举证的，不影响管理专利工作的部门的处理。

适用普通程序向管理专利工作的部门申请处理或向法院提起民事诉讼，程序与第十章第一节相关内容一样，不再赘述。

第十一章 高价值专利培育

第一节 高价值专利概述

一、高价值专利的定义
（一）高价值专利的分析维度

每件专利都包含能够解决技术问题的技术方案，但不是每种技术方案都有实际应用价值。当更好的替代技术出现时，当前技术很容易被淘汰或直接抛弃。同时，技术先进性高的专利不都是高价值专利。比如，有些专利技术先进性很高，但缺乏配套技术等，很难具体实施，就很难称得上高价值专利。高价值专利也不都是技术复杂程度高的专利，容易被普遍采用的技术所形成的较为简单的专利也可能成为高价值专利。虽然专利价值并不完全取决于技术方案的先进性、技术难度或者技术复杂程度，但是高价值专利应当达到最基本技术含量的门槛，至少应当满足《专利法》意义上的新颖性、创造性和实用性。

专利权的核心在于专利的排他性。专利权人能通过拥有一定时间、一定地域的排他性权利取得垄断性收益，实现专利的价值。专利权是一种法律意义上的私权，失去法律保护外衣的专利如无壳之蛋、无根之木。坚实的法律保护是专利技术实现其真正价值的保障。

具有市场价值的专利一定是同时具备技术价值和法律价值的专利，而具备高市场价值的专利应当是能在市场上应用并因此获得主导地位、竞争优势或巨额收益的专利。当然，市场价值又可分为未来市场价值和现有市场价值，预期在未来市场中很可能用到的专利属于潜在高市场价值专利。

专利权人在申请专利时，未必都赋予其明确的战略考量，大多数是研发过程的惯性使然。很多专利申请都是对研发项目中细微创新点的一般性保护，有些甚至只是为了提升专利权人的自身影响力，战略价值一般。真正具备技术意义上的价值基础和法律意义上的价值保障的高战略价值专利，主要是某领域的基本专利和核心专利，或者是为了应对竞争对手而在核心专利周围布置的具备组合价值或战略价值的钳制专利。对于企业而言，这些专利要么能较强地攻击和威胁竞争对手，要么能构筑牢固的技术壁垒，要么能作为重要的谈判筹码，或者兼而有之。这也是知名企业专利管理者的共识。不具备技术价值和法律价值的专利也可能具有一定的战略价值，但高战略价值的专利一定是同时具备技术价值和法律价值的专利。

在专利的现有市场价值中，直接转化的现金流是可以直接衡量的经济价值。高经济价值的专利首先包括高市场价值的大部分专利（有些具备高市场价值的专利之所以没有体现出其高经济价值，是因为专利权人的不作为或者法律环境造成的），其次包括专利交易和运营过程（如专利转让、专利权质押、技术入股等）中体现出高价格的其他专利，如着眼未来市场的储备性核心专利等。

（二）高价值专利的充分必要条件

高价值专利应当具备一些必要条件，如高技术含量、高撰写水平、高权利稳定性等。如果再加上市场应用前景好、产品市场占有率高、市场控制力和竞争力强等，就有可能组成高价值专利的充分条件。但是，反过来讲，高价值专利并不必然是满足上述所有条件的专利。

实际带来较高经济价值的专利一定是高价值专利，但高价值专利不一定必然直接带来较高的经济价值。因此，高经济价值的专利是高价值专利的充分条件，但不是必要条件。

（三）狭义和广义的高价值专利

狭义上讲，高价值专利指具备高经济价值的专利。

很多情况下，具有高市场价值或潜在高市场价值的专利之所以没有体现出高经济价值，可能是一些客观或主观因素造成的迟滞，如战略时机上的考虑。因此，从高价值专利的筛选上讲，广义地将高市场价值或潜在高市场价值的专利和高战略价值专利的并集视为高价值专利是一种可取的方式。

二、高价值专利的培养
（一）高价值专利培育的意义
1. **经济发展的现实需求**

在国际层面，发达国家创新型经济发展步伐加快，专利质量及保护水平不断提升，给发展中国家带来挑战。在国内层面，我国经济发展进入速度变化、结构优化、动力转换的新常态，改革进入深水区，供给侧结构性改革任务艰巨，对创新水平和专利质量提出了更高的要求。此外，我国高价值专利数量不足、运用不够，大量发明专利的价值有待挖掘。努力培育高价值专利，是应对国内外挑战、推进供给侧结构性改革、解决发展中的各种难题的有效路径，有利于实现专利创造质量的不断增强，形成支撑创新发展的运行机制。

2. 专利制度的本质要求

专利制度旨在通过对创新主体提出的创新技术方案赋予一定期限的垄断权来激发创新，促进社会进步。在不同主体看来，其本质有所不同。对于发明创造者而言，专利制度是一种保护和激励机制；对于企业而言，在提供保护的同时，专利制度还是一种经济效益促进机制；对于社会而言，专利制度是一种科技进步激励机制。企业所关心的经济效益即专利经济价值的体现主要有二。一是由专利的实施和许可带来的直接经济价值。二是政府对于专利申请奖励带来的经济效益，以及高新技术企业所得税的优惠税率返还，也有人称其为间接经济价值。在近年的专利制度实践中，一方面，虽然专利数量激增，但是出现了过于追求间接经济价值的现象，导致部分专利偏离专利制度的本质要求；另一方面，为了促使专利为企业带来直接经济价值，发挥专利制度在经济发展中的作用，有必要大力培育高价值专利。

3. 企业/高校创新的必由之路

在未来竞争中，专利对企业的重要性会越来越突出。高质量专利能够有效保护企业的创新成果，从而保护企业在市场上的创新产品，帮助企业赢得市场优势，为企业带来高额利润。随着"走出去"步伐的加快，如果没有高价值专利做支撑，我国企业必然会不断遭遇知识产权壁垒，阻碍企业的国际化发展。

高校是重要的创新主体，挖掘和培育高校的高价值专利能有力支撑经济发展。当前，高校的专利与市场需求存在一定程度的脱节，虽然专利体量较大，但是能产生市场效益的高价值专利数量有限，对高校发明人的激励不足。

可见，对于企业和高校这两类创新主体来说，实施高价值专利培育势在必行。

（二）高价值专利培育的特点

1. 高价值专利培育结果的不可预期性

高价值专利能否通过定向培育来获得？这个问题目前尚存争议。采用预定的高价值专利培育路径培育出的专利，未来是否一定能够实现高价值，这其实是未知数。高价值专利培育是一个系统工程，通过采用一定的高价值专利培育方法，并制定相应的培育路径，在统计意义上无疑能够极大提升高价值专利产生的概率，形成更多的高价值专利的组合。但是对单件专利来说，其价值实现受到多种因素的影响，有时还具有一定的偶然性。有可能即便进行了大量的投入，仍未能达到预期效果。

2. 高价值专利培育的高投入与持续性

在高价值专利培育过程中，为了保证质量，需要提升企业研发部门的发明创造水平，在企业内部建立完善高效的管理体系，以及充分引入优质的外部知识产权服务资源等。此外，一件专利从产生到授权再到最终的价值实现，需要较长的周期。高价值专利培育作为相对长期的过程，必须有一定的持续性，并且在这个过程中需要持续性高投入。这也是高价值专利培育的难点和挑战。

三、高价值专利的评估

（一）高价值专利评估的意义

在当前形势下，可从两个层面论述高价值专利评估的重要意义。

1. 微观层面

在国家大力促进创新驱动发展战略的背景下，基于知识产权尤其是专利的经济活动，如专利交易、专利权质押、技术入股、专利侵权索赔等，必将大大增加。在上述企业活动尤其是企业内部专利筛选、培育活动中，利用专利评估的量化工具进行决策，有助于高价值专利的"高价值"在微观层面以货币化的形式实现。

2. 宏观层面

在企业之间、行业内部和产业之间，基于知识产权尤其是专利展开横向及纵向合作是科技发展的必然趋势。在不远的未来，专利联盟、专利池等或将是产业内专利运营的重要形式，而如何进行利益分配、成本和风险分摊将是需要运用评估工具解决的重大难题。

（二）高价值专利评估的挑战

高价值专利评估也面临比较特殊的挑战，主要体现在以下方面。

第一，高价值专利在企业经营中的重要地位决定了在评估中应更加严格地贯彻独立、客观、公正原则。

高价值专利无疑在企业专利经营中占据核心战略地位。在运用专利工具时，如专利转让、专利权质押、技术入股等经济行为中法定或非法定的价值评估时，评估人员应清晰认识到经济行为各方的平等地位。上述事项中的法律风险在独立、客观、公正执业方面给评估人员带来了严峻的挑战。

第二，高价值专利的复杂性决定了评估操作的复杂性。

高价值专利具有技术、法律、市场、战略、经济等多重属性。如何在评估中综合考虑上述属性，做到在各种属性间独立判断和协调判断相结合？如何有效处理各种属性之间独立或关联关系？这成为高价值专利评估中的操作难点。评估人员只有全面掌握技术、法律、市场、战略、经济等各类专业知识，才能做到恰当判断、不重不漏。

第三，高价值专利运营的多面性决定了评估操作的灵活性。

在各种高价值专利运营活动中，因运营程序不同，对评估操作的要求亦有所不同。评估人员如何灵活掌握评估操作的繁简程度是一大难点。例如，在专利权质押、技术入股等法定或准法定评估中，应重点关注对评估操作独立性、参数取值客观性的把控；在专利实施许可、专利转让等行为中，除涉及国有资产转让外，一般由交易双方谈判确定交易价格，在评估时应更加关注交易双方各自的偏好；在企业专利筛选、培育等内部决策中，对评估操作和参数的选取应基于企业内部状况和外部环境，并考虑评估操作的成本。

第二节　高价值专利培育体系

构建高价值专利培育体系是专利管理的重要环节。高价值专利培育体系的运作离不开科技研发的高额投入和专利经费的保障，离不开规范化的管理流程，离不开多角色的参与协助。

一、参与主体

在高价值专利的培育过程中，高精尖技术的创新、高格局专利的筹谋、高质量专利申请文本的撰写，以及高成效的专利转化运营一体化构建，需要管理团队、创新团队、专利信息利用团队、专利代理团队、专利运营团队、专利管理团队及市场分析团队紧密合作，共同努力。[①]

（一）管理团队

管理团队由创新主体的部分经营决策管理人员组成，肩负着对创新主体长期经营战略和知识产权管理的决策职能。管理团队在高价值专利培育体系中站位最高，是资源供给者、统筹协调者和重大决策的制定者，是高价值专利培育体系长期运作的"大脑"和"心脏"。管理团队有必要加强未来市场需求的前瞻性专利布局，和基于企业内部、外部全面尽职调查而作出的企业战略性总体专利布局，探索企业高价值专利产出的有效途径。[②]

首先，管理团队需要为高价值专利培育顺利开展提供资源配置，包括知识产权经费的预算保障、创新主体中其他角色的参与协调等。其次，管理团队需要承担对技术研发方向的最终研判，在复杂的决策环境下及时发现技术研发方向存在的问题，说明决策目标、决策路径的有效性和合理性。管理团队应从战略发展层面出发，结合市场发展动态、技术发展趋势，把控专利布局的整体方向，制定专利运营的整体方案。

（二）创新团队

创新团队是高价值专利技术培育体系运作中的"龙头"，完全从创新主体内部产生，由研发团队及技术研发负责人组成。在专利申请代理率不断提升的当下，仍有不少企业倾向于自行完成从发明创造、产品开发到销售的全过程。创新团队在高价值专利培育体系的启动中负责制定研究开发、技术改造与技术创新计划，配合专利信息利用团队对专利信息、法律状态进行分析，适时调整研发计划和项目内容，规避风险；在技术研发过程中配合专利信息利用团队及时对开发成果进行评估、确认，采取相应的保护措施，适时开展适当的专利布局；在知识产权获取、维护、运用及保护过程中协同其他团队，从技术研发角度提供相关信息，以便对知识产权获取、维护、运营及保护环节进行有效管理。

（三）专利信息利用团队

专利信息利用团队能为高价值专利培育体系提供重要的服务支撑。专利信息利用团队由遴选出的服务机构人员或者创新主体内部的专利信息专家组

---

① 赵建国．培育高价值专利：助推产业转型的新探索［N］．中国知识产权报，2016-06-24（2）．

② 江苏省知识产权局，支苏平．高价值专利培育路径研究［M］．北京：知识产权出版社，2018：61-62．

成。目前，对大部分创新主体而言，由于不具备内部专利信息专家这样的能力和基础条件支持，往往更倾向于与服务机构合作。

专利信息利用团队的主要责任如下：在选题立项之初，对创新团队的选题进行专利检索分析，包括数量趋势分析、时间分布分析、区域分析、技术领域分析、竞争对手分析、技术人才分析、申请类型分析、专利地图、引证分析和技术关系分析，厘清本单位在该技术领域的优势和劣势，从专利技术的角度预测产业技术的发展趋势，为合理规避知识产权法律风险提供科学依据，对技术研发的可行性从专利技术的角度进行初判。在项目立项过程中，对实现某技术效果所对应的技术分类作进一步了解，找出技术空白点，确定核心技术和关键技术研发策略和路径。

（四）专利代理团队

专利代理团队是高价值专利培育体系的重要组成单元，也是权利获取、权利布局和未来权利实施的基础工作支撑。专利代理团队的成员可以由服务机构的人员构成，或者由创新主体的内部知识产权人员构成，或者由创新主体内部和服务机构的人员混合构成。很多企业虽然申请并取得了大量的专利，但是其中的高价值基本专利却很少，原因之一在于专利的申请策略存在问题。为了取得在专利侵权纠纷中可被酌定为高额损害赔偿的高价值专利，需要研究专利的申请战略、预算战略，以及具体的申请程序和方法，有效地将技术人员构思的技术概念权利化。

一般而言，大型企业构建内部的知识产权专业团队已成为发展趋势。对已经自发运用高价值专利培育体系的创新主体来说，高价值专利的撰写往往出自内部知识产权人员之手。从高价值技术转化为高价值专利，需要对专利申请的种类、时机等进行全面分析与掌控，同时保障专利申请文本的撰写质量。

（五）专利运营团队

专利运营团队是高价值专利培育体系的价值实现环节。该团队可以由创新主体的内部人员，如技术转移办公室的相关人员负责，也可以由第三方专业的专利交易中介服务机构进行操作。

专利运营是综合运用专利制度赢取市场竞争的有效手段，是促进技术转移转化的重要途径，也是对专利权资源进行综合运用的商业活动。当前，专利运营主要包括以下含义：一是专利的自我技术实施，即在自身范围内实现创新成果产业化；二是专利技术转移交易，包括专利权的整体转让或者不同形式的许可；三是专利权的投资（包括入股）及上市运作；四是专利权的融资（包括质押）及资本经营运作；五是专利权及专利技术的非专利实施主体（NPE）等职业化和专业化运作；六是以专利或者知识产权类专门基金（包括专利运营基金）等方式控制、操纵相关专利交易、专利诉讼的运作；七是综合运用诉讼手段及其配套措施的专利诉讼运作等。①

（六）专利管理团队

专利管理团队是高价值专利培育体系中的"内部管理员"，是配合管理层实施和运维体系的枢纽，由创新主体内部的专利管理人员组成。高价值专利组合收益的最大化，取决于技术水平和对市场趋势的扎实理解。二者都从同一个问题开始：公司最有价值的专利是什么？这是专利管理者每天都要考虑的问题，也是专利投资需要首先解答的问题。

专利管理团队的工作职责主要包括对项目费用的整体预算、对项目周期和节点的把控、对资源配备方面的需求的整理和管控、对质量的管控、对风险因素的把控、对管理团队的汇报等。同时，根据项目周期组织各个团队制订工作计划，再根据工作计划推进项目进度。在专利获取、维护、运用和保护的过程中，专利管理团队具体负责相关材料的收集、相关事务的各方联系，确保各个团队之间能够顺畅交流。

（七）市场分析团队

市场分析团队可以由创新主体内部市场部门和产业发展的相关人员组成，也可以考虑引入外部战略顾问。例如，营销人员对市场的了解较为充分，能够准确感知市场需求；采购人员对企业所需的相关物资的市场情况较为了解，能够及时发现采购过程的替代方案。高价值专利培育体系从项目的选题立项、专利的挖掘布局到后期的专利运营，都需要对市场信息做全面了解，对市场发展态势进行整体分析。

市场分析团队是高价值专利培育体系的重要参与者，是确保高价值专利有广泛市场应用的体系单元。在市场上，只要是有价值的东西，一个获益渠道堵住了，就会立即产生新的渠道。在实施知识产权战略和供给侧结构性改革的当下，专利无形资产和金融资本市场融合的步伐已经迈开。从某种意义上讲，资本市场已成为专利的变现新渠道。

---

① 孙迪，崔静思，王康．专利运营的"前世今生"［N］．中国知识产权报，2016-11-23(3).

二、PDCA 循环

高价值专利培育体系是遵循 PDCA 循环的管理体系。PDCA 循环又叫质量循环，是管理学中的一个通用模型，1930 年由休哈特进行构想，1950 年被挖掘出来并加以广泛宣传。PDCA 由英语单词 plan（计划）、do（执行）、check（检查）和 action（纠正）的首字母组成。计划，包括方针和目标的确定及活动规划的制定。执行，根据已知的信息设计具体的方法、方案和计划布局；再根据设计和布局，进行具体运行，实现计划中的内容。检查，总结执行计划的结果，分清哪些对了、哪些错了，明确效果，找出问题。纠正，对总结检查的结果进行处理，对成功经验加以肯定，并予以标准化；对失败的教训也要总结和重视。对没有解决的问题，应提交到下一个 PDCA 循环中去解决。以上四步不是运行完就结束了，而是要周而复始地进行。一次循环完了，解决一部分问题，未解决的问题进入下一次循环。[1]

PDCA 循环不仅可以在质量管理体系中运用，也适用于一切循序渐进的管理工作，有助于建立动态化、流程化、长效化的高价值专利培育体系，构建一套可复制、可推广的高价值专利培育流程。具体而言，高价值专利培育体系的 PDCA 循环包括对高价值专利的培育效果及技术发展的各个阶段适时优化，进行动态化管理；对高价值专利培育过程的每一个环节实施控制，进行流程化管理；通过高价值专利培育过程的规范化，确保培育工作的长期效果，进行长效化管理。

第三节　高价值专利培育的基本流程

可依照 PDCA 循环理论构建高价值专利培育体系，将选题立项、研发阶段、专利布局、专利申请、专利运营等功能模块融入模型中，使得管理体系更加科学有效。

---

[1]　马仁杰，王荣科，左雪梅，等. 管理学原理[M]. 北京：人民邮电出版社，2013：45-52.

一、选题立项

高价值专利在孕育之初，首先要考虑技术创新性和未来的应用市场规模。创新团队在选题立项的过程中需要对技术、市场信息进行收集和评审，结合技术创新性和市场应用潜力的研究判断，确定高价值专利培育的方向和起点。

在选题立项环节，专利信息利用团队需要对创新团队的初步选题所涉及的知识产权信息进行分析，形成专利技术可行性报告。报告应具体从两方面予以展开：一是专利现状的宏观分析，二是深度的技术分析。专利信息利用团队要从全球专利、中国专利、中国本土申请人专利，以及创新主体自身拥有的专利等角度，对相关领域进行宏观的专利分析，获知其专利概况、竞争趋势、技术分布情况及研发团队状况。深入的技术分析模块主要包括技术分析、关键竞争对手分析、核心专利分析及专利风险分析等。专利信息利用团队可以通过专利生命周期分析、技术路线研究、公知技术分析等方法对重点技术进行分析，了解重点技术领域的研发空间；通过构建重点技术领域的技术功效图及关键竞争对手的技术功效图，了解技术研发的热点、空白点等。

在对选题进行可行性分析时，除对知识产权信息进行检索分析外，市场信息的收集与分析同样必不可少。决定专利实施效果的主要因素就是市场环境本身，市场分析团队应在立项环节形成相关技术领域市场分析报告。只有创新团队将市场分析团队的市场调研分析与专利信息利用团队的知识产权分析相结合，才能更加客观地对高价值专利的可行性进行判断。

在通过知识产权分析和市场分析，得出高价值专利的基本选题后，从机构的管理流程来看，需要最高管理决策者参与确定，以确保高价值专利的培育与创新主体本身的经营策略、发展方向保持一致。具体流程为：在结合专利信息利用团队的知识产权分析与市场分析团队的市场调研分析的基础上，创新团队撰写选题报告，然后管理团队对选题报告进行审核。管理团队是单位组织的领导者，是单位组织战略规划的制定者，清楚并且决定着单位的未来发展方向。在选题立项环节，管理团队会结合单位组织本身的发展方向、经营方针，审查创新团队的选题是否与其一致。如果创新团队的选题方向符合市场需求、与单位本身的发展方向相契合、具有技术研发的意义，则可以结合更新后的知识产权信息及市场信息进行立项。

经典案例 11-1

2016 年三星手机安全事故频现，最为轰动的是一部 Galaxy Note7 手机冒烟起火导致美国西南航空公司旗下一架客机发生火灾，所幸全部乘客和机组人员及时疏散。2016 年 10 月 11 日，三星公司宣布永久停止生产和销售 Galaxy Note7 智能手机。与此同时，媒体纷纷报道苹果公司提交的一份专利显示，该公司正在开发一种可以延长电池寿命且不会爆炸的技术。该项专利技术提到，这样的创新可让 iPhone、iPad、iPod、苹果笔记本电脑等设备受益。苹果公司在专利文件中写道，人们对移动设备的电池性能和寿命周期的关注有所增长。随着移动设备变得更小、处理性能变得更强，大家对电池的容量也有了更高的要求，同时希望减小设备的整体尺寸。在电池获得更大能量的同时尽量缩小其尺寸，是一个长久的挑战。苹果公司在专利文件中介绍了如何在装配环节减少电池堆栈间的空隙，以及与传统电池采用了怎样不同的表面设计。

从该案例可以看出，技术难题的突破和巨大的市场需求是促使苹果公司这件专利未来获益最大化的基础保障。

二、研发阶段

创新主体在研究开发过程会投入大量的人力、物力和财力，有效利用知识产权信息尤其是专利文献则能节省研发成本，缩短研发周期。更为重要的是，技术研发需要较长的周期，而在研发过程中通过不断更新技术领域的专利公开情况，可以让创新团队实时掌握最新的技术发展动态。一旦出现重复研究的情况，有必要考虑对研发方向进行调整。

在高价值专利的培育过程中，可以通过建立知识产权跟踪分析制度，明确约定跟踪内容、跟踪频次及跟踪分析报告。由专利信息利用团队负责收集整理相关知识产权信息，并通过会议和内部资料共享的方式向创新团队进行传达。如果在跟踪过程中发现与研究开发方案相关度特别高的专利文献，则应和负责技术研发的高层管理人员（如企业技术副总）进行确认，由负责技术研发的高层管理人员组织进行风险评估和分析，确定是否需要调整研发路线。如果技术路线需要进行调整，创新团队应结合专利信息利用团队提供的知识产权信息撰写调整方案。管理团队对调整方案进行审核，进一步评估调整方案与创新主体自身经营发展的契合度。此外，竞争对手也可能在争分夺秒地实现技术突破和专利申请，建立监控机制是实现高价值专利项目时间节点管控的重要保障。

□ **经典案例 11-2**

　　2016 年 10 月 26 日，Celanese International Corporation、Celanese Sales U. S. Ltd.、Celanese IP Hungary Bt（以下统称 Celanese）向美国国际贸易委员会（简称 ITC）申请对安徽金禾实业股份有限公司、苏州浩波科技股份有限公司、维多化工有限责任公司就高效甜味剂乙酰磺胺酸钾（Ace-K，以下简称安赛蜜）在出口至美国之后的销售、生产方法及含有该甜味剂的产品侵犯 Celanese 的美国专利（US902××××）进行"337 调查"。

　　2016 年 11 月 16 日，安徽金禾实业股份有限公司针对此次"337 调查"进行公告说明。该公司在安赛蜜产品领域拥有核心自主知识产权，获得国家知识产权局授权的多项关于甜味剂安赛蜜产品生产的专利（6 项发明专利、2 项实用新型专利），并已成为全球安赛蜜的主要生产商。

　　2007 年，安徽金禾实业股份有限公司针对安赛蜜生产中的浓缩方法及装置、安赛蜜生产中的三乙胺回收处理方法及装置进行专利申请。2012 年 11 月 11 日，安徽金禾实业股份有限公司就安赛蜜环合连续生产方法向国家知识产权局申请了专利，专利号为 CN10313××××A。通过对比安徽金禾实业股份有限公司和 Celanese 有关安赛蜜制备方法专利的申请历史，可知安徽金禾实业股份有限公司在 Celanese 提出美国临时申请时，已经申请了制备方法的中国专利。由于美国的临时申请并不公开，可知安徽金禾实业股份有限公司在研发过程中参考美国专利的可能性不大。安徽金禾实业股份有限公司能够在不到一个月内就发表专利不侵权的公告，说明其对自身产品也有较大的信心。

　　但是，安徽金禾实业股份有限公司在研发的过程中缺少对于专利信息的检索跟踪，没能及时发现竞争对手在此技术领域已有的研发基础和专利布局策略，同时仅把自身的专利布局局限于国内，最终导致受到竞争对手的"进攻"。

三、专利布局

　　高价值专利往往不是单打独斗的，而且大部分专利申请都要从专利布局开始。专利布局是高价值专利重要的谋略机制。在研发阶段应该对知识产权进行整体规划，根据研发成果的类型确定保护方式，避免疏于知识产权布局规划而使产品缺乏核心竞争力，给产品的市场化留下隐患。同时，专利布局是一种通过合理的专利组合设置，对核心技术进行持续保护的规划。通过前瞻性的专利布局，进一步形成保护合理的专利组合，是高价值专利培育的关键环节之一。合理的专利布局可以提升产品乃至企业的市场竞争力，在保障产品本身市场价值的基础上扩大利益链，为研发增加附加值。

创新主体在拥有核心技术的前提下，如果未能通过前瞻性的专利布局进行严密保护，很可能会在技术规模化生产阶段遭遇竞争对手的冲击，丧失市场竞争的主动地位。

▢ 经典案例 11-3

在超结 MOS 器件（超结半导体功率器件）技术领域，中科院团队在20 世纪 80 年代取得了突破性的进展，解决了 MOS 功率管中降低导通电阻与提高耐压性能之间的矛盾问题。当时法国半导体领域的市场调查公司Yole Development 的数据显示，超结半导体功率器件的年销售额会迅速增长。20 世纪 90 年代初，中科院团队开始向美国进行核心专利的布局，随后获得了专利授权。该专利在美国公开后，引起了学术界和企业界的极大反响。可惜的是，研究团队的专利布局意识不强，在专利公开后基本没有进行后续的布局工作。

通过分析专利的法律状态可以发现，该美国专利 US5216275A 于 2011年 9 月 17 日失效，而失效原因是专利权届满。通过分析该专利的被引用情况可知，在专利公开后，各大半导体公司纷纷对该技术方案进行改进，并且申请了大量的新专利。其中，英飞凌公司施引专利上百件，仙童半导体施引专利上百件。相比之下，在基础专利 US5216275A 失效后，该核心技术在美国基本失去了保护权。不仅如此，国外半导体公司依赖强劲的研发实力及周密的专利布局工作，成功进行了规模化生产。

手握核心技术但缺乏专利布局意识，导致创新主体在技术实施或市场竞争中痛失先机的例子比比皆是。针对研发成果设置前瞻性的专利布局方案，是高价值专利培育过程中至关重要的一环。

（一）专利布局的实施主体

高价值专利在布局过程中涉及的实施主体主要包括管理团队、创新团队、专利信息利用团队、专利代理团队、专利管理团队、市场分析团队。各实施主体在专利布局中的角色分工如下。

管理团队：根据创新主体自身的发展战略，围绕高价值专利的培育目标，提出专利战略的总体目标和思路。统一协调资源配置，审核最终的专利布局方案。

创新团队：提出已有的技术/产品现状、优势、创新点及预期的研发思路。

专利信息利用团队：调研研发方向的已有专利现状、主要竞争者的专利申请情况；结合市场数据、产业数据、专利现状，以及企业自身的专利战略、技术现状制定专利布局方案。

专利代理团队：根据专利布局方案进行布局实施、专利申请等具体工作。

专利管理团队：根据管理团队的专利战略配置专利布局的资金资源、人力资源等。

市场分析团队：调研技术/产品的市场数据、产业数据，为专利布局提供相关数据，以便及时响应市场、产业需求。

（二）专利布局的实施流程

专利布局以专利战略目标为导向，要充分考虑技术保护范围、技术保护方式、专利申请时间、专利申请地域等因素，构建严密高效的专利保护网，形成对单位有利的专利组合。专利布局主要按照五个步骤进行，并且不同步骤各有主要的实施主体。

1. 明确专利布局目标

专利布局的开展应该是具有目的的专利战略实施，需要与该技术领域高价值专利培育的整体目标相一致。在进行专利布局之前，创新主体需要依据自身所处的产业环境、市场环境及拥有的资源实力，在厘清主要矛盾、明确主要需求的前提下明确专利布局目标。

2. 拆解高价值专利项目

专利布局目标需要落实到具体项目中。要针对创新团队不同技术方向进行项目拆解，整体进行布局，进而在不同的技术点上进行技术的创新、挖掘。

3. 制定专利布局策略

专利信息利用团队联合市场分析团队根据项目拆解开展如下工作。第一，明确核心专利、外围专利。第二，调研主要竞争对手的专利申请现状，了解产品/技术市场现状、技术所处的产业领域现状。第三，从技术上制定专利布局策略。第四，从时间上制定专利布局策略。第五，从地域上制定专利申请策略。不同类型的专利需要的审批时间、文件要求、保护期限、三性要求都存在差别，不当的专利保护地域范围、不合适的专利类型都将导致专利无法被授权，或者即使被授权也无法最大限度实现专利价值。

《专利法》第九条规定，专利申请实行申请在先的原则，即两个以上的申请人向国务院专利行政部门提出同样的专利申请，专利权授予最先申请专利的单位或个人。同时，专利是以研发成果公开换取具有一定期限限制的垄断权利。因此，如果专利申请时间过早，竞争对手易在此基础上进行研发，导致为他人做嫁衣；如果专利申请过晚，一旦竞争对手抢先申请专利，那么前期研发将会付诸东流，更严重的会丧失市场竞争优势。高价值专利的培育周期比较长，且各创新主体已有的研发基础和专利储备有差异。因此，在高价值专利的培育过程中，要结合已有专利申请，按照从技术上布局的思路不断完善专利组合，依据技术类别在项目实施周期内进行专利申请。

4. 优化和调整布局策略

专利布局的时间周期长，且研发过程中也会出现新的技术点或者市场上出现新的市场需求。因此，专利布局应围绕研发过程、市场需求适时优化和调整，从而产生市场前景好、竞争力强的高价值专利。

5. 布局实施

通过具备一定的数量规模、保护层级分明、功效齐备的专利组合获得在特定领域的专利竞争优势，是专利布局的主要目的。专利布局的实施有待具体的专利申请的实现。专利代理团队要根据专利信息利用团队制定的专利布局策略，进行后期的布局实施，即专利申请工作。

四、专利申请

专利申请是获得专利保护的第一个步骤和程序。高价值专利培育过程中的专利申请应该基于专利布局方案的设定，在综合利用技术信息与市场信息的前提下，通过对现有技术的专利地域布局、技术领域申请布局、各地域申请量随时间的变化等，获知相关技术的主要市场和研发所在地，以及潜在市场所在地等信息。

第一，创新团队填写高价值专利培育研发成果记录表，对相关技术的现有状况，包括现有技术中存在的缺点及其原因进行初步的分析，详细阐述创新成果的具体技术方案，包括结构组成、工作原理、工艺步骤和参数、使用方法、实施条件、实验数据等信息，同时，在记录表中明确说明该技术研发的创新要点，方便专利信息利用团队了解。

第二，专利信息利用团队基于高价值专利培育研发成果记录表对创新团队的创新成果进行专利文献及非专利文献的检索与分析，形成研发成果检索分析报告，判断相关技术的可专利性情况，从专利布局的角度给出技术保护要点的撰写建议。

第三，创新团队参考研发成果检索分析报告进行专利申请技术交底书的撰写。需要注意的是，专利是以公开的方式换取垄断且具有一定保护期限的权利的，而一旦公开，任何人都可以通过检索渠道获取相关信息。因此，创新团队负责人应结合整个项目的研发思路，对研发成果的保护方式进行审核。如果审核通过，则由专利管理团队整理相关专利申请材料。专利管理团队作为专利代理团队与创新团队之间沟通的桥梁，要及时反馈并提供材料，对专利申请的具体事项进行跟踪。

第四，专利代理团队在进行说明书、权利要求书等申请文件撰写之前，根据创新团队撰写的技术交底书进行专利查新。在审查技术可专利性的同时，专利代理团队要了解相关现有技术的保护范围和方式，形成预检索报告。

综上所述，高价值专利的培育不仅需要优秀的技术，而且专利申请文本的撰写也至关重要。专利权保护范围完全以权利要求书所述范围为准。权利要求书所含技术特征过少，虽然看似保护范围得以扩大，但很容易缺乏新颖性、创造性，导致专利申请夭折。权利要求书所含技术特征太多，容易被他人减少不必要的技术特征后进行仿制。所以，专利代理团队需要在专利布局实施方案的指导下进行高质量的撰写工作，通过与创新小组反复沟通，优化权利要求的配置，形成保护范围合理的专利申请文档；对比现有技术对权利要求进行合理的修改，提升申请文本的质量；在专利申请提交后积极应对审查答复意见，配合专利审查，确保专利保护范围合理稳定。

五、专利运营

专利运营指优化专利权的市场配置，提升和实现专利权价值的商业方法和经营策略。专利的实施运营是实现专利价值的基本方式，也是高价值专利培育流程中最能直观体现培育效果的环节。如前所述，在高价值专利申请文本提交之后，即可开始制定专利实施运营的方案。专利实施运营方案的制定需要综合考虑市场、技术及法律等因素，需要创新团队、专利信息利用团队、市场分析团队参与进来，并最后由管理层进行决策。

第一，创新团队列出技术实施的指标，包括产品性能参数、规模化生产所需的硬件要求等。

第二，市场团队根据竞争对手及市场需求信息，结合创新团队提交的技术指标，对产品的市场规模、实施成本及市场竞争力进行评估。

第三，专利信息利用团队协助市场小组获取相关产品的市场信息，对专利实施运营的方式、方法给出参考性建议，最终完成相关技术专利实施运营方案。

第四，管理团队对上述方案进行审核，最终确定专利实施运营的方式。

在高价值专利实施运营方案的制定过程中，实施运营路径的确定与选择尤为重要，常见的方式主要包括专利技术标准化、专利实施许可、专利转让等。项目团队需要综合考虑多方因素，如实施主体（企业、高校科研机构在实施运营方向的侧重点）、产业链定位、市场需求等，进行深入分析，最终确定合适的实施运营方向，以实现专利价值的最大化。

第四节　高价值专利培育的关键环节

从理论上讲，高价值专利培育流程是动态的闭环体系。在整个体系的运作过程中，关键环节是否能够贯彻执行，直接影响高价值专利培育的实施成效。

一、进行专利挖掘

专利挖掘是专利申请、授权和运营的基础。通过专利挖掘，可以对创新主体取得的创新成果及外围技术进行全面梳理，并选择合适形式加以保护，从而实现创新成果法律价值和经济价值的最大化。在专利挖掘过程中，应体现出对高价值专利培育的思路和具体措施，从而将可能具备高价值的"好苗子"挖掘出来。

创新成果收集的要点在于畅通的收集机制和规范的管理，而初筛是为了去除那些明显不适合用专利的方式保护、明显不可能授权的创新成果。

（一）创新成果的收集

1. 组织专利基础知识培训

为保证工作人员对专利有基本的认识，提高创新成果提交的质量，企业、高校、科研院所等创新主体应当面向全员开展专利基本知识培训活动，解说专利的基本特点和专利申请的基本流程等。

2. 制定创新激励政策

《专利法》第十五条和《专利法实施细则》第七章都明确了对发明人的奖励和报酬标准，各单位可以在此基础上进一步制定内部合理的专利利益分配与奖励制度，兑现应当分配的利益与奖励，提高员工的积极性。可以设立"技术交底奖"，即员工每提交一份合格的技术交底书，就给予相应的奖励。当决定进行专利申请或者最终获得专利授权时，也应给予员工相应的奖励。

3. 明确收集机制

无论单位是否设有专利管理部门，都应建立固定渠道收集创新成果，如内部办公系统、电子邮箱、电话等。

4. 制作标准表格

为了统一格式，便于后续的筛选，应制作标准的表格供员工在提交创新成果时使用。表格包括如下必填项目：创新成果名称、提交人基本信息、创新成果的技术领域、核心要点、主要内容。此外，还可以包括初步可预见的市场价值、技术成熟度等。

（二）创新成果的初筛

1. 实施人员

创新成果初筛的评选者可以是企业、高校、科研院所相应的专利部门或者专利管理人员，再邀请一些本单位技术专家或者市场部人员参加即可。

2. 筛选标准

从技术本身来看，对发明内容混乱、技术明显落后的提案，应当淘汰；从市场价值来看，对明显不会带来经济效益、没有市场价值的产品技术方案，应当淘汰；从法律属性来看，对不属于专利保护的主题或者明显不可能授权的技术方案，应当淘汰。

上述创新成果的初筛主要针对单位内部创新成果较多的情况。创新成果较少的单位可省去初筛过程，直接由发明人撰写技术交底书。单位需对技术交底书进行审核。

二、撰写技术交底书

技术交底书是清楚、完整记载发明内容的文件，是后续形成专利申请文件最主要的基础材料，其作者是发明人，读者一般是专利代理师或单位内部的专利工作人员。

（一）基本要求

技术交底书是发明人和专利代理师或单位内部专利工作人员之间沟通的桥梁。为了撰写恰当的权利要求保护范围，更好地描述本发明创造的创造性，技术交底书至少应满足如下要求。①

1. 描述现有技术的缺点

发明创造往往是针对现有技术中存在的问题作出的，对现有技术整体状况的了解是进行发明创造的基础。

第一，着重描述与本发明最接近的现有技术。专利审查员在判断新颖性和创造性时，通常会将本发明与最接近的现有技术进行对比。发明人了解的现有技术可能非常多，但是最需要在技术交底书中写明的是其查找到的最为接近的现有技术。

第二，将技术方案与技术问题相对应。现实中，很多发明人将发明技术方案与技术问题割裂开来分别描述，忽视了联系。面对这样的申请文件，审查员很难理解技术问题是如何解决的。

第三，客观描述现有技术的缺陷。发明人不应为了显示自己发明的先进程度而过分夸大现有技术的缺陷。审查员作为本领域技术人员，在审查完现有技术后会作出独立客观的判断。

2. 描述发明的技术方案和技术效果

第一，用词清楚、专业。发明人作为专业的技术人员，在描述技术方案时应当使用通用规范的术语和表达方式。

第二，防止只有发明构想而没有具体方案。现实中，有的技术人员只是有了比较好的创意，并没有给出具体的可以实施的技术方案。这样的技术交底内容显然无法走向最终的专利授权。

第三，有必要的技术效果证据或者推理过程。对于发明取得了何种技术

---

① 杨铁军. 企业专利工作实务手册[M]. 北京：知识产权出版社，2013：1.

效果，经常出现的情况是，发明人仅仅是断言性的。关于为何这样的技术方案能够带来所述技术效果，有时并不容易看出来。这就需要发明人进行必要的解释推导或者运用数据予以佐证。

（二）需要注意的问题

技术交底书的撰写人为发明人。通常情况下，发明人对该技术最为熟悉，但如果发明人对专利申请和审查程序缺乏了解，就容易出现以下问题。[①]

第一，对发明技术内容的描述不清楚，语言缺乏规范性。发明人可能比较习惯使用单位内部或者小范围使用的术语和技术表达方式，但这并不符合专利申请的要求。应当使用规范的术语和表达方式。

第二，技术说明太简单，不利于专利代理师理解发明的状况。有的发明人在撰写技术交底书时认为只要写出核心内容就够了，对一些现有技术内容或者发明次要内容，往往不提或者描述非常简单。这不利于专利代理师理解发明的状况。因此，发明人在撰写技术交底书时，对技术的说明应当达到能让专利代理师充分理解的程度。

第三，不进行扩展性说明。发明人通常只写出最佳的技术方案，而不写次优方案。例如，一个电路包括一个开关元件，从与电路中其他元件的配合、连接和使用等多个角度来考虑，可能二极管是最好的，但是本领域可用作开关的元件有多种，它们也可在该电路中实现该功能。在技术交底书中也应该对这种实现方案的可替代性进行描述，具体方式可以是另外补充一个完整方案，也可以是简单提及该部件可以用能够实现该部件功能的其他部件替代。如果可能，还应对发明的技术思想进行提炼，从而形成比具体发明具有普遍性的技术思想，以便于专利代理师在权利要求书中提出对该技术思想进行保护。[②]

第四，刻意省略关键技术信息。对于一些技术诀窍，如特定的温度范围、特定配比，发明人往往不愿告知他人。这种顾虑可以理解，但是技术交底书不是公开的技术文献，在专利申请文件公开之前，专利代理机构对技术交底书中的内容负有保密的责任。因此，发明人可以在技术交底书中提及技术诀窍，然后与专利代理师进一步讨论，共同考虑是否写入专利申请文件。

---

① 刘彬，杨晓雷. 技术交底书在专利申请文件撰写中的功用[J]. 中国发明与专利，2012(4)：104-106.

② 沈乐平. 试述技术交底书的构成要素[J]. 中国发明与专利，2014(4)：43-45.

三、进行专利申请预审

由于申请专利意味着发明的公开，并且需要缴纳相关费用，因此，对专利申请进行预审就很有必要。预审主要分为以下阶段。

（一）技术专家对保护方式和创新性的审核

完成发明创造后，需要评审是采用技术秘密的方式还是采用专利的方式进行保护。一般而言，不容易保密、容易被他人仿制的发明创造适合用专利的方式进行保护，而不适用技术秘密的保护方式。有时也可采取专利申请和技术秘密相结合的保护方式，将一些特定的生产工艺条件作为技术秘密加以保护。需要注意的是，技术秘密的保留不能使得本发明无法区别现有技术，不能丧失新颖性和创造性。[①]

技术专家还要对以下问题提出评审意见：技术方案是否表述清楚，是否可行，是否能够真正解决其声称的技术问题，是否能够达到其所述的技术效果；发明技术在本行业的先进程度、应用范围如何，有无可替代技术。

（二）市场人员对专利市场需求的判断

市场部门具有市场敏感性，对消费者的需求比较熟悉，比较容易判断出一项发明技术获得专利授权后能够产生多大容量的市场需求。

市场人员还应判断此发明技术能否给企业带来实际的竞争地位优势；如果获得专利权并禁止他人制造、使用、销售、许诺销售和进口此专利产品，会给企业带来多少实际利润或者潜在收益。例如，拥有专利权后能提高多大比例的市场占有率，能收取多大数额的专利实施许可费。

（三）专利工程师对专利授权前景的判断

专利工程师主要预审以下方面：本发明的技术方案是否属于可授予专利权的主题，是否清楚完整地公开，是否明显不具备《专利法》意义上的新颖性和创造性，是否存在其他明显不符合《专利法》相关规定的地方。

（四）专利部门主管确定评审结论

通过技术专家、市场人员、专利工程师的预审后，可由专利部门主管作出最终评审结论。评审结论具体可以分为三类：一是必须申请，此类发明创造往往授权可能性超过一半，并且具有实际的市场需求；二是可以申请，此类发明创造的授权可能性超过一半，或者具有实际的市场需求；三是不必申请，此类发明创造的授权可能性很低。对于第二类发明创造，最终是否申请

---

① 魏保志．从专利诉讼看专利预警[M]．北京：知识产权出版社，2015：78-79.

应根据本单位的专利工作目标而定。如果单位急需大量专利来增加实力，则倾向于申请；如果单位拥有足够多的专利，则倾向于暂缓申请。

> **经典案例 11-4**
>
> 　　广州某尔曼药业有限公司（以下简称某尔曼公司）于 1997 年提出了名称为"抗 β-内酰胺酶抗菌素复合物"的发明专利申请，2000 年 12 月 6 日获得专利权。针对本专利权，某鹤公司以本专利不具备新颖性和创造性为由，于 2002 年 12 月 3 日向专利复审委员会提出无效宣告请求，并提交了对比文件。该文件是一篇德文的学位论文，中文名称为"舒巴坦分别与美洛西林、哌拉西林和头孢噻肟联合使用：在治疗严重细菌感染过程中临床和细菌学方面的研究发现"，其摘要公开了可以破坏本专利权利要求 1 创造性的信息。2003 年，专利复审委员会作出第 8113 号无效宣告请求审查决定，以本专利不具备创造性为由，宣告本专利权全部无效。某尔曼公司不服第 8113 号决定，向北京市第一中级人民法院提出行政诉讼。北京市第一中级人民法院维持了第 8113 号决定。某尔曼公司不服该一审判决，又提起上诉。二审法院撤销了一审判决和第 8113 号决定。某鹤公司不服该二审判决，向最高人民法院申请再审。最高人民法院认为对比文件 1 破坏了权利要求 1 的创造性，最终判决撤销二审判决，维持一审判决和第 8113 号决定。
>
> 　　在本案中，某尔曼公司在未充分检索国外非专利文献的情况下投入了大量的研发资源进行长期研究，最终未能获得专利权。这反映了技术研发前和专利申请前对重要专利检索的重要性。

四、加强保密管理

在专利申请前，要避免通过出版、演讲、汇报、上传到网络上、与消费者或供应商讨论等方式公开技术方案。[①] 一方面，一旦发明技术方案处于公众可以获得的状态，那么之后再去进行专利申请将丧失新颖性。另一方面，一旦潜在的竞争者获知发明技术方案，可能会先一步作出改进然后去申请专利。对此，可采取如下防范措施。

---

　　① Wilton A D. Patent Value：A Business Perspective for Technology Startups[J]. Technology Innovation Management Review, 2011(12)：5-11.

（一）签订保密协议

单位与相关人员签订保密协议，明确保密责任及法律后果。如果由于商业原因不得不向第三方说明发明技术方案，那么也可以通过签订保密协议的方式进行事先预防。

（二）合理利用宽限期制度

中国、美国等国家设立了宽限期制度，如果符合相关情形，申请人可以主张宽限期。我国《专利法》第二十四条规定，申请专利的发明创造在申请日以前6个月内，有下列情形之一的，不丧失新颖性：① 在国家出现紧急状态或者非常情况时，为公共利益目的首次公开的；② 在中国政府主办或者承认的国际展览会上首次展出的；③ 在规定的学术会议或者技术会议上首次发表的；④ 他人未经申请人同意而泄露其内容的。6个月的期限被称为宽限期或者优惠期。宽限期把申请人（包括发明人）的某些专利内容公开，或者第三人从申请人或发明人那里以合法手段或者不合法手段得来的发明创造的某些专利内容公开，被认为是不损害该专利申请新颖性和创造性的公开。需要注意的是，从公开之日至提出申请之日，如果第三人独立地作出了同样的发明创造，而且是在申请人之前提出的，那么根据在先申请原则，申请人不能取得专利权。当然，申请人（包括发明人）的公开会使该发明创造成为现有技术，故第三人的申请没有新颖性，也不能取得专利权。

五、明确权利归属

现实中经常发生职务发明纠纷或者委托研发合同的专利权纠纷，导致专利权归属处于诉讼或者不确定状态，影响了专利权的法律价值。因此，应当在专利申请前明确权利归属。

（一）职务发明的界定

《专利法》第六条规定，执行本单位的任务或者主要是利用本单位的物质技术条件所完成的发明创造为职务发明创造。职务发明创造申请专利的权利属于该单位；申请被批准后，该单位为专利权人。非职务发明创造，申请专利的权利属于发明人或设计人；申请被批准后，该发明人或设计人为专利权人。利用本单位的物质技术条件所完成的发明创造，单位与发明人或设计人订有合同，对申请专利的权利和专利权的归属作出约定的，从其约定。在申请专利前，单位与发明人应当根据《专利法》所确定的上述原则，明确发明是否属于职务发明，最好签订书面协议。

（二）合作完成或委托完成的发明创造的权利归属

《专利法》第八条规定，两个以上单位或者个人合作完成的发明创造、一个单位或者个人接受其他单位或者个人委托所完成的发明创造，除另有协议的以外，申请专利的权利属于完成或者共同完成的单位或者个人；申请被批准后，申请的单位或者个人为专利权人。在申请专利前，各单位应根据此规定明确知悉权利归属，以免产生纠纷。

六、确定是否向国外申请专利

如果能够在多个国家获得专利权，那么将显著提高专利权的经济价值。我国出台了对外申请专利的资助政策，可以大大降低专利申请的经济成本。首先，联合市场人员考虑向哪些国家申请具备更高的经济价值，如相关产品计划进入哪些国家的市场。其次，考虑采用《巴黎公约》途径还是 PCT 途径进行申请。PCT 途径的优势在于申请人可以先获得国际检索报告，对专利申请是否具备新颖性和创造性有了基本结论后，再决定是否向哪个国家提出专利申请，有充足的考虑时间。最后，对申请国家的专利制度和审查流程有基本的了解。总体而言，美国可授权主题的范围相对较广，欧洲国家和日本、韩国的授权主题范围与我国比较相似。《美国专利法》关于可申请专利的主题并没有设置排除性法条，计算机软件、计算机可读存储介质、医疗方法等都有可能成为专利保护的主题，涉及金融、银行、电子商务等的商业方法同样没有被明确排除。此外，各国的主要审查条款基本相同，包括是否具有新颖性、创造性、实用性，说明书是否清楚、完整，修改是否超范围等。发明实审程序都由审查员发出审查意见通知书，申请人进行答复。主要区别在于，有的国家在第二次审查意见通知书发出后就会作出授权或驳回的结论，有的国家可能会发出第三次审查意见通知书，给予申请人再次修改或陈述意见的机会。

不过，任何单位或者个人将在中国完成的发明或者实用新型向外国申请专利或者向有关国外机构提交专利国际申请前，应当向国务院专利行政部门提出向外国申请专利保密审查请求。经保密审查确定涉及国家安全或者重大利益需要保密的，任何单位或者个人不得就该发明或者实用新型的内容向外国申请专利。提出向外国申请专利前的保密审查请求有下列三种方式。一是以技术方案形式单独提出保密审查请求。以该种方式提出请求的，申请人应当提交向外国申请专利保密审查请求书和技术方案说明书，并采用书面形式将文件当面交到国务院专利行政部门的受理窗口或寄交至"国家知识产权局专利局受理处"。二是申请中国专利的同时或之后提出保密审查请求。以该种方式提出请求的，申请人应当提交向外国申请专利保密审查请求书。三是向国务院专利行政部门提交专利国际申请的，视为同时提出了保密审查请求，不需要单独提交向外国申请专利保密审查请求书。

七、撰写专利申请文件

专利申请文件尤其是权利要求书的撰写，对快速获得专利权、授权后的司法保护、专利实施许可、专利转让、专利权质押等具有深远的影响。现实中常见的专利申请文件撰写质量问题包括：在专利审查过程中发现专利申请文件存在无法弥补的缺陷，在诉讼过程中发现专利申请文件存在很大缺陷，在专利运营过程中发现专利申请文件导致专利权经济价值大大降低。要培育高价值专利，就应抓好专利申请文件的撰写质量。

（一）专利申请文件的基本要求

申请发明专利的，申请文件应当包括发明专利请求书、说明书摘要（必要时应当提交摘要附图）、权利要求书、说明书（必要时应当提交说明书附图）。发明专利请求书容易遗漏两点。一是依赖遗传资源完成的发明创造申请专利的，申请人应当在请求书中对遗传资源的来源予以说明，并填写遗传资源来源披露登记表，写明该遗传资源的直接来源和原始来源。申请人无法说明原始来源的，应当陈述理由。二是如果同一申请人同日对同样的发明创造既申请实用新型专利又申请发明专利的，应当在申请时分别说明，即在请求书上进行勾选。实践中也发生过申请人没有勾选，导致权利损失的后果。

《专利法》第二十六条第四款提出了权利要求书的基本要求：应当以说明书为依据，清楚、简要地限定要求专利保护的范围。"以说明书为依据"，是指权利要求书中的每一项权利要求所要保护的技术方案应当是所属技术领域的技术人员能够从说明书充分公开的内容中得到或者概括得到的技术方案，并且不得超出说明书公开的范围。在备受瞩目的 Siri 专利案中，二审改判的理由之一即小 i 机器人的专利权利要求没有清楚限定将何种语句转发至游戏服务器，说明书也难以进行解释。①

对产品权利要求，优选用结构特征或组分特征进行限定。仅在无法用

---

① 孔德婧. Siri 专利官司 苹果"逆袭"成功［N］. 北京青年报，2015-04-22(13).

结构特征进行限定或者用结构特征不如功能或效果特征限定更恰当，并且该功能或效果通过实验或者操作能够直接肯定验证时，才允许使用功能或效果特征限定。实践中，采用功能限定而导致后续的专利审查和法院侵权判定中出现较多争议的情形并不少见。因此，权利要求的撰写应慎用功能和效果限定。

此外，权利要求的类型应当清楚，要明确说明要求保护的是产品还是方法。一般权利要求中不得使用含义不确定的用语，如"厚""强""高温"等。也不得出现"例如""最好是"等用语，因为这样的用语会在一项权利要求中限定出不同的保护范围。对技术方案进行概括是撰写权利要求书常用的技巧，概括的方式通常有两种：一是用上位概念概括，如用"气体激光器"概括氦氖激光器、氩离子激光器、一氧化碳激光器、二氧化碳激光器等；二是用并列选择法概括，如"特征 A、B、C 或者 D"。

（二）权利要求书的三个层次

现实中，有技术人员认为专利代理师的撰写工作就是简单地将技术交底书的内容按照专利申请的格式进行重新编排。但事实上，专利申请文件的撰写需要较高的功底，其中既包含对《专利法》的理解，也有对专利审查和专利运用的实践经验或深刻体会。[①]

1. 照搬技术交底书

第一个层次是照搬技术交底书的发明方案，仅在形式上满足《专利法》和《专利法实施细则》的撰写要求，将技术交底材料按照样式分解到权利要求书和说明书的技术领域、背景技术、发明内容、实施中。例如，专利代理师从技术交底书中摘取出技术方案，撰写了权利要求书，仅包含一个权利要求：一种灌注管及负压吸引管的结合体，包括灌注管及负压吸引管，其特征在于所述灌注管与负压吸引管通过医用胶带缠在一起、所述灌注管的直径比负压吸引管的直径大、所述胶带是无纺布制成的。

如何评价这样的权利要求呢？权利要求的保护范围是受其各个技术特征影响的，包含的技术特征越多，保护的范围往往越小。现实中也出现过权利要求足足写了几页纸，将每个步骤的具体条件都进行罗列，就像实验操作步骤的情况。这样的权利要求保护范围肯定是相当小的。《最高人民法院关于

---

① 中华全国专利代理人协会. 如何撰写有价值的专利申请文件：2014 年专利审查与专利代理学术研讨会优秀论文集[M]. 北京：知识产权出版社，2015：81-89.

审理侵犯专利权纠纷案件应用法律若干问题的解释》第七条规定，人民法院判定被诉侵权技术方案是否落入专利权的保护范围，应当审查权利人主张的权利要求所记载的全部技术特征。被诉侵权技术方案包含与权利要求记载的全部技术特征相同或者等同的技术特征的，人民法院应当认定其落入专利权的保护范围；被诉侵权技术方案的技术特征与权利要求记载的全部技术特征相比，缺少权利要求记载的一个以上的技术特征，或者有一个以上技术特征不相同也不等同的，人民法院应当认定其没有落入专利权的保护范围。这就是侵权判定中的全面覆盖原则。当市场上出现了疑似侵权产品时，只有全面覆盖了权利要求中的技术特征，才有可能被认为侵权。也就是说，如果市场上出现了一种结合体，只有同时具备灌注管和负压吸引管通过医用胶带缠在一起、灌注管的直径比负压吸引管的直径大、胶带是无纺布制成这些特征，才有可能侵犯本专利权。实际上两者是否使用医用胶带、是不是这样的直径关系、胶带是不是无纺布，都不是解决本发明的技术问题所必需的。像上述权利要求那样写入大量非必要特征，易使他人规避本专利权，专利权的价值也会因此大打折扣。

2. 充分发挥从属权利要求的作用

第二个层次是能够进行初步的上位概括并撰写出从属权利要求。例如，专利代理师撰写道："权利要求1. 一种辅助医疗器械，包括灌注管及负压吸引管，其特征在于：所述灌注管与负压吸引管通过捆绑部件设置在一起。权利要求2. 根据权利要求1所述的辅助医疗器械，其特征在于：所述捆绑部件是医用胶带、粘胶条。"与第一个层次相比，第二个层次的撰写有两个进步：一是用"捆绑部件"对技术交底中的"医用胶带"进行了上位概括，并且删除了胶带的材质及"所述灌注管的直径比负压吸引管的直径大"等非必要技术特征；二是撰写了一个从属权利要求。

在高价值专利培育过程中，从属权利要求有以下作用。第一，层层递进，利于快速获权。多个从属权利要求技术特征逐渐增多构建出一个体系，当独立权利要求因为不具备新颖性或创造性等原因无法获得授权时，申请人还可以利用从属权利要求与审查员进一步讨价还价。即使第一层级的从属权利要求不能授权，还可以进一步退守到下一层级的权利要求。第二，利于在无效程序中进行防守。在实质审查过程中，对权利要求书和说明书的修改相对宽松，只要不超出原说明书和权利要求书记载的范围即可。但是如果专利权被他人提起无效宣告请求，那么在无效程序中修改的方式就被严格限制了。因此，如果能合理搭建多层次的从属权利要求，即便被提出无效宣告请求，也会有较大的修改机会。第三，限制再研发空间。虽然独立权利要求会限定出较大的保护范围，但是他人尤其是竞争对手，可在范围内选择某个局部范围进行二次开发，再次申请专利，并对这个局部的技术方案禁止包括原专利权人在内的任何人实施。因此，如果没有足够的从属权利要求进行防守，容易造成受制于人的局面。第四，在侵权判定和专利实施许可过程中，从属权利要求会清楚地表明专利权的范围。例如，在王码电脑公司诉东南贸易总公司的专利侵权纠纷案中，一审法院按照等同原则认定东南贸易总公司侵权行为成立，但二审法院认为不侵权。两次审理经过了 5 年的时间。如果撰写时通过从属权利要求对专利权的保护范围进行进一步明确，就能避免这种权利要求范围的解释争议。同样，在进行专利权转让或许可谈判时，较好的从属权利要求层次也会给专利权人带来好处。

从属权利要求的技术特征可以是对独立权利要求增加一个或多个技术特征，也可以是对独立权要求中的技术特征进行进一步的限定，这些都会提高专利申请的授权可能性。有时，技术特征虽属现有技术但仍有必要写入从属权利要求。某技术特征可能与最终投放市场的完整产品的生产相关且不易绕开，但与专利申请所强调的创新性并无关联。例如，权利人要求保护一种密封结构。这种密封结构可以采用多种焊接方法生产，但配套的生产线上采用的是激光焊。如果替换为其他焊接方法，可能需要花费较高的重置成本。此时可以认为该技术特征具有不易绕开的特点，有必要写入从属权利要求中。

总之，权利要求的撰写要分析发明的技术特征、解决的技术问题、如何产生好的技术效果、本发明的使用者、对申请人及竞争者的潜在价值。优选的做法是构建出权利要求树，从较大的权利要求范围到更为具体较窄的权利要求，包含各种可替换选择方案。这样，即使审查员找到了意料不到的对比文件驳回了其中较为宽泛的权利要求，专利申请人也留有退路。

3. 理解发明的核心并进行适当扩展

在大多数情况下，发明人提供的技术交底书仅仅是其认为优选的方案或者其实际获得的具体方案，专利代理师在撰写权利要求书时应当理解发明的核心，重新进行概括和提炼，使发明人的技术方案获得最大程度的保护。

在前述案例中，将灌注管和负压吸引管形成一个整体才是发明人的核心本意，而捆绑部件仅仅是形成整体的一种表现形式。理解这一点后，权利要求书可作如下表述："权利要求 1. 一种辅助医疗器械，包括灌注管及负压吸引管，其特征在于：所述灌注管与负压吸引管并行设置在一起。"然后，在从属权利要求中写入捆绑部件等其他进一步的限定技术特征。

专利申请有时需要在代理师的专业帮助下争取合理的保护范围，提高权利的稳定性。例如，2015 年，某代理所处理了一件专利申请，主要内容是一种喷雾剂的组分及制备方法。发明人已经就发明内容发表了大量文章，如果直接申请专利，很难获得专利权。对此，专利代理师引导发明人改进技术方案，规避相似的文章和专利的影响，通过多次商讨和大量检索及试验验证，得到了一种全新的技术方案，并就新的技术方案提交了专利申请。也就是说，专利代理师的工作不只是将技术交底书变成专利申请的格式，还应从专利审查员的角度进行预判，针对明显不具备创造性的申请，运用自身的专业技能和经验，帮助发明人找到解决方案。

（三）说明书撰写的常见问题

说明书应当包括以下组成部分：技术领域、背景技术、发明内容、具体实施方式。将发明人提供的技术交底书中的方案分别写入这些部分通常并不困难，但需要注意以下问题。

第一，说明书及附图能够清楚、完整地描述发明，使本领域技术人员能够理解和实施该发明。特别是当发明的技术效果需要通过推导或实验证据加以证实时，要在说明书中明确记载推导过程或者相应的实验证据。

第二，按照《专利法》第六十四条，说明书及附图可以用于解释权利要求的内容。因此，对一些权利要求的用语，必要时应当在说明书中进行定义。在国外申请人的发明专利申请中，对权利要求中的所有重要词语在说明书中进行明确定义是相当常见的。例如，在"多功能狗圈"实用新型无效纠纷案中，权利要求记载了技术特征"开口轴套"，但是说明书却没有对"开口轴套"进行定义，没有记载其具体结构。专利复审委员会最终宣告此专利权无效，一审法院和二审法院都维持了专利复审委员会的决定，理由就是该特征不清楚，导致权利要求保护范围不清楚。尽管专利权人为了证明"开口轴套"是公知技术，提交了 8 份专利文件，但仍然不能证明权利要求的保护范围是清楚的。本案说明，当不得已在权利要求书中使用不常见的术语时，应在说明书中进行定义。上述案例中，如果说明书对"开口轴套"进行了明确定义，那么其专利就不会被宣告无效了。

第三，根据《专利法》第三十三条，对发明和实用新型专利申请文件的修改不得超出原说明书和权利要求书记载的范围。此处"记载的范围"包括原说明书和权利要求文字记载的内容，和根据原说明书和权利要求书文字记载的内容，以及说明书附图能够直接地、毫无疑义地确定的内容。此条款是驳回和专利权无效的理由之一，在撰写原始申请文件时，应注意此条款的规定。在岛野株式会社与专利复审委员会专利权无效行政纠纷案中，最高人民法院认为，岛野株式会社在提出分案申请时，将权利要求书中的"圆的螺栓孔"修改为"圆形孔"，将"模压"修改为"压制"，不符合《专利法》第三十三条的规定。此案例说明在撰写阶段，其实就圈定了申请文件记载的范围，会给后续的授权、无效和诉讼程序带来直接影响。

总之，高质量的专利申请文件会大大提高专利权的法律价值。例如，九阳公司的"易清洗多功能豆浆机"在获得专利权后，被提起过多次无效宣告请求。无效请求人使用美国、英国、比利时等国的专利文献，试图证明九阳公司专利的权利要求没有创造性。但是，有关此案的无效宣告请求决定书都维持发明专利权全部有效。可见，高质量的撰写有助于企业在专利战中占据优势。

八、遴选知识产权服务机构

在高价值专利培育的整个过程中，知识产权服务机构是非常重要的参与者和支撑力量。知识产权服务业通常分为以下类型：代理服务、法律服务、信息服务、商用化服务、咨询服务及培训服务。

2012 年 11 月 13 日，国家知识产权局、国家发展改革委等 9 部门联合印发《关于加快培育和发展知识产权服务业的指导意见》。该意见的出台，对国内知识产权服务业和服务机构的发展是一次极大的触动。2013 年以来，国家知识产权局规划发展司连续推出多批知识产权服务品牌机构培育工程，在知识产权服务的六大领域树立服务机构的标杆典型，促使其发挥示范带头作用。对于希望培育高价值专利的创新主体而言，在知识产权服务机构的选择方面，除了品牌资质，还要考虑创新主体自身的研发技术方向、市场发展方向等。

以遴选专利代理机构为例，在资质确凿、品牌美誉度高的前提条件下，还要考虑有无本专业背景的高学历专利代理师，有无本地化的服务和无障碍沟通机制，有无国际专利申请的能力（涉及国外专利布局）、收费是否合理等。如果专利申请量足够多，专利战略已经融入企业经营战略，在遴选专利服务机构的同时，不妨在公司内部培养专利工程师。其好处在于：足够理解公司的专利战略和经营战略，沟通渠道畅通无阻；最大程度地保护企业研发机密，最大化地结合商业机密和专利战略的运用；人员相对稳定，不涉及商业利益。高质量专利往往更多地产生于创新主体内部的专利工程师。

就遴选专利信息服务机构而言，由于专利信息服务机构并非像专利代理机构那样有资质要求，所以更要通过创新主体的仔细甄别来选取最佳合作伙伴。目前，涉足专利信息的服务机构越来越多，好的专利代理机构不一定就等同于好的专利信息服务机构。从大的范围来说，专利信息服务包含专利信息咨询服务和专利信息化服务。这两个类别的实施团队差别还是很大的。前者考察的是专业背景的匹配度、数据的检索和分析能力、对专利布局的掌握等。后者考察的是 IT 信息化的开发能力、对类似项目的实施能力等。创新主体在遴选专利信息服务机构时，需要考虑如下因素：一是数据拥有情况，如数据来自哪些国家、是否包括非专利文献等；二是专利信息服务团队的规模、专业背景等；三是 IT 团队的资质和实施能力；四是项目经验，尤其是以专利信息分析结合产业发展的相关经验等。当然，收费标准同样是创新主体的考虑因素之一。

九、明晰高价值专利培育的成本

高价值专利的培育，从基于信息利用的战略筹谋，到培育工作支撑层面基础设施资源配备、团队建设，再到高价值专利培育实施层面的专利布局、专利申请及转化运营等，都需要投入大量的人力、物力及财力。因此，当创新主体决定要实施高价值专利培育计划时，应当从战略保障上对运行高价值专利培育体系的成本有清醒的认知，并建立相应的保障体系。具体而言，高价值专利培育的成本主要包括以下方面。

（一）创新主体内部专利管理人员的配备和能力提升

纵向分析，高价值专利培育过程中的专利管理包括选题立项前的创新准备、阶段性研究成果的信息保护，以及创新成果产业化的全过程。横向分析，高价值专利培育过程中的专利管理应与创新主体的生产经营活动密切相关。对内而言，创新主体各个团队之间应当协同配合；对外而言，高价值专利培育需进行技术人才引进、风险管理等人、财、物、信息的交互活动。因此，高价值专利培育过程中的专利管理是非常复杂的系统工程，需要建立专门的管理机构，并且配备专业的工作人员，或者委托专利服务机构进行管理。

创新主体的专利管理机构一般由3~5人组成，包括1~2名具有体系管理经验的人员，以及2~3名具有一定专利信息检索、分析技能，且具有相应专业技术背景的工作人员。前者负责专利管理体系的构建，确保高价值专利培育过程的相关事项处于受控状态，及时发现专利管理体系的问题并持续改进。后者负责实时跟踪创新团队的研发进程，在督促、推进高价值专利培育项目开展的同时为创新技术人员提供专利基础支持，与专利信息利用团队、专利代理团队保持密切联系，保障高价值专利培育过程相关问题的及时沟通和相关信息的及时交互。此外，创新主体还要适时对内部的专利管理人员进行专业培训。

（二）创新主体内部基础条件的建设

在高价值专利培育过程中，内部信息化基础设施的配备是确保项目有效开展的关键。实时进行跟踪检索，获取技术领域、竞争对手的专利信息，是高价值专利培育路线设定的基础。这就依赖于专利检索平台。数据源的高质、完备是检索平台选择首要考虑的问题。目前免费的数据共享平台无法满足全球信息竞争的大环境对数据源的质量要求。相对而言，高价值专利的培育项目更需要以高质量的商业数据库辅助研发，这就会产生商业数据库订阅费用。某些技术研发领域（如医药领域）对信息检索的要求还存在特殊性，需要购买更多专业的数据库，相应的数据库订阅费用会更高。

除信息获取的相关内部基础建设以外，在高价值专利培育过程中还有必要搭建知识产权全生命周期平台，对相关的知识产权信息进行管理，对高价值专利培育过程中的知识产权全生命周期进行管控，对高价值专利全生命周期的相关过程文件进行规范管理，为高价值专利培育创新性的研究提供重要的参考材料。这部分也应列入创新主体实施高价值专利培育的基础建设费用预算。

在高价值专利培育的过程中，专利管理人员应当积极主动地运用先进的数据库和平台进行采购、学习，提高知识产权信息化工具的使用价值与效率，提高管理水平。

（三）创新主体的外协服务

高价值专利的培育需要的不仅仅是优秀的技术研发，专利信息的充分利用、专利申请文件的高质撰写、专利战略布局的实施也都是高价值专利培育所不可或缺的。然而，高质量的专利信息检索分析、专利申请文件、专利战略布局方案往往需要专业服务机构的参与。

　　在高价值专利技术选题立项之初，需要进行全面的专利检索分析，确定较为合适的技术研发点，以及较为准确的技术研发路线；在技术研发的过程中，需要定期进行信息监控预警，形成专利预警分析报告；在高价值专利培育过程中，需要及时确定研发过程中产生的研发成果的知识产权保护方式，根据专利布局方案确定专利申请方案。这些举措都会相应地产生费用，如外文文献翻译与分析费用、产业专利竞争态势分析费用、专利布局方案策划费用等。

　　对高价值专利培育过程中产生的研发成果，需要及时确定其保护方式。如果确定采用获取专利权的方式，那么在专利申请之前需要进行专业的预检索：一方面进行查新检索，确定相关技术的可专利性；另一方面针对具有授权前景的专利进行合适的申请方案设定，确定适宜的权利要求保护范围、专利申请时机及专利申请地域等。因此，在从技术成果到形成专利权利的过程中，可能支付的费用还包括预检索费用、专利代理申请费用等。此外，还需要充分考虑高价值专利后期运营过程中的成本投入，包括专利转化过程中的尽职调查及与专利价值评估相关的费用。

　　我们知道，专利作为保护技术/产品的重要载体，其价值会随着市场和技术的革新不断变化。将指标体系与信息化结合起来，通过信息化手段对专利的指标参数进行实时更新，有助于真正实现对专利价值的动态监控。